prometeo
libros

CULTURA, TERRITORIOS
Y PRÁCTICAS RELIGIOSAS

Cristina Teresa Carballo

(Coordinadora)

CULTURA, TERRITORIOS Y PRÁCTICAS RELIGIOSAS

prometeo
libros

Índice

Prólogo

La presencia del hombre en la Tierra implica, desde los primeros tiempos, la mediación inevitable entre sociedad-naturaleza y, por tal motivo, entre sociedad-territorio. Mediación heterogénea que opera a través de los sistemas de creencia en sus relaciones con el espacio geográfico. Espacio integrado por la diversidad de los medios, grupos, paisajes y, por la singular inscripción cultural marcada por la duración de los hechos y los contextos sociales. En consecuencia, se diseña hoy como ayer una compleja cadena de ideas, mitos, rituales religiosos y espacios sagrados que dan cuenta de las relaciones entre los vivos y los muertos, como de las relaciones con otros seres humanos, a través de las organizaciones sociales en continua interacción, y en todas las escalas posibles. Los valores, las normas y prácticas son transmitidos por las religiones y/o sus derivados ideológicos que dan sentido y marco a los grupos sociales proveyéndoles su identidad aquí y ahora, en sus territorios.

Visiones clásicas y renovadas de la cultura y sus fundamentos religiosos parecen ser retomadas por las ciencias sociales, y en consecuencia por la geografía, con el propósito de interpretar las evoluciones contemporáneas de los comportamientos y prácticas que expresan diferentes creencias y/o experiencias con lo sagrado. Muchas veces, a partir de prácticas que parten como adhesión personal e individual. La pos-modernidad o la sub-modernidad del siglo XXI que ciertos investigadores señalan, está marcada por una individuación de lo religioso y su campo social se acota y se delimita en la esfera privada, elección individual de los bienes de salvación, artículos de fe y de los valores. En suma, por la difusión de religiones "a la carta" donde es posible todo tipo de combinación de devociones, en un mismo sujeto.

Esta evolución se inscribe en el marco mucho más vasto del alejamiento por parte de los individuos de las instituciones, y en especial de las iglesias. Por un lado, al menos para los cultos históricos, se plantea una creciente movilidad de las poblaciones que culmina en una declinación de las comunidades territoriales. Y, por el otro, se entreteje el surgimiento de redes de creyentes, afines a una creencia o símbolo sagrado. De todos modos, las transformaciones en las maneras de creer, no excluyen las necesidades de compartir la fe y de formar comunidades: las manifestaciones colectivas y las concentraciones son probablemente menos regulares en el tiempo y en el espacio, pero, cada vez más, movilizan personas, tal el caso de las peregrinaciones, ligadas en mayor o menor medida a las instituciones eclesiásticas.

Si bien en numerosos países el lugar de la religión en el espacio público parece reducirse, el movimiento complejo de secularización de las sociedades y de sus instituciones no afecta a todas las poblaciones con la misma intensidad y con las mismas temporalidades. Pero apartando la religión de las diferentes áreas de la actividad humana, sólo manifiesta una escasa o temporaria tendencia a su eliminación y conserva en la organización civil las normas y valores vinculantes.

En forma inversa, todas las sociedades parecen afectadas, desde hace décadas, por el regreso a lo sagrado. La renovación de la sacralización irrumpe con nuevos movimientos religiosos ligados o no a migraciones, y con nuevas formas de religiosidad, tanto en las iglesias históricas como en las confesiones de difusión más reciente.

Nuevos paradigmas de las ciencias sociales abordan el fenómeno de lo religioso y cubren las presentes evoluciones sociales y culturales, no como visiones contradictorias sino más bien como complementarias, que permiten avanzar en la interpretación del espacio geográfico. En ocasiones la organización del espacio se plantea en términos de desterritorialización, en el marco de la mundialización, o bajo formas de nuevas territorialidades superpuestas o en convivencia con otros hechos religiosos. Estas expresiones religiosas permiten al geógrafo reflexionar sobre las transformaciones sociales contemporáneas y sus dinámicas espaciales.

Esta publicación ha logrado asociar el esfuerzo de las investigadoras e investigadores de la Red *Cultura, Territorios y Prácticas Religiosas* (CTPR) actividad promovida por la Secretaría de Políticas Universitarias del Ministerio de Educación, Ciencia y Tecnología[1] (Argentina), bajo la coordinación de la Dra. Cristina Carballo. Hoy, la red se compone de las siguientes instituciones: Universidad Nacional de Luján (Argentina). Universidad Nacional del Sur

---

[1] Bajo el proyecto N° 06-08-011 para el año 2008 y el proyecto N° 01-10-132 para el año 2009. Para más información de la red consultar: http://geografiayreligion-unlu.blogspot.com

(Argentina). Universidad Estadual de Río de Janeiro (Brasil), Pontificia Universidad Católica (Perú), Université du Maine (Francia). Y como instituciones invitadas: Universidad Nacional de la Patagonia San Juan Bosco (Argentina), el Departamento de Investigaciones Geográficas del CONICET (Argentina) y la Escola Superior de Educação e Ciências Sociais – Instituto Politécnico de Leiria (Portugal).

Para finalizar, cabe decir, que es de absoluto interés para este programa internacional de investigaciones comparativas, el hecho de poder analizar las evoluciones del paisaje religioso en diversos países, de un lado y del otro del Atlántico, dando cuenta de su heterogeneidad social, su diversidad cultural y religiosa. Este libro certifica la fecundidad de las perspectivas de investigación del equipo, el que esperamos sea una oportunidad para reflexionar y debatir sobre los temas aquí tratados.

Jean René Bertrand

Introducción

Las relaciones entre lugar, territorio, espacio y prácticas sociales de la fe y/o creencias orientan los estudios aquí expuestos. Los diferentes trabajos seleccionados tienen como eje organizador a la dimensión geográfica de la cuestión religiosa. Dimensión que analiza, frente a la compleja e incierta dinámica de nuestra sociedad contemporánea, el diálogo entre lugar, cultura, religión, comunidad e identidad.

El *lugar,* uno de los conceptos-clave en Geografía, recibió atención de distintos investigadores y configuró distintas perspectivas en el pensamiento geográfico. En el proceso de renovación de la geografía cultural, Don Mitchell lanza en su libro *Cultural Geography: a critical introduction* la construcción de una geografía cultural crítica, profunda y sustentada en el materialismo histórico y dialéctico. En este sentido, la geografía cultural es considerada por el autor como el estudio del modo en que las relaciones sociales particulares cruzan procesos más generales. Un estudio centrado en la producción y reproducción de lugares, espacios y escalas reales y las estructuras sociales que proveen significados a aquellos lugares, espacios y escalas. La geografía cultural debe ser más que estudio y análisis de algún hecho socio-espacial. En realidad, la geografía cultural renovada posee una nítida naturaleza política, la que debiera interactuar activamente en las políticas en ejercicio para buscar el reconocimiento del importante papel de la diversidad para preservar, en nuestras sociedades, la justicia social como cultural.

Al reflexionar sobre el concepto de la geografía cultural como eminentemente política, la influencia de Raymond Williams es fundamental en el análisis de las distintas prácticas culturales. El modelo teórico estudiado por el autor afirma que, en cualquier sociedad, en cualquier período particular, hay un sistema central de prácticas, significados y valores al cual podemos calificar de eficaz y dominante. Las desigualdades sociales manifiestas en la sexualidad, en el feminismo y en las relaciones entre economía y política, son revitalizadas a partir de 1980 en la ciencia geográfica. Siguiendo esta interpretación, los geógrafos intentan reflexionar de modo más general sobre el concepto de lugar en el sentido de pertenencia, en busca de aclarar mejor la manera en que son construidas las identidades de los lugares y las identidades de las personas, como individuos y como miembros de grupos sociales, tomando en cuenta que hay una relación recíproca entre dichas identidades.

La preocupación actual de los geógrafos es, básicamente, los lugares como sitios de conflictos políticos y simbólicos. Yi Fu Tuan define al lugar como una unidad de espacio organizada mental y materialmente para satisfacer las necesidades bio-sociales básicas, reales o percibidas, de un pueblo, y además de esto, sus aspiraciones estético-políticas. En la perspectiva de la fe, al explorar la dimensión del lugar, consideramos la manera en que las instituciones religiosas delinean sus lugares sagrados o simbólicos, y los modifican, para adaptarlos a los nuevos momentos coyunturales. El lugar religioso, entendido como reflejo del espacio vivido en lo cotidiano de la fe, contribuye a fortalecer las relaciones y los flujos que se instauran poco a poco en el espacio, y que dan origen a una identidad y a un sentimiento de pertenencia al grupo religioso.

En esta selección de artículos proponemos la lectura de distintas miradas y lugares religiosos. El capítulo I, autoría de Cristina Teresa Carballo, se titula "Repensar el territorio de la expresión religiosa". La autora nos lleva a reflexionar sobre la dimensión religiosa como una expresión de capital social, tomando en cuenta los conceptos básicos de territorio y territorialidad. Las marcas y matrices de las manifestaciones de fe en los países latinoamericanos son de naturaleza singular, pues posee, entre otros rasgos, una inventiva cultural en el arte de peregrinar que se conjuga con otros patrones territoriales históricos o nuevos de la expresión religiosa. Para la autora, el resultado de estas expresiones no solo se materializa en un mosaico territorial diverso de las prácticas, sino que conforman una original *multiespacialidad* de la cuestión religiosa.

La geógrafa Zeny Rosendahl, en el capítulo II, titulado "Hierópolis y procesiones: lo sagrado y el espacio", aborda las prácticas religiosas en la escala del barrio y no en la escala de ciudad. En distintas escalas y diversos contextos, la fe puede y debe ser interpretada. El estudio de la procesión como manifestación simbólico-espacial destaca el cortejo religioso público, de forma ordenada en alas, como expresión de la identidad religiosa de la comunidad participante. Ejemplo de esto son las protestas de los portorriqueños residentes en la zona conocida como *Lower East Side*, en Manhattan, New York, zona ésta sometida a políticas públicas que incluían la superpoblación del área y el deterioro de las condiciones de vida de aquellos que allí permanecían. Las protestas tomaron diversas formas, incluyendo la transformación de la procesión del Viernes Santo, realizada en la parroquia de Santa Brígida desde el comienzo de la década de 1960. (Ashley, 1999)

Los autores Fabián Claudio Flores y Clara Penelas, capítulo III, aportan a la discusión la génesis de un santuario a través de los ritos, a modo de culto, de expresiones populares urbanas. En su análisis, "Sacralizar el espacio. El Santuario de Cromañón", el lugar se constituye en un espacio que pretende "remitir más a la presencia que a la ausencia". Es un espacio de reclamo social por la justicia. El trágico evento imprimió la característica de santuario mediante determinadas prácticas sociales de sacralización. La investigación con entrevistas calificadas, sumadas a la lectura del paisaje material y simbólico del lugar, fueron de fundamental importancia en la metodología utilizada, los resultados aquí expuestos dan cuenta del valor social que adquiere este singular santuario urbano.

Un grupo social al des-territorializarse, lleva consigo su identidad étnico-religiosa. Brisa Varela aborda en el capítulo IV, "La cuestión religiosa en la construcción narrativa de la diáspora armenia". Esta autora parte de la comunidad de inmigrantes armenios en la Argentina, provenientes del genocidio de 1915, con la disolución del Imperio Otomano y la constitución del Estado Moderno de la República de Turquía. La singularidad del abordaje de este trabajo está, justamente, en la relación planteada entre las categorías de análisis: lugar, memoria e identidad. El texto nos ofrece una rica discusión sobre el lugar de lo religioso en la construcción de la memoria, basándose en el papel que juegan "los lugares de la memoria". La preposición "de" le da un significado que alude más que a una procedencia, a lugares que pertenecen a la memoria. Lugares que son producto de ella y que viven en ella; tal es el caso del monte Ararat, cuya connotación es religiosa.

En el capítulo V, titulado "Colonia Menonita La Nueva Esperanza: un nuevo territorio e identidad religiosa en el departamento de Guatraché, La Pampa" de un grupo religioso. Los menonitas al localizarse en una estancia, en el departamento de Guatraché y crear la Colonia Nueva Esperanza, convirtieron el espacio no-religioso de uso agrícola, marcado por la racionalidad y símbolos de la producción pampeana, en un *lugar religioso,* marcado por prácticas cotidianas peculiares, derivadas de un sistema cultural sustentado en sus creencias y tradiciones religiosas. Las autoras Marta Campos y Silvia Santarelli nos regalan un agudo análisis de este grupo menonita en la Argentina.

Lo sagrado impone un orden espacial nítidamente presente en los santuarios religiosos, y en sus ciudades. Las formas espaciales religiosas y el flujo de peregrinos son agentes modeladores de este arreglo espacial. En el capítulo VI, Jean-René Bertrand presenta un debate entre cultura, territorios y prácticas territoriales. Debate enriquecido en su artículo titulado "Santiago religioso. Del contexto al pretexto". En este análisis sobre Santiago de Compostela destaca las formas espaciales religiosas y formas espaciales simbólicas que componen la organización urbana en torno al lugar sagrado, la catedral. En su abordaje agrega a otros agentes y procesos espaciales responsables del centralismo que ejerce el santuario, y no se restringe tan solo al religioso.

El capítulo VII, titulado "Fe, devoción y espacio público: cuando los migrantes construyen lugares", Sassone y Hughes analizan las prácticas religiosas católicas de los migrantes que se apropian del espacio público no sólo como escenario sino como una reproducción efímera de la construcción de un territorio espiritual, re-adaptado a las creencias y prácticas católicas andinas. Estas acciones de construcción territorial modeladas por la fe son, a la vez, acciones de cohesión identitaria. Su revisión geográfica parte de las prácticas territoriales de los migrantes bolivianos, análisis centrado en el barrio El Porvenir, de la ciudad de Puerto Madryn, provincia de Chubut.

En el capítulo VIII, Aureanice de Mello Corrêa encierra la temática con el artículo titulado "Terreiros de Candomblé: Territorios semiografiados a través de la materialidad y de la inmaterialidad de la práctica cultural afro-brasileña". La autora analiza las identidades étnicas resultantes del discurso tradicional de la esclavitud brasileña. Su trabajo destaca las casas denominadas *Zungus*, moradas habitadas por los esclavos-de-venta. Los *Zungus* actuaban como espacios de encuentro donde hacer amigos, cantar, bailar y rememorar sus dioses; fomentaban asimismo el deseo de trazar estrategias de liberación. Por otro lado, en las sacristías de las iglesias católicas, por intermedio de las hermandades de negros, éstos desarrollaban artimañas, articuladas por medio de la circularidad cultural, la forma de alabar sus dioses, los santos católicos y hechizos, posibilitando territorialidades que en su semiografía delimitaría un territorio en el que se recompusieran elementos de África, perdidos con la esclavitud.

La contribución de Maria das Graças Mouga Poças Santos, capítulo IX, nos permite reflexionar sobre la discusión acerca de la relevancia espacial de los hechos religiosos, contenedores de dinamismo territorial, y/o potencialidades, para la generación de lugares sagrados, bajo el título: *Religión y dinámica espacial. Del espacio y de los lugares sagrados al territorio religioso.* La autora, embebida de los trayectos e itinerarios que ha trazado la ciencia geográfica, utiliza el concepto del espacio sagrado. En este recorrido teórico refleja la diversas y posibles relaciones entre el espacio vivido y la experiencia religiosa.

El conjunto de textos que componen esta obra ofrece, a los lectores, estudios sobre la dimensión espacial de lo sagrado, indicando posibles y diversos caminos que se pueden recorrer desde el campo de la Geografía para la comprensión de estos emergentes tanto sociales como culturales. Los autores exploran asuntos interesantes, proveyendo las bases teóricas y un abanico de temas de lo más atrayente, dando luz a nuevos interrogantes. En fin… queda la invitación hecha, le resta al lector salir al campo y desenmascarar la heterogeneidad religiosa en su espacialidad.

Zeny Rosendahl

CAPÍTULO I

Repensar el territorio de la expresión religiosa

Cristina Teresa Carballo

Territoritorialidad religiosa y heterogeneidad del análisis geográfico

El dinamismo religioso como su diferenciación espacial se expresan a instancias de la búsqueda de una referencia identitaria y de pertenencia, entre otros muchos aspectos, con cambios en los sistemas de atribución de sentido de los bienes espirituales, ya sea en las prácticas conocidas o ya sea con otras prácticas asociadas a nuevos cultos y/o creencias. Recordemos que el concepto territorio es y sigue siendo un concepto intrinsicamente geográfico, de igual modo el concepto espacio. Ambos no son sinónimos sino complementarios e instrumentales a la hora de interpretar, investigar o explicar la dimensión religiosa en las configuraciones espaciales y la organización territorial en nuestra sociedad. Ahora bien, dentro de la aparente homogeneidad religiosa del territorio, las divergencias de las creencias existen y están activas, fenómeno espacial, cada vez más visibles, como otros aspectos del capital social y cultural. Esto nos lleva a re pensar y reflexionar a la dimensión religiosa como otra expresión del capital social en la utilización de los conceptos de territorio y territorialidad.

El nodo de esta discusión es justamente, poner en claro que el enfoque de análisis geográfico de los fenómenos religiosos y sus prácticas sociales requiere de la innovación y la adecuación, según se trate el alcance espacial y territorial en cuestión. Aunque parezca una obviedad, no lo es.

Podemos observar la riqueza de los resultados de las investigaciones geográficas, aún pioneras, en la Argentina, y la heterogeneidad de enfoques, donde el espacio y el territorio adquieren un papel central en la explicación de las prácticas religiosas en nuestras sociedades. Heterogeneidad que no debe ser entendida como una debilidad sino como una fortaleza disciplinar. El presente trabajo tiene por objetivo proponer una discusión sobre la territorialidad de las prácticas religiosiosas y los procesos espaciales que dan forma a diversos mapas sociales. Por dar un ejemplo, a diario nos topamos con procesos sociales de religiosidad que apuntan a la identificación socio-cultural, dinamizadores de negociaciones culturales, cambios y permanencias de una generalizada herencia católica, a veces resignificada por diversos cultos o creencias. Donde el territorio y las territorialidades de las prácticas religiosas son una modalidad de esa organización y diferenciación del espacio.

La expresión religiosa de los grupos sociales como otras manifestaciones de fe latinoamericanas, posee un caracter singular, según sus raíces culturales y marcos sociales. En particular, las peregrinaciones, las devociones populares y los espacios sagrados constituyen -en el universo católico periférico del nodo institucional- una geografia de complejas transformaciones y adaptaciones. Además, en los rituales de las prácticas de los peregrinos se apropian de las estructuras modernas -y contemporáneas- dando como resultado una trama social dinámica de una eminente riqueza espacial.

La religión ha sido tema de investigación en los estudios geográficos desde los primeros trabajos[1] al presente, donde el análisis y los enfoques geográficos se han ido enriqueciendo al enfrentar los emergentes cambios del mundo. Dentro de estos cambios la re-actualización de la práctica peregrina es un buen ejemplo de nuevas significaciones tanto culturales como religiosas. Prácticas religiosas que se incrementan día a día en tiempos seculares y postmodernos[2].

---

[1] Deffontaine, Pierre (1948) *Géographie et religions,* Paris, Gallimard ; Deffontaine, Pierre (1953) « The religious factor in human geography » in *Diogenes, 2; pp.* 24-37
Sopher, David (1967) *Geography of religions, New Jersey*: Prince-Hall; Sopher, David (1981) "Geography and religions" in *Progress in Human Geography,* 5, pp. 510-524

[2] Para el mundo musulmán La Meca (Hajj) congrega a más de 2 millones de personas durante las fiestas del Islam. Para el mundo religioso hindú el Kurukshetra en la India reúne a 15 millones de peregrinos al año. La pluri-religiosa Jerusalén congrega a peregrinos judíos y católicos; lo mismo hace la Mezquita de Aqsa para el Islam. Para los católicos los centros de peregrinación son diversos y se encuentran esparcidos tanto en el Viejo Continente como en el Nuevo. En Europa, no podemos dejar de nombrar la emblemática peregrinación a Santiago de Compostela de raíces medievales; con más de 180.000 peregrinos para febrero del 2004 (INE, 2006:141).

La región latinoamericana nos lleva a repensar las peregrinaciones católicas[3], las que siempre han tenido un papel central en sus sociedades, portadoras de tradiciones y de costumbres pre-hispánicas, construcción de un sincretismo de ida y vuelta entre las creencias indígenas y la doctrina católica universal. En un dinámico marco social donde se fusionan los heterogéneos modelos de identidades nacionales con los modelos de cristiandad institucional y con las hibridaciones y/o sincretismos religiosos que van desde las reinvidicaciones culturales de movimientos indígenas a los actuales modelos de consumo de bienes de salvación.

Racine y Walther (2006) plantean la importancia de la toma en consideración de los hechos religiosos como indispensable para la comprensión de los procesos de territorialización que constituyen los objetos específicos del saber geográfico. En este sentido, plantean que la "Geografía y las religiones" constituyen un objeto de investigación que tiene consigo varios objetivos y relaciones complejas. Algunos geógrafos abandonan los enfoques estrictamente descriptivos como las cartografías sobre las distribuciones religiosas o los estudios centrados en la morfología del paisaje cultural. Pasando de lo morfológico a lo simbólico y abriéndose a otros aspectos como la experiencia religiosa del creyente o del practicante y de los rituales[4]. Los avances del campo de las ciencias sociales nos dan luz sobre cuestiones centrales a la hora de analizar la práctica religiosa de los grupos o movimientos sociales, sobre todo en lo que hace a la visión social de las culturas locales y su espacio. Quizás cabe aclarar, que en este trabajo fue necesaria una apertura a los diversos enfoques geográficos no como opuestos sino como complementarios.

---

[3] En América Latina, los centros religiosos más importantes son prácticamente marianos, como La Virgen de Guadalupe (México), La Aparecida (Brasil), La Virgen de Caacupé (Paraguay), La Virgen de Copacabana (Bolivia) o La Virgen de Itatí (Argentina) son tan solo algunos de los numerosos ejemplos.

[4] En este sentido, los rituales adquieren un rol destacado en las prácticas religiosas pasadas como contemporáneas, no obstante, sus significados se reconstruyen en forma dinámica como la sociedad misma. Parafraseando a Turner, y con otras palabras, podemos colocar al ritual en el marco de su campo significante, y describir la estructura y las propiedades de ese campo. Pero por ello no debemos olvidar que cada participante en el ritual tiene su peculiar ángulo de visión. Visión, en donde su propia perspectiva está limitada por su situación o posición social influenciada tanto en la estructura persistente de su sociedad como por la estructura de roles del ritual religioso.

La decisión de este título, eje del presente capítulo tiene que ver con la necesidad de generar un momento de trabajo que incluya un espacio de revisión conceptual para la noción: *territorio*. Concepto que en más de una disciplina de las ciencias sociales ha alcanzado y alcanza los primeros puestos, tal como lo expresan las diversas publicaciones por su aplicación explicativa en la dinámica de las sociedades contemporáneas. Con lo cual, más que un concepto acotado o perimido, lo vemos como una noción de interés social y polisémica, por este motivo necesitamos ajustarlo y afinarlo como un instrumento musical. Instrumento que luego interpretará, los ritmos y melodías que impone la expresión y la práctica religiosa en tiempos seculares.

"Experiencia" no es un término nuevo, no obstante, aún continúa teniendo mucha vigencia, sobre todo para explicar espacialmente el fenómeno contemporáneo de las peregrinaciones. La experiencia proviene de lo que las personas atraviesan, de la multiplicidad de sus implicaciones en el plano personal como colectivo, entendida y extendida a través de compromisos e interacciones con el mundo social. John Dewey nos dice: "por qué la vida no es una marcha o flujo ininterrumpido, es una cuestión de historias, cada una con su propio argumento, su propio principio, desarrollo y final, cada una con su movimiento rítmico particular"[5]. En otras palabras, la experiencia debe procesarse desde la memoria, la identidad, de nuestra capacidad de organizar y procesar sentido o sentidos a nuestras acciones, y también de pensarla. Es interesante, aunque parezca una obviedad, el aporte de Dewey, quien simplemente considera como un binomio inseparable el "experimentar" y el "pensar" en términos de una relación temporal entre el pasado y el presente.

Esta relación dinámica de la experiencia entre el pasado y el presente recae en la construcción y delimitación del o de los territorios como experiencia vivida o sentida, ya que nos permite establecer conexiones de ida y vuelta entre el hoy y el ayer.

Gracias a las experiencias y al territorio, hay una interacción permanente, en el campo religioso, entre las relaciones prescriptas, las adquiridas por herencia cultural o social, y las actuales prácticas sociales de religiosidad.

---

[5] Extraído de Robins, K y A. Aksoy (2005:183)

Un estudio realizado sobre los peregrinos gauchos[6] nos da perspectiva sobre la dimensión religiosa y las prácticas sociales. En la figura del gaucho pampeano, atrás ha quedado esa campaña salvaje o de la Argentina Moderna, "granero del Mundo". Hoy el paisaje difiere en todo, salvo en la extensa planicie que nos sigue brindando esa sensación de un horizonte inacabado e infinito, pero muy diverso en su interior y en sus componentes: las extensiones de soja y la mecanización agropecuaria, el difuso y escaso habitat rural -o inclusive en algunos casos, las urbanizaciones cerradas- dan cuenta de otra realidad espacial y de otra espacialidad de los procesos contemporáneos del paisaje pampeano. Justamente, el territorio peregrino como experiencia materializada, los re-localiza en otro tiempo y espacio mítico de la pampa de los gauchos, de los que se consideran los verdaderos gauchos argentinos y católicos. Esa interacción de sentidos del espacio vivido entre pasado y presente, nos da acceso a nuevas posibilidades de renegociación territorial, religiosa y cultural. Esta experiencia religiosa, implica renegociar su relación con la identidad, en tanto identidad gaucha, católica y argentina.

Estas experiencias y las valoraciones de los bienes simbólicos religiosos de los sujetos o grupos sociales diseñan imágenes sobre los territorios. Territorialidades y paisajes que conforman al espacio social y cultural. Entre la escala de lo percibido y lo visible, podemos reconstruir algunas de sus manifestaciones espaciales que tienen sus raíces en diversos procesos como la construcción de la identidad nacional, el papel en el imaginario del héroe mítico en la figura del gaucho y la devoción a Virgen de Luján expresada en la peregrinación a caballo. Todas éstas conforman un mapa, como metáfora de las expresiones religiosas cargas de múltiples significados pero que los convoca y reúne a través del papel de la tradición gaucha como memoria legitimada del ser argentino, y católico. Pero vaya la paradoja, no como un gaucho de la época colonial tardía, sino como un católico contemporáneo donde la expresión recrea y adquiere nuevas valorizaciones en las creencias y prácticas.

---

[6] Investigación realizada en el marco de la tesis doctoral *Le chemin du pèlerin: vers une réconstruction territoriale des croyances religieuses (Argentine). Le cas du pèlerinage gaucho à la ville de Luján.* École Doctoral, Université Du Maine (Francia), bajo la dirección de Jean-René Bertrand.

Figura 1: Peregrinación gaucha a la Virgen de Luján, La Virgen Gaucha. Luján, 2007.

En esta imagen los símbolos religiosos y los nacionales toman forma en el mítico héroe, el gaucho; y conforman una mixtura de interpretaciones que se manifiestan en la práctica peregrina, fuera de la tradicional misa, sino más bien como la inclusión de prácticas más populares alrededor del núcleo de la doctrina eclesiástica. Aunque no por ello, tengan un papel secundario la herencia católica y sus fuerte simbología como la Basílica y la imagen de La Virgen, sino simplemente diferente, trasnformada por la experiencia sin mediaciones y en búsqueda de otras formas de contacto con lo divino.

El territorio y el poder de la fe: fronteras en movimiento

Los trabajos y miradas realizadas sobre el rol del territorio en las recientes mutaciones religiosas en América, son más que prolíficas, de todas maneras se han seleccionado y centrado en algunos aportes y miradas que plantean desde la perspectiva geográfica puntos de interés para discrepar, refutar o acordar en algunos aspectos según nos sean útiles a la hora de poder avanzar en nuestra definición del territorio y la práctica religiosa.

Otra dificultad, que obviamente se presentó en el abordaje teórico, ha sido la diversidad de enfoques y discusiones teóricas sobre la construcción del territorio y la identidad que desarrollan la escuela francesa, inglesa o norteamericana, entre las principales. Han sido principalmente sociólogos y antropólogos los que han puesto sobre el tapete la cuestión del papel de la religión y el territorio para las sociedades contemporáneas. Aunque cabe destacar que los aportes de los geógrafos consultados han sido por su calidad y profundidad académica un excelente sustento de las ideas aquí expuestas. Otra aclaración necesaria para el caso argentino es que existen rigurosas producciones científicas, las que han enriquecido con sus aportes tanto la producción teórica como la interpretación empírica de los hechos religiosos en estas latitudes.

De allí que no ha resultado sencillo poder inscribir al territorio desde una de estas perspectivas como única y verdadera, sino que se ha tenido que seleccionar herramientas conceptuales desde los diferentes aportes que analizan sociedades tan diversas como la mexicana, brasileña, norteamericana o la francesa. ¿Cómo extrapolar estos conceptos o miradas teóricas? Hubiera sido ridículo o casi inútil que para la comprensión de esta espacialidad religiosa nos hubieramos ceñido tan sólo a algunos de estos aportes teóricos, a modo de un único 'molde' rígido y estático, cuando la realidad social es compleja y heterogénea.

De todas maneras, cabe destacar que los avances realizados en los últimos treinta años en materia teórica y empírica europea, norteamericana o latinoamericana, nos permiten iniciar el trabajo desde coordenadas previas que aportaron luz a la presente discusión donde se explicitan nuevas preguntas o limitaciones conceptuales.

Para continuar con nuestra tarea se nos presenta la necesidad de definir a qué denominamos territorio. Una manera de hacerlo es partiendo de la noción de espacio. Recalando en aportes ya realizados podríamos proponer que el territorio sería el espacio apropiado y valorizado por los grupos sociales. Que el territorio sería la materia prima o más precisamente la realidad material preexistente a toda práctica social. El espacio se caracterizaría entonces por su valor de uso, por lo que el territorio sería la resultante de la apropiación y valorización del espacio mediante la representación y el trabajo.

Cuando se plantea la herencia social católica como cultural en América Latina, no es un simple dato alegórico. Las siguientes estadísticas nos expresan claramente el peso demográfico y social del papel de la religión en el continente y su distribución geográfica. Cuadro que nos muestra parte de una realidad de construcción histórica que oculta conflictos y prácticas que hacen a las minorías o cultos no difundidos de manera institucional, sino como creencias religiosas ancestrales de carácter étnico, o de otro tipo como los espiritistas o grupos de la llamada *new age*, por nombrar algunos.

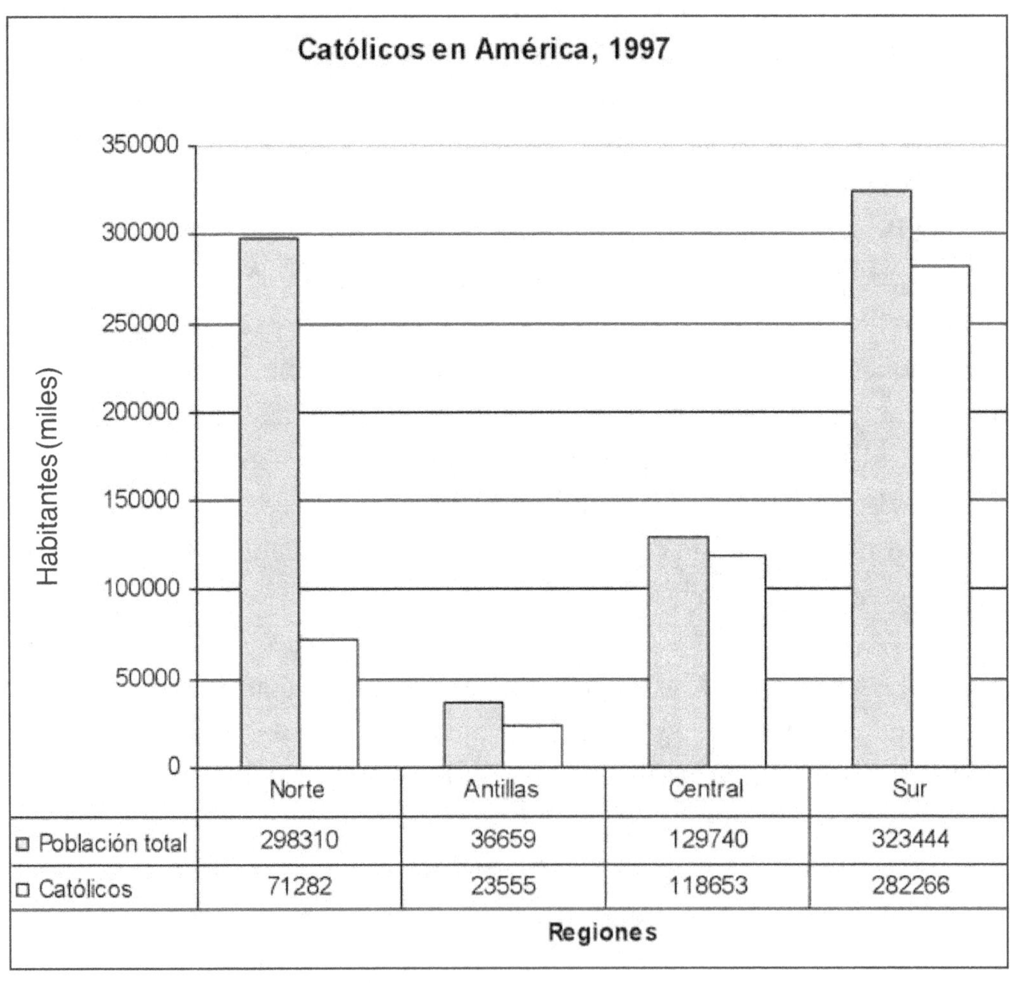

	Norte	Antillas	Central	Sur
▢ Población total	298310	36659	129740	323444
▢ Católicos	71282	23555	118653	282266
Regiones				

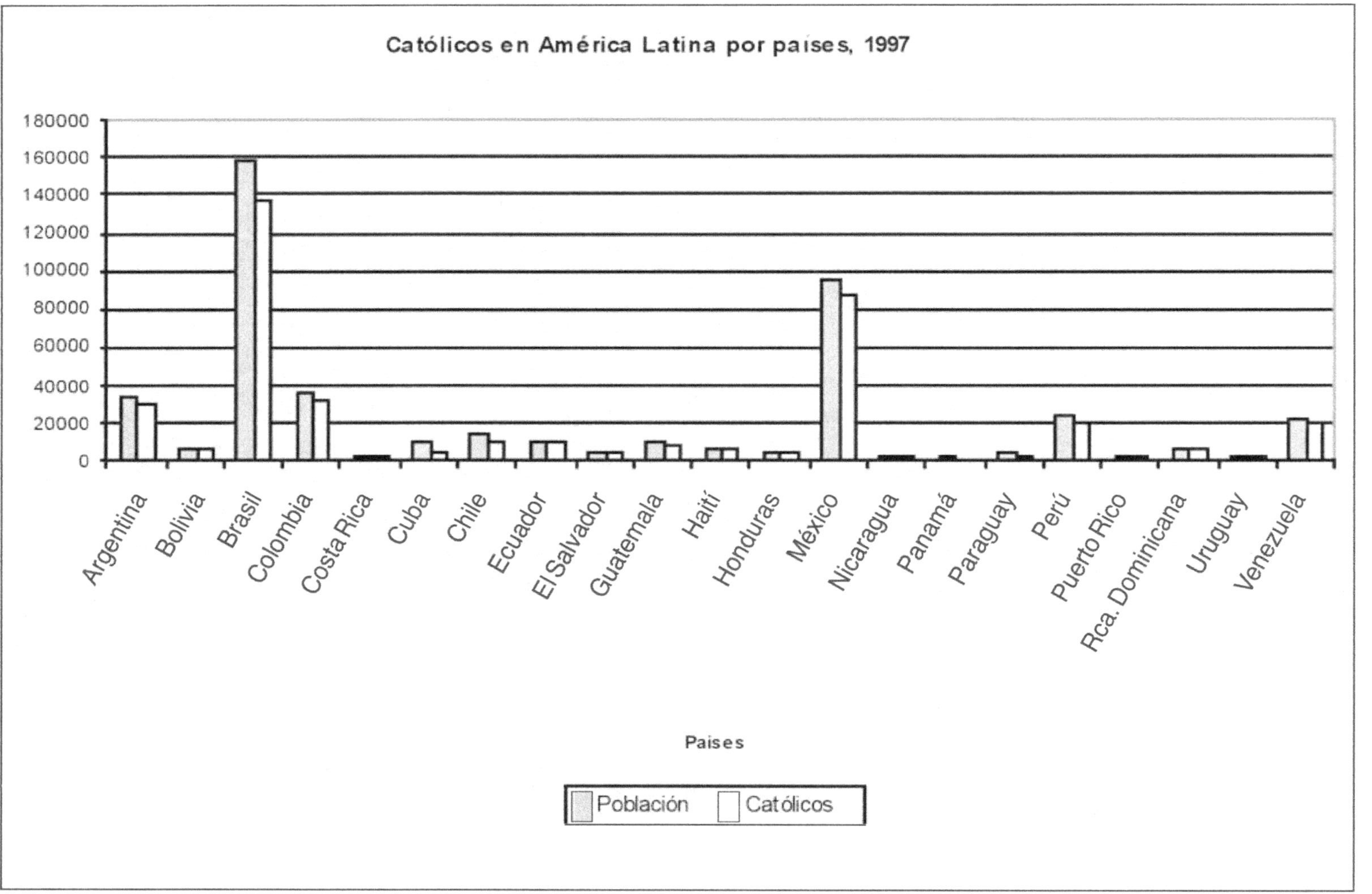

Fuente: Marzal (2000, 335) lo ha extraído del *Annuarium Statisticum Ecclesiae* 1997, pp. 35-37.

En cuanto a la población total católica, América del Sur lidera la región si le sumamos América Central y Antillas. Esta América Latina muestra heterogeneidades cuando analizamos la escala nacional. Brasil y México tienen el primero y segundo puesto en población total con un alto valor relativo de católicos, aún predominante, a pesar de la difusión de los templos evangélicos o pentecostales o cultos como el umbanda, por nombrar algunos.

Pero también el territorio sería una producción a partir del espacio inscripto en el campo del poder y las relaciones que se ponen en juego. En palabras de Raffestin (1993): "el territorio se forma a partir del espacio"[7], según este autor los ingredientes primordiales de todo territorio son tres: la apropiación de un espacio, el poder y la frontera. A partir de esta apropiación y necesidad de definición de fronteras es que se nos presenta un componente esencial en la construcción de la identidad y de la alteridad, sustentada con bases territoriales. Las relaciones sociales de una colectividad o comunidad reflejan la dimensión compleja de lo vivido en relación a su territorio. Es decir que el territorio no se construye simplemente con la ocupación de un grupo, esto no es suficiente, sino que el componente relacional es el que justamente posibilita el acceso al proceso de construcción territorial. Es entonces, el territorio un espacio apropiado, ocupado y dominado por un grupo social para asegurar su reproducción y satisfacer sus necesidades vitales, que pueden ser tanto materiales como simbólicas.

Ahora bien, esta apropiación-valoración puede ser de carácter *instrumental-funcional* o *simbólica-expresiva*[8]. Para la primera existe una relación utilitaria del espacio centrada en las relaciones económicas, políticas y sociales, en otras palabras, de producción. Mientras que para la otra, se enfatiza el papel del territorio como una sedimentación simbólico-cultural del espacio. Por lo tanto, el territorio es un soporte de identidades individuales o colectivas y es a la vez, materialidad de un paisaje tangible en que se expresa la práctica religiosa como otra forma del capital social.

El territorio no se reduce a su función instrumental, sino que además es también objeto de operaciones simbólicas y donde los actores proyectan su visión o representación del mundo cultural y social. Por eso el alcance del

---

[7] Raffestin, C. *Por uma Geografia do Poder,* Sao Paulo, Atica, 1993.
[8] Giménez, G. (1999:28).

concepto de territorio adquiere para este trabajo la idea de síntesis: entre la producción pasada y presente, que organiza su disposición y paisaje y la idea del "lugar sagrado" que tiene un pasado histórico o mítico, como símbolo común e identitatio.

Una primera descripción del territorio es a partir de su objetivación, es decir, como producto de la cultura y del trabajo humano. Pero también, podemos caracterizar al territorio como el marco de las prácticas culturales objetivadas (como fiestas, rituales, etc.). Y, además definirlo como objeto de representación, como símbolo de pertenencia social. En este último caso, es decir como símbolo o representación, los sujetos no solo interiorizan al territorio a su sistema cultural superando la visión del territorio como objeto "externo" culturalmente marcado, sino que se construye por una realidad social "interna" y pasa a convertise en un territorio "invisible" resultante de los procesos de interiorización del sujeto.

El territorio es entonces parte del proceso de espacialidad; en términos de Soja (1993) la espacialidad es efectivamente una geografía humana concreta. En este sentido es la arena donde las luchas por la producción y reproducciones sociales, y prácticas, intentan mantener o reforzar la espacialidad existente, o para decididamente reestructurarla y/o transformarla radicalmente.[9] Las creencias religiosas y los cultos no escapan a la necesidad de contar con el espacio para su reproducción y crecimiento, el territorio y sus fieles se convierten en objeto de poder para muchas iglesias y cultos.

El territorio y la religión como narrativas de la memoria

¿Cómo compreder la organización del territorio, cuando éste se amplía más allá de las fronteras físicas y materiales? ¿A qué territorios nos referimos, al material palpable o a la imagen que guardamos en nuestra memoria? Para encontrar las pistas de esta respuesta, no perdamos de vista el contexto del espacio geográfico, que es reconstruido por las prácticas sociales y por el imaginario de esos espacios vividos los que se traducen en forma de organización, valoración y transformación del territorio. De tal manera que la memoria de los

---

[9] Soja, E., *Geografías Pós Modernas. A reafirmaçao do espaço na teoria social crítica*, Rio do Janeiro, Jorge Zahar, 1993.

paisajes como la pequeña iglesia en una comunidad del Altiplano, se presenta como un volver a sentir y vivir ese espacio personal o social con connotaciones religiosas y culturales, es decir, como una forma de territorialidad. Es por ello que la territorialidad de las prácticas religiosas es una síntesis entre los sistemas de símbolos del pasado y del presente, y de su medio físico tanto como el del imaginado.

Tomando ideas de Santos (2006), son múltiples las formas de territorialidad de las prácticas religiosas ya que éstas revela en buena parte los elementos que estructuran la vida en sociedad, pudiendo ir de una apropiación integral y exclusiva de una cierta porción del espacio hasta la simple identificación de naturaleza simbólica en un determinado lugar, en el que se expresan las formas de referencia territorial, que van desde las relaciones con espacios simplemente frecuentados hasta los procesos espaciales de origen social.

Es ya archi conocido por los geógrafos que ningún recorte territorial, al menos para este mundo contemporáneo, puede ser abordado desde un análisis restringido a la escala local. Por sí solo, el recorte territorial, carece de sentido o se puede caer en interpretaciones incompletas, justamente, éste adquiere significado cuando se lo articula con otras escalas de los procesos espaciales que lo atraviesan. Es decir, que aun en el mundo material de nuestra globalización económica planetaria que tiene como una característica la discontinuidad territorial y la diferenciación socio-espacial, estas discontinuidades y desigualdades son parte de un mismo sistema.

Otro aspecto interesante de destacar es que "lo nacional" presupone otros significados y expresiones como un espacio amplio y a la vez, delimitado. Aunque su territorio está físicamente acotado con límites fijos y una extensión conocida, su representación no se podría definir en un solo mapa mental. A éste se le suma además, la historicidad de los procesos, dimensión a veces olvidada cuando se aborda al territorio como "lo local" y/o como algo "espontáneo". En muchos casos de religiosidad popular, además, deberíamos incluir también los mitos y las creencias como portadores de rasgos que hacen a una comunidad, a veces cargadas de identidad nacional a través de la religión católica, como hemos visto muy rapidamente con el caso de los peregrinos gauchos. Ambas dimensiones y escalas (nacional-local), no se contraponen, sino que interaccionan a nivel individual y colectivo definiendo múltiples territorios pero en forma solidaria aunque no necesariamente en forma homogénea. Es decir, que el espacio geográfico –o el espacio social para Di Meo y Buléon (2005)– estaría definido por diversos procesos sociales que lo atraviesan pero a la vez, lo construyen en forma dialéctica.

Al respecto, Renato Ortiz (1996) imponía una reflexión sobre las referencias culturales desterritorializadas para el mundo global y también, para referirse a los estratos sociales desterritorializados. En el sentido de que obliga a aprehender al espacio independientemente de las restricciones impuestas por el medio físico. Sin embargo, no se queda en esta fase de relaciones o interacciones sociales en el éter griego, sino que avanza con la noción de que este proceso de "desterritorialización" va acompañado con una "re-territorialización" como tendencias complementarias de un mismo proceso. Podríamos coincidir o no, pero lo cierto es que en verdad a la luz de los renovados enfoques de la movilidad espacial nos exige reflexionar sobre esta dinámica actual de las formas de aprehensión territorial en la memoria individual o colectiva. Ahora bien, esto nos permite avanzar en la noción de territorialidades como construcción social, religiosa o cultural con o sin la mediación estricta del medio físico o artificial. De esta manera, la "desterritorialización" tiene la capacidad de contener a los procesos que se escapan del medio físico –en el sentido clásico– o que se vinculan desde otro nivel de relación; proponiendo la re-territorialización a otras escalas y escenarios sociales como actuación de la dimensión social contemporánea, que localiza y genera paisajes, quizás antes imposibles de ser abordados desde una mirada estrictamente tradicional.

De ninguna manera significa el fin del territorio mensurable, palpable o impuesto a nuestros sentido sino más bien el fin de una concepción estrictamente "objetiva". Para nuestro abordaje, aquí el "lugar sagrado" representado por geosímbolos como por ejemplo el Santuario popular de La Difunta Correa (provincia de San Juan), es el espacio de diferenciación. Lugar físicamente definido, simbólicamente homogéneo desde la superficie de las representaciones sociales, aunque al interior de los grupos esta interpretación sea fragmentada y diversa. No podemos pensar únicamente en raíces físicas, fijas a un medio natural o artificial. Sino más bien como referencias centrales en el movimiento de la sociedad en que se superponen cargas de significados diversos y complejos, al modo histórico de vinculación entre territorio y comunidad. Los individuos o grupos, en la actualidad poseen referencias territoriales diversas, y no son únicas, son recuerdos o imágenes que no se ajustan estrictamente a esta vinculación determinada por las raíces estrechas entre territorio y comunidad, como podríamos pensar en la práctica rural católica francesa de las parroquias del siglo XIX.

Los medios tecnológicos y la actual cultura industrial, a diario nos presenta otras espacialidades o niveles de interacción que redefinen las formas de apropiación territorial, según el capital social de los sujetos o grupos.

Hoy podríamos pensar que frente a posturas que entienden a la globalización como una desterritorialización continua, como el desarraigo al territorio y a la identidad, también aparecen formas inacabadas que no explican la complejidad del espacio geográfico, y en especial a las peregrinaciones en su forma de pensar y experimentar al territorio. Aparecen nuevas configuraciones sociales y religiosas que se afirman en un territorio físico pero también mítico, histórico y en movimiento.

Las peregrinaciones a santuarios (o lugares sagrados) como espacialidad dinámica son procesos rituales que ponen en acción valores y símbolos dominantes de la sociedad. La peregrinación puede ser entendida como un ritual de tránsito liminal que conduce a las personas a un estado emocional que les permite introducirse en un espacio-tiempo sagrado. Cada lugar religioso o santurario apropiado por el ritual del creyente es definido como "su" territorio, el que se construye a través del proceso de ritualización que sustenta una territorialización – desterritorialización efímera pero repetitiva. Es así que en este territorio radica su importancia cognitiva y emocional, pues las redes de peregrinación están ligadas a la reproducción simbólica de un espacio materializado en la territorialización peregrina. Podremos argumentar que los recorridos del peregrino construyen territorios de itinerancia ritual (Barabás, 2004:115). La territorialidad es así un importante organizador del peregrino y de su vida social como cultural que le permite articular la frontera entre el espacio individual y el colectivo; pero también podríamos decir que le permite articular la frontera entre el territorio pasado y el presente; que le permite transitar entre el territorio profano y el sagrado.

Puede pensarse al territorio de las experiencias religiosas de otro tipo, como los más difundidos en nuestras sociedades, en ámbitos institucionales como los templos, donde allí el espacio sagrado o el contacto con lo espiritual está mediado por el pastor, rabino, gurú, pai, según corresponda a la práctica. O también, donde el templo es un paisaje "con energía". Lugares sagrados donde se manifiestan las fuerzas divinas de la naturaleza, ancestros u ovnis, según corresponda al tipo de territorialidad de la creencia religiosa.

Uno de los fenómenos coincidentes en el universo católico son los cambios en los hábitos, y la incorporación de otras creencias. A su vez, las prácticas se transforman, no obstante, con sus singularidades según el grupo o sociedad. Al respecto existen trabajos realizados con un importante grado de profundización por geógrafos, en especial Jean-René Bertrand que se han centrado en los cambios territoriales y prácticas de los católicos en Francia, en coordinación con Colette Muller (1999), ambos equipos de investigación han sido pioneros en vislumbrar los cambios territoriales del catolicismo contemporáneo de forma integral, como también, sobre la expresión de la pluralidad religiosa en Francia (2005). Otros aportes podemos encontrar en Bertrand y Müller (1999, 2002, 2005) Claval (1992, 2008); Dory (1995); Bonnemaison (1995, 2008); Racine (1993); Racine y Walther (2006); Albet i Mas (2006); Rosendahl (1996, 2003, 2005, 2008) Santos (2006, 2008); entre los principales.

Hay en el espacio geográfico, no una, sino varias identidades que se ponen en juego. La identidad tiene un vínculo muy fuerte con la cuestión espacial y viceversa, pues los individuos se reconocen a partir de su territorialización en un determinado momento y lugar.

También los lugares de memoria son parte integrante de una territorialidad simbólica por la cual los grupos se afirman y revindican su identidad cultural y política en relación con su propio lugar. Un buen ejemplo de ello es nuestra Basílica de Luján. En cierto modo el Santuario, como lugar sagrado, asume un papel central en la identidad católica que además tiene connotación con "lo nacional". Proceso entretejido por diversas lógicas políticas y eclesiásticas que dieron como resultado negociaciones y acuerdos diversos entre Estado e Iglesia.

La identidad es construida a partir de subjetividades individuales y colectivas, y puede estar relacionada con grupos sociales de pertenencia territorial. Pero no por ello debemos minimizar las políticas o estructuras históricas que conformaron diversas matrices sociales, nacionales y eclesiásticas. Por lo tanto se percibe que la incorporación de la dimensión simbólica, de lo inmaterial en el discurso geográfico, ha posibilitado una enorme riqueza en el análisis sobre la producción del espacio, de los paisajes, de las territorialidades, le ha permitido flexibilizar los rígidos componentes del territorio como mero soporte físico. Territorialidades, que no se desarrollan en el vacío, sino en contextos sociales y espaciales que se definen justamente por su interacción con una modernidad heterogénea.

El territorio como estrategia de gestión religiosa

El territorio como estrategia de gestión religiosa y especialmente, de gestión de las instituciones religiosas, ha tenido una práctica milenaria tanto en la cultura oriental como occidental. En la historia reciente el catolicismo es un excelente ejemplo de reorganización territorial que se desarrolla con plenitud en la Europa medieval hasta la consolidación del Estado Moderno. América, con su singularidad espacial, refleja el diseño de los territorios católicos occidentales, donde la administración pastoral fue organizada en parroquias y diócesis bajo la figura del patronazgo, y luego, bajo la potestad del Vaticano en alianza con el poder político, según el contexto histórico. Lo que es interesante destacar es que la organización de los territorios católicos en América ha sido una construcción histórica que resultó, por un lado, en un mapa formal de gestión institucional de la doctrina; y por el otro lado, un mapa de prácticas sociales y creencias religiosas fusionadas en el modelo católico, hasta hace poco tiempo monopólico.

Ante los rasgos de la compleja relación entre espacio y territorio mencionados, me pregunté, si Juan Pablo II había sido geógrafo. Esta pregunta me la formulé al tomar contacto con las iniciativas e innovaciones de este Papa en función de los cambios institucionales frente a los cambiantes mapas sociales de fines del siglo XX, continuando el proyecto del papado anterior. En realidad Juan Pablo II no fue geógrafo sino que al igual que otros líderes religiosos no perdió de vista al rebaño y a sus territorios. Las instituciones religiosas necesitan de la organización del territorio, y por ende de un territorio. En términos de poder, la "lucha por las almas", no es tan solo una frase pastoral si la planteamos en términos de desregulación del mercado religioso y la cambiamos por "la lucha de las almas". Desde la actual realidad internacional hasta un barrio o comunidad, las fronteras superpuestas de diferentes prácticas son frecuentes e inclusive en muchos casos conflictivas.

En un mundo no muy lejano, las parroquias eran las porciones de territorio que se encontraban bajo la tutoría de un cura párroco, quien ejercía el cuidado pastoral de la comunidad de fieles mediante la administración de sacramentos y la cura de almas. Éste se definió por varios siglos como el modelo de la *parroquia territorial*. No obstante, por las intensas transformaciones y recomposiciones entre comunidad y territorio parroquial marcadas en la sociedad contemporánea y su movilidad espacial, será bajo el papado de

Juan Pablo II que en 1983 se introduzca un cambio fundamental como indicador de los procesos espaciales que hacen a la práctica religiosa a fines del siglo XX. Como bien lo expresa Bertrand (Mercator, 1997:143):

> "(...) la definición de la parroquia que propone el código canónico, en 1983, revoluciona su identidad. La parroquia territorio de 1917 evoluciona radicalmente en su contenido. El nuevo código define a la diócesis como territorio, y a la parroquia como comunidad (...)"

¿Se acabó el territorio católico? ¿O simplemente estamos presenciando recomposiciones religiosas que construyen nuevas territorialidades?

Figura 4: Mapa de las diócesis y arquidiócesis por períodos según fecha de creación.

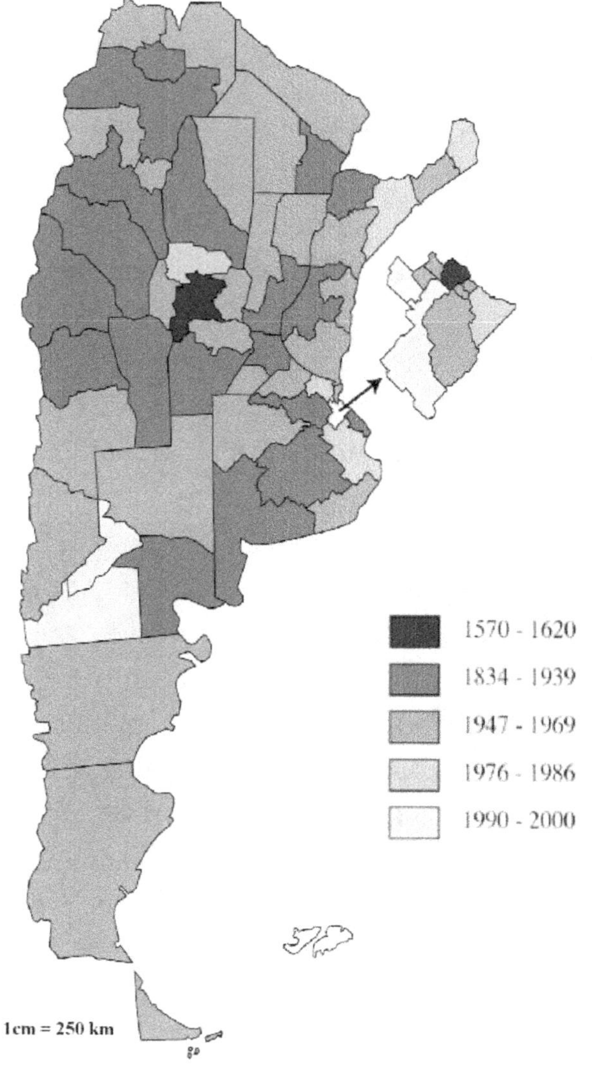

La unidad principal que organiza la gestión territorial de los católicos es la diócesis, la que llega en nuestro país a un total de 47 y de 14 arquidiócesis; además de las tres prelaturas (Cafayate, Humahauca y Deán Funes), y una única prefectura apostólica, las Islas Malvinas. Más las eparquías de Ucrania y Armenia, que no tienen territorio asignado sino comunidad. En el siglo XVI, Córdoba fue la primera diócesis del territorio con el nombre de Córdoba del Tucumán con sede en la ciudad de Santiago del Estero en 1570. Luego de cinco décadas, en 1620, se subdivide Buenos Aires y se separa del Virreynato del Alto Perú dando origen a la Iglesia Católica Argentina. Diócesis que adquiere la jerarquía de arquidiócesis en 1936. Las décadas más destacadas en creación de diócesis tienen que ver con la época del integrismo católico primigenio de los años ´30, y en segundo lugar, las diócesis creadas en los convulsionados años de crisis políticas en los ´50 y ´60. Para luego, re activarse la aparición de diócesis en los años ´70, con la dictadura militar, pero con menos envergadura y prácticamente marginal en comparación con las décadas mencionadas.

Bajo la superficie de los mapas de los territorios formales católicos, las diócesis y las parroquias que expresan heterogéneas formas de territorialización, se superponen diacrónicamente diversas prácticas sociales de las expresiones religiosas católicas o "a modo católico" tales como las creencias en los santos populares.

Entre otras innovaciones, este Papa, también promoverá –al interior de los marcos eclesiásticos– a las peregrinaciones de los jóvenes católicos como una estrategia histórica en la incorporación de la experiencia religiosa contemporánea, en términos de modernidad-mundo, y la construcción de territorios vividos en términos de religiosidad individual y colectiva. Qué más decir en materia de análisis geográfico; este Papa ha puesto en la mira la recomposición católica en términos de espacialidad y territorialización de estas expresiones contemporáneas de religiosidad que rompen con las matrices y estructuras de espacialidad conocidas. Los mapas serán otros, las relaciones con el territorio modifican los patrones conocidos. Entonces en vez de dejar las nuevas prácticas católicas marginales a la institución, por el contrario, las incluye al nuevo mapa social católico. Sin duda su mirada fue territorial…, como también lo son las estrategias de las autoridades de los Adventistas, los de la Iglesia Universal del Reino de Dios, y otras. La lógica del mundo presente requiere de nuevos enfoques para la comprensión de los procesos de desterritorialización y reterritorialización, es más, algunos geógrafos dan un paso adelante y plantean los multi territorios para dar espacio a la recomposición de creencias, a las nuevas formas relacionales que fracturan la realidad en diversos mapas sociales, la religión no escapa de esta lógica global-local:

"Recordemos que el territorio favorece el ejercicio de la fe y de la identidad religiosa del devoto... Territorialidad religiosa, que a su vez, significa el conjunto de prácticas desarrolladas por instituciones o grupos, en el sentido de controlar (gestionar) un territorio dado. De esta manera, la territorialidad engloba, al mismo tiempo, las relaciones que el grupo mantiene con el lugar sagrado (fijo) y los itinerarios que constituyen su territorio... El territorio religioso se modifica para corresponder mejor a la afirmación del poder. Y para la mantención de esas relaciones son adoptadas estrategias político-espaciales" (Rosendhal, 2005:195).

Los efectos de la desregulación modernidad Estado-Nación por la modernidad-mundo impacta en la organización social, en la cultura y obviamente, en las formas de religiosidad contemporánea.

De ahora en más la noción de frontera se define como diferenciador cultural, territorial y temporal. En los diversos grupos religiosos la frontera se manifiesta ideológicamente como un conjunto de representaciones colectivas derivadas de sistemas de relaciones al interior del grupo, las que se encuentran mediadas por la memoria y cultura compartida. Lo que da como resultado una configuración social y territorial identitaria legitimada, según la creencia o religiosidad del caso.

Territorios múltiples y diversidad religiosa: algunas ideas provisorias

Al territorio podemos sintetizarlo como el enraizamiento de los procesos sociales, la localización de éstos, como área delimitada por una frontera, donde se ubican los objetos y transcurren las relaciones. También es movimiento cuando lo ponemos en términos de territorialización. Quizás la idea más acabada es justamente la idea de dominio o de gestión de determinada área. Idea que nos permite evidenciar nuevos continentes para la comprensión de la dimensión espacial de las prácticas religiosas contemporáneas. Los mapas relativamente precisos y ciertos de otros momentos del mundo católico o protestante, musulmán o judío, son otros, y por ende, también sus territorios.

Si la gestión territorial del poder económico, político y social ya no son los impuestos por la modernidad de los siglos XIX y XX, la gestión de las instituciones religiosas también ha tenido que cambiar. La discusión que ahora se impone es justamente la de asumir que esos mapas y esas prácticas de gestión territorial son diferentes. En estos territorios se conjugan con diverso grado de intensidad la permanencia de ciertos modelos territoriales, y los cambios. No son tan sólo territorialidades religiosas híbridas, sino realidades en transición, dinámicas, que plantean otros desafíos a la hora de comprender nuestras sociedades. Es por ello que el concepto de territorialidad puede ser encarado tanto como lo que permanece y se encuentra en el territorio, como también, y al mismo tiempo, como proceso de concentización de la población de ser parte de un territorio, de integrarse a una comunidad o a un grupo religioso.

Sentido y significado colectivo mueven al devoto, la movilización de los sujetos o actores crean y recrean en cada contexto el ritual que les posibilitará la mediación con lo sagrado y lo divino. Es así que la peregrinación o cualquier otra práctica religiosa se resignifican en la sociedad actual, se definen entonces por su territorialidad como un aspecto central del ritual simbólico que les proporciona identidad/alteridad. Santuario, espacio sagrado, paisaje e identidad religiosa son, al fin de cuentas, fases de un mismo fenómeno socio-espacial, en movimiento.

Asistimos hoy a la emergencia de nuevas sensibilidades religiosas y su consecuente impacto territorial. No es algo conyutural sino un proceso social y espacial complejo que no se explica por sí sólo, aisladamente o con la única ayuda de algún concepto como "securalización"; o desde una sola mirada disciplinar. Algo que exige comprender que la actual sociedad heterogénea, a su vez, reconstruye nuevas espacialidades, mentalidades, imaginarios, valores y comportamientos que resultan en cambios y recomposiciones religiosas del espacio. Por otro lado, no existen fronteras fijas o estáticas sino dinámicas y flexibles de los territorios religiosos, esto hace aún más complejo el análisis geográfico.

Otro factor que hace a la alteridad religiosa es la representación de lo local frente a lo extranjero. Este factor externo es visto por la *communitas* de un grupo religioso como una amenaza, como una forma posible de corromper nuestras creencias y en especial los atributos genuinos de lo divino o sagrado. Mallimaci (1996), retoma al sociólogo francés Pierre Bourdieu y hace una analogía con el proceso de producción económica, habla de "mercado de bienes simbólicos de salvación". En el caso argentino se ha pasado del antiguo monopolio católico en todos los sectores sociales a la hegemonía católica. Aunque en un mercado global desregulado y competitivo en el que otros actores intentan legitimar su culto o creencias religiosas:

"La mundialización ha permitido también que las creencias religiosas ya no solo tengan espacio territorial sino que circulen por las calles y los medios de comunicación de la aldea global. Últimamente asistimos a la emergencia de los llamados nuevos Movimientos Religiosos, Cultos o Grupos religiosos libres, fruto sino del quiebre de certezas y de sentido. (…) estamos frente a un fenómeno pasajero de cambios de creencias y pertenencias religiosas sino ante una profunda reestructuración del campo cultural, en este caso religioso y ante el surgimiento de nuevas creencias que se expresan tanto al interior del catolicismo como de otras manifestaciones religiosas" (Mallimaci, 1996: 29-30).

En este marco multiterritorial los quiebres de anteriores certezas nos están llevando a replantear supuestos que creíamos inamovibles y verdaderos. Hoy más que nunca, las mentalidades religiosa de los latinoamericanos y de los argentinos se han renovado y/o ampliado a otras prácticas, sin deshechar la una por la otra, o privilegiando alguna, según se trate la necesidad espiritual[10]. Esto a todas luces, nos confirma que sería erróneo aseverar la pérdida del significado y el papel social de las instituciones, movimientos o comunidades religiosas, especialmente del catolicismo regional, al relacionarlo directamente con la pérdida total de los significantes religiosos en el individuo y en la vida social.

La modernidad religiosa en América Latina toma forma territorial y social: la pluralización… Aunque de manera diferenciada tanto en lo relativo a la formación de los actores religiosos, como en la relación territorio, religión y sociedad:

"(…) en América Latina lo religioso institucional sigue siendo un actor social central. Aunque, se pluralice, sigue siendo capaz de intervenir en la esfera pública, y ello aun cuando ya no existe, salvo algunos casos, un Estado confesional. En un intento por retomar el argumento en sentido crítico, A. Touraine plantea un examen pertinente en torno a la oposición entre individualismo y comunitarismo. En su respuesta considera que América Latina avanzaría hacia un horizonte individualizante, aunque conservando las representaciones comunitarias, lo cual finalmente llevaría a las sociedades latinoamericanas a alcanzar las dinámicas europeas a largo plazo" (Bastian, 2004:12).

---

[10] Sobre estos cambios y recomposiciones de las prácticas religiosas en la Argentina, se recomienda consultar el informe publicado por la Dirección de Cultos realizado recientemente por Fortunato Mallimaci (Dir.) *Primera Encuesta sobre Creencias y Actitudes Religiosas en Argentina*, agosto 2008.

Podríamos compartir la predicción de Touraine y Bastian, en cuanto a que en nuestras sociedades existen significativas mutaciones en las prácticas cristianas y católicas, y que éstas se incrementan y difunden lejos de ser hechos casuales o puntuales o particulares para un determinado país o sociedad latinoamericana. Lo que está por verse es si efectivamente estas territorialidades "alcanzarían las dinámicas europeas". En relación con esto último, lo dudo, las raíces de nuestras sociedades son diferentes y múltiples, que nos lleva a innovar en el campo religioso, así las expresiones de fe y sus territorios se modelan y remodelan, adquiriendo rasgos propios y territorialidades singulares, nuestros itinerarios serán indudablemente otros… la ruta no es una sola.

Los fenómenos religiosos adquieren forma y contenido territorial, y son los resultantes de los procesos espaciales de la diversidad religiosa, los que son ciertamente tangibles e intangibles, generando nuevos escenarios o resistencias culturales como sociales. ¿De qué tipo de expresión de la espacialidad hablamos? Territorialización y desterritorialización, reterritorialización o en síntesis no será mejor plantearnos territorialidades múltiples que se funden en una misma recomposición de la espacialidad, pero no se confunden entre ellas, dibujando fronteras que comparten un mismo territorio soporte y/o político, un mismo mapa. El hecho religioso en la sociedad no está debilitado, sino por el contrario, éste impone multiples territorios. Las multiterritorialidades son una forma de abordar la complejidad contemporánea de la desregulación del campo religioso que atraviesa a todas las religiones y la forma de abordar, además, a la fragmentación de cultos o creencias que se multiplican en las sociedades. Territorios en redes, y multiterritorios son una aproximación conceptual y no una receta metodológica, el desafío es justamente, la capacidad de los saberes de las ciencias sociales para poder comprender y acompañar a este mundo fragmentado y desigual.

Bibliografía

BARABÁS, A. *Utopías indias. Movimientos sociorreligiosos en México*. México: P y V Editores. Tercera edición, 2002

BASTIAN, J-P (coord.), *La modernidad religiosa: Europa latina y América Latina en perspectiva comparada*, México: Fondo de Cultura Económica, 2004. Segunda edición.

BERTRAND, Jean-René y Colette Muller (Dir.), *Religions et Territoires*, Paris : L´Harmattan, 1999.

CARBALLO, Cristina, "Hierópolis como espacios en construcción: las prácticas peregrinas en Argentina", en: *Espaço e cultura*, Rio de Janeiro: EdUERJ, en prensa.

CARBALLO, Cristina (Comp.) *Diversidad Cultural, creencias y espacio. Referencias empíricas*. Buenos Aires: Departamento de Ciencias Sociales - Universidad Nacional de Luján, 2007

DI MEO, Guy y BULÉON, Pascal, *L´espace social. Lectura géographique des sociétés*. Paris: Armand Colin, 2005

FOURNIER, Jean-Mar, "Le capital spatial: une forme de capital, un savoir être mobile socialmente inègal. L´exemple de l´élite argntine de Punta del Este (Uruguay" En : Séchet, R ; Garat, I. Y D Zeneidi (Direc) *Espaces en transactions*, Rennes : Presses Universitaires de Rennes, 2008.

HALBWACHS, Maurice. *Los marcos sociales de la memoria*, Barcelona: Anthropos. Capítulo VI, La memoria colectiva religiosa, 2004

HERVIEU-LEGER, Danièle. *La religion pour mémoire*, Paris: Cerf, 1993.

HERVIEU-LÉGER, Danièle. « Catolicismo, el desafío de la memoria », en *Sociedad y Religión Nº 14/15*, Buenos Aires, 1996.

GIMÉNEZ BELIVEAU, Verónica. "Representaciones de los '70 en el catolicismo: memorias, reinvenciones y definiciones identitarias en comunidades católicas", *Revista de Investigación Nº 1*, Buenos Aires: Facultad de Ciencias Sociales (UBA), 2007.

ORTIZ, Renato. "Religión y globalización". En: ORTIZ, R. *Mundialización: saberes y creencias*. Barcelona: Gedisa, 2005

MALLIMACI, Fortunato. "Catolicismo y militarismo en Argentina (1930-1983). De la Argentina liberal a la Argentina católica". En: *Revista de Ciencias Sociales Nº 4*, Buenos Aires: Universidad Nacional de Quilmes, 1996.

MARZAL, M. et al, *La religión el Perú al filo del milenio*. Lima: Pontificia Universidad Católica del Perú. Fondo Editorial, 2000.

MERCATOR, P., *La fin des paroisses? Recompositions des communautés aménagement des espaces*. Paris: Desclée de Brouwer, 1997.

ROBINS, Kevin y AKSOY, Asu. "El que busca encuentra. Mirada transnacional y conocimiento-experiencia", in Leonor Arfuch, *Pensar este tiempo. Espacios, afectos, pertenencias*, Buenos Aires: Paidós, 2005.

ROSENDAHL, Zeny, "Território e Territorialidade: Uma perspectiva Geográfica para o Estudo da Religião". *In: Geografia: Temas sobre Cultura e Espaço*, org. por Zeny Rosendahl e Roberto Lobato Corrêa. Rio de Janeiro: EdUERJ, 2005.

SAQUET, Marcos Aurelio, *Abordagens e concepçoes de território*. San Pablo: Editora Expressao Popular, 2007.

SANTOS, Maria da Graça, "Espiritualidad, territorio religioso e espacio sagrado: As ideas-força estructurantes da investigaçao realizada" En: SANTOS, M. *Espiritualidade, Turismo e Territorio,* Lisboa: Principia Editora, 2006

CAPÍTULO II
Hierópolis y procesiones: lo sagrado y el espacio

Zeny Rosendahl

A modo de introducción

Como toda construcción humana, lo sagrado es dotado de una espacialidad que se traduce en atributos propios y está insertada en el espacio humano general. La religión imprime un orden en el espacio que, para los creyentes, está marcado por momentos de trascendencia, los cuales son diferenciados por cada tiempo sagrado, y crean espacios e itinerarios sagrados. La comprensión de las prácticas religiosas representa una de las diversas maneras por las cuales la religión actúa sobre personas y lugares. La geografía de la religión se centra en las relaciones entre el espacio y lo sagrado. Es oportuno e importante resaltar entonces los estudios sobre geografía y religión.

Los estudios sobre las relaciones entre el espacio y lo sagrado son relativamente recientes dentro del área de la Geografía. Fickeler (1947), Deffontaines (1948) y Sopher (1967) contribuyeron decisivamente al análisis geográfico de la religión. Tuan (1978), a su vez, explora la idea del poder de lo sagrado sobre el espacio, y más tarde Sopher (1984) enfatiza los sistemas de fe y de culto de determinado grupo social. Kong (1990, 2001) considera la creciente producción de geografía de la religión en sus análisis críticos, evidenciando así el crecimiento de esa producción. En Brasil, el trabajo pionero es de Maria Cecilia França (1972), titulado *Pequeños Centros Paulistas de Función Religiosa*. Rosendahl (1996, 1997, 1999, 2001, 2003 y 2005) contribuyó en la construcción de una teoría sobre lo sagrado en la perspectiva geográfica.

El presente texto rescata lo esencial de la relación arriba mencionada. Comienza discutiendo los conceptos de "espacio sagrado" y "espacio profano", las hierópolis[1] y lugares sacralizados; para ejemplificar finalmente con las procesiones como manifestación simbólico-espacial.

Espacio sagrado y espacio profano

Lo sagrado se presenta absolutamente distinto de lo profano; es decir, lo primero se relaciona con una divinidad y lo segundo, no. La experiencia de lo sagrado se remonta a comportamientos individuales y colectivos bastante remotos en la historia de la humanidad. Desde la segunda mitad del siglo XX, en algunas sociedades, el sentido de "santidad" es relegado a un lugar secundario en la vida social, favoreciendo la pérdida de lo sagrado. Por otra parte, crece el interés y la demanda muy variados por sectas y prácticas de carácter espiritual. Desde hace dos o tres generaciones el mundo muestra un movimiento de diversificación en los grupos sociales. En el plano de la identidad, la sociedad se convierte en un pluralismo étnico, cultural y religioso.

En este panorama, tanto las religiones tradicionales como las nuevas modalidades menos elaboradas, favorecen la relación del hombre con lo sagrado (Rosendahl, 1999). La experiencia de la fe en el discurso religioso significa fuerza compulsiva que se impone (Durkheim, 1968), se revela como un don carismático que el objeto o la persona posee (Weber, 1964). El poder es un atributo de lo sagrado (Tuan, 1978), y la esencia de lo sagrado es vivida, por el devoto, con un sentimiento total de dependencia, respeto y confianza (Wunenburger, 1966; Otto, 1992). Varios estudios sobre la manifestación de lo sagrado en el espacio se basan en Eliade (1959, 1962), quien examina cómo el espacio profano (cotidiano) es convertido en espacio sagrado (extra-cotidiano).

La construcción del espacio sagrado según Eliade ocurre a través de procesos simbólicos que reflejan las características emocionales asociadas a las cualidades físicas del lugar, cuya transformación puede ser de dos tipos. El primero envuelve la manifestación directa de la divinidad, una "hierofanía"[2],

---

[1] Nota del Traductor: *"hierópolis"* del gr. "hierápolis", "ciudad sagrada". Esta traducción conservará la acepción del original en portugués, en el término griego, el adjetivo "hierós" –divino, sagrado– cambia su terminación a "hierá", por ser "polis" un sust. femenino. A los fines del artículo y su tema, tanto "hierápolis" como "hierópolis" podrían utilizarse indistintamente.

[2] Del gr. "hierós", sagrado, divino; "faneia", manifestación. (N. del T.)

en ciertas cosas, objetos o personas. El *locus* de la hierofanía es reconocido como tal por individuos o grupo de creyentes. En el segundo tipo, el espacio es ritualmente construido. En ambos casos, el espacio sagrado contiene dos elementos fundamentales: el *locus* de la hierofanía y su entorno, que se constituyen en el área vivamente utilizada por el creyente para realizar sus prácticas religiosas, y el itinerario devoto (Rosendahl, 1996, 1997, 1999).

No hay respuestas claras sobre por qué diferentes religiones eligen sus sitios sagrados, como tampoco sobre lo que hace respecto al criterio y a la complejidad de los rituales utilizados en la consagración de los mismos (Rivière, 1995). Sin embargo, podemos definir el espacio sagrado como un campo de fuerzas y de valores que eleva al hombre religioso por sobre sí mismo, que lo transporta a un medio distinto de aquel en el cual transcurre su existencia (Rosendahl, 1996, 1997). El significado de lo sagrado va más allá de imágenes, templos y santuarios, porque la experiencia de lo sagrado se da en el dominio de la emoción y del sentimiento del ser-en-el-mundo.

En un intento de organizar una clasificación que agrupe esas características, se sugiere una tipología según su localización. Es posible entonces identificar tres niveles: el fijo, el no-fijo / móvil y el *imaginalis*. Las ciudades santuarios o hierópolis abarcan espacio y tiempo fijos –los lugares sagrados– más los flujos– la peregrinación. Se trata de una demostración de fe, expresión del catolicismo, en Roma, Fátima, Aparecida; en el islamismo en Meca, principal hierópolis de peregrinación; Benarés y Mandala son centros sagrados de hindúes y budistas respectivamente; mientras que Lhasa representa el espacio sagrado del lamaísmo y Kyoto la ciudad sagrada para los devotos del sintoísmo.

Park (1994) considera la Torá[3] como el espacio sagrado móvil y la indica como substituto simbólico de la pérdida de la identidad política del pueblo de Israel. Durante cinco décadas (586–538 a.C.), desterrado de su patria y lejos de sus raíces, los judíos preservaron la fe, en el extranjero, manteniendo la cohesión de todo el grupo. Para ellos la Torá asumía la función de reunir Tierra, Pueblo y Dios. Los judíos así lo mantuvieron durante todo el tiempo que duró su exilio y sólo recientemente pudieron sustituir por territorio real la parte simbólica que hacía a la Tierra (Park, 1994).

---

[3] *Torá*, libro sagrado del pueblo de Israel o *Pentateuco*, conjunto de los cinco primeros libros de la Biblia. (N. del T.)

La movilidad del espacio sagrado en el catolicismo popular brasileño puede ejemplificarse en las fiestas de São Benedito[4] en Jaraguá, en el estado de Goiás. La fiesta religiosa constituye la mezcla de elementos de la Iglesia Católica y de las tradiciones populares de la cultura local. Durante la celebración se verifica el "circuito sagrado". Inicialmente la casa del principal devoto y del *festeiro*[5] de la fiesta recibe lo sagrado, en una comunicación individual entre el hombre y lo sagrado. La imagen del santo —símbolo de poder- es conducida en procesión al sector construido en la casa de este fiel y allí permanece durante la fiesta. El segundo momento fuerte se verifica al final de la fiesta, cuando ocurre la salida de lo sagrado, en procesión, de la residencia del devoto anfitrión de regreso a la Iglesia, donde permanecerá hasta la próxima fiesta del santo, cuando nuevamente se dará la salida de la imagen del santo desde la Iglesia, rumbo a la casa del próximo devoto elegido.

La noción de *espacio sagrado* vinculado a la perspectiva humanística de la geografía destaca la familiaridad con el lugar y la experiencia compartida. Kong (2001) ejemplifica el espacio sagrado *imaginalis* con el círculo sagrado de Wiccan[6]. Para este grupo religioso, los monumentos prehistóricos como Stonehenge y Aveburry tienen energías, poderes y una cualidad luminosa que los distingue del espacio común. La concepción de lugar sagrado reside en el mundo imaginalis. Una vez elegida la ubicación, es creado el círculo sagrado que tendrá su tamaño determinado por el número de participantes; las fronteras son definidas por la imaginación de los seguidores, sin asociarse el tamaño a una territorialidad definida. La interpretación del hombre, relacionándolo con el mundo a su alrededor, en el dominio de la emoción y del sentimiento del ser-en-el-mundo, refuerza la tesis desarrollada por Crang (1988) y otros teóricos de que los lugares no son solamente una serie de datos acumulados, sino que envuelven también intenciones humanas. Esas vivencias caracterizan a las ciudades-santuario o hierópolis.

---

[4] No se trata de "San Benedicto" por lo cual se mantiene el nombre original, sino de otro sacerdote, nacido en Sicilia presumiblemente el 31 de marzo de 1524, a quien se conocía con el mote de "*El Negro*" o "*El Moro*", por el color de su piel. San Benedicto falleció el día 4 de abril de 1589 en Palermo, Italia. Reverenciado y amado en todo Brasil, es uno de los santos más populares del país, principalmente entre la población de origen africano, que lo asocia a los padecimientos del negro brasileño. Su Fiesta se conmemora el 4 de abril. (N.del T.)

[5] A modo de director y organizador de la fiesta.

[6] En la tradición wiccaniana, todos los rituales se llevan a cabo dentro del círculo mágico que es trazado en forma ritual luego de la limpieza y consagración del lugar, que en general es la casa, un cuarto, un espacio de jardín. (N.del T.)

Hierópolis o lugares sacralizados

Las hierópolis o ciudades sagradas, lugares de peregrinación, constituyen centros funcionalmente especializados que existen en numerosos países y bajo la influencia de diversas religiones. Lourdes, Meca, Santiago de Compostela, Benarés y Medjugorje son lugares cuyos nombres tienen resonancia dentro y fuera de sus respectivos países. A causa de su particularidad, presentan lógicas funcionales espaciales distintas de otros lugares céntricos, centros industriales y otros tipos de centros urbanos.

En un intento por tornar inteligible esas lógicas, Rosendahl (2003) reconoce seis características que dan unidad a las hierópolis y al mismo tiempo las diferencian de los demás tipos de centros. Articuladas entre sí, son las siguientes:

1. Poseen un orden espiritual dominante, marcado por la peregrinación al sitio donde se verificó la hierofanía. En las funciones de la hierópolis, lo sagrado asume mayor centralidad, subordinando a las actividades económicas y a los distintos servicios. Esa centralidad está pautada por dos agentes sociales: los peregrinos y los especialistas en lo sagrado.

2. Presentan diferencias, a lo largo del año, entre tiempo sagrado y tiempo común. El primero es el tiempo de celebraciones o fiestas, que atrae a millares y millares de peregrinos. En el tiempo común, el de la vida cotidiana, las hierópolis también atraen peregrinos aunque en menor cantidad. La periodicidad del tiempo sagrado es propia de cada religión y de las devociones locales, regionales y nacionales, produciendo ritmos distintos en la vida económica, política y social del centro religioso. En ese sentido, las hierópolis, y particularmente las pequeñas, presentan características semejantes a las de los mercados estacionales.

3. El alcance espacial de las hierópolis no se da según costos de transferencia, asociados a la distancia. El desplazamiento de los peregrinos se asocia a la fuerza de la fe y de la frecuencia limitada de ese desplazamiento, posibilitando viajes de centenas y miles de kilómetros, que a veces son muy penosos. Por otra parte, estos traslados pueden incluir viajes de un centro mayor en términos demográficos y económicos, hacia un centro menor, pero más importante simbólicamente durante el tiempo sagrado.

4. Las hierópolis presentan itinerarios devotos más o menos pre-establecidos en los cuales el peregrino vive la experiencia de lo sagrado. Los tramos recorridos se asocian a las especificidades culturales de cada lugar,

atribuyendo valor simbólico diferenciado a los objetos y personas encontrados a lo largo del trayecto, cuya racionalidad resulta de los preceptos religiosos y de las motivaciones de los peregrinos (Rosendahl, 1997).

5. La organización espacial de la hierópolis es marcada por el lugar central que ocupa lo sagrado, que se manifiesta, por regla general, en un templo y en su interior; en el "punto fijo" (Eliade, 1962). Lo sagrado impone una diferenciación entre el espacio sagrado por un lado, y por otro el espacio profano. El lugar central tiene como foco el templo y no los locales comerciales, o la fábrica en un centro mono-industrial.

6. Las hierópolis desempeñan un importante papel político en aquellas sociedades donde los movimientos políticos adquieren un carácter casi religioso, atribuyendo connotación política a lo sagrado.

Las hierópolis constituyen centros que, en razón de una hierofanía o manifestación de lo sagrado, atraen a miles de peregrinos que, sobre todo en el tiempo sagrado –tiempo de ruptura con la cotidianeidad- se desplazan hacia esos centros, alterando sus funciones, paisajes y significados. Este comentario se apoya en mis propias investigaciones (Rosendahl, 1994, 1996, 1997, 1999 y 2003) y de otros geógrafos como Kong (2001) y Tuan (1978).

Las hierópolis constituyen por excelencia un lugar sagrado, foco de peregrinación. Lugar es uno de los conceptos-llave de la geografía, habiendo merecido la atención de varios investigadores y de distintas perspectivas. Los lugares simbólicos, son lugares creados por la ocupación humana de los espacios y el uso de símbolos para transformar aquel espacio en un "lugar" (Norton, 2000). Se intenta reflexionar de modo más general sobre el concepto de "lugar" en el sentido de pertenencia, en un intento por aclarar las formas en que son construidas las *identidades de lugares* y las *identidades de personas*, como individuos y como miembros de grupos, tomando en cuenta que hay una relación recíproca entre estas identidades (Rosendahl, 2005 y 2008). En el presente análisis, el concepto de *lugar* será considerado bajo la perspectiva de lo sagrado, generando la noción de lugar sagrado. Se trata de una construcción social en la cual un segmento del espacio –una gruta, un tramo de un río, una floresta, una localidad rural o urbana- se distingue del espacio por atributos cualitativos a partir y en torno de la hierofanía que allí se manifestó. El lugar sagrado se expresa por geosímbolos que lo identifican; pero, ante todo, el lugar sagrado es percibido y vivenciado con emoción y sentimiento por el creyente (Rosendahl, 2008), que es quien lo diferencia plenamente de los lugares comunes.

De este modo, la investigación geográfica reciente sobre la construcción y mantenimiento del lugar sagrado (Kong, 1990 y 2001; Park, 1994 y Rosendahl, 2003, 2005), enfatiza la importancia de la comunidad religiosa que lo creó y el significado cultural del individuo o grupo social religioso participante en las prácticas religiosas que allí se llevan a cabo. Este lugar está impregnado de simbolismo y no fue meramente descubierto, fundado o construido, sino reivindicado, poseído y operado por una comunidad religiosa. Las actividades religiosas y sus valores simbólicos están fuertemente relacionados a los lugares sagrados de la hierópolis.

La preocupación actual del geógrafo la constituyen los lugares como locales de conflictos políticos y simbólicos. Tuan (1980) define el lugar como una unidad de espacio organizada mental y materialmente para satisfacer las necesidades vitales y sociales básicas, reales o percibidas, de un pueblo y, además, sus aspiraciones estético-políticas superiores. Tomando como base estos puntos, como también los de Claval (1992), Norton (2000) y Rosendahl (1997, 2003, 2005 y 2008), es que se enfatiza la experiencia del lugar en la geografía cultural. De esta reflexión se desprenden seis puntos fundamentales:

1. Los lugares difieren porque las personas así lo hicieron, su creación es un acto social;

2. las personas aprenden y proveen modelos alimentando determinadas creencias y actitudes; son entidades auto-reproductivas;

3. la cultura regional no existe separadamente de las personas que la rehacen mientras la viven;

4. en una comunidad capitalista mundial, los lugares no son unidades autónomas que poseen control en forma independiente sobre el destino de sus residentes;

5. los lugares no son simplemente los resultados no-intencionales de procesos económicos, sociales y políticos; y

6. los lugares son sitios de potenciales fuentes de conflicto.

La sacralización de normas, valores e ideas que por su parte son símbolos del poder político es celebrada, a veces, en conflictos, en los lugares sacralizados. La historia ha demostrado que, viviendo en comunidad y, por lo tanto, con sus prácticas sociales colectivas, las relaciones entre el poder efectivo sobre los hombres y el imaginario religioso construyen nuevos significados, nuevas visiones de mundo producidas por otras instituciones que no son necesariamente religiosas –el Estado, la ciencia, el mercado, los medios de comunicación de masas, y otros–. Estamos ante una nueva realidad que envuelve personas, objetos y lugares reconocidos y fijados en el imaginario colectivo como sagrados. Tales referencias dan sentido al mundo favoreciendo la religiosidad cívica y el surgimiento de una pseudo-religión.

El proceso de des-sacralización puede ser entendido como acción política, con el fin último de reducir la influencia de las instituciones eclesiásticas en todos los sectores de la vida social. Se trataría de una vivencia cultural y globalizada de sacralizaciones: personas, objetos y lugares reconocidos como sagrados. "Sacralización es un sustantivo de la globalización" (Dupont, 1987). El lugar de sacralización cívica se asocia a la religión civil (Martelli, 1995) y se compone de ritos y símbolos relativos a la nación y a sus fundadores. Banderas, himnos, desfiles, estatuas y otros símbolos memorables que destacan valores socializados como la nación, el heroísmo, la igualdad, la clase o etnia, articulados en un contexto de más alto significado, pudiendo adquirir una dimensión trascendente. La sacralización cívica se basa en instituciones propias y ejerce una función social integrada, que provee una fuerte identidad nacional.

Las manifestaciones y celebraciones de la religión civil ocurren en espacio y tiempo sacralizados (Rosendahl, 2001). En este sentido, sirve como ejemplo el ritual de la peregrinación con el fin primordial de la preservación histórica y del fortalecimiento de la identidad anglo americana por sobre la identidad mexicana. Es el caso de los mártires de la república texana. La antigua misión religiosa española de El Álamo, en las cercanías de San Antonio, en el Texas que era entonces territorio mexicano, fue palco, en 1836, de sangrientas batallas en la guerra entre México y EEUU, en la que los soldados estadounidenses fueron derrotados.

En 1905, la sociedad americana impuso la identidad nacional angloamericana sobre la mexicana, cuando el edificio de la antigua misión se transformó en un santuario cívico. La peregrinación cívica al Fuerte El Álamo, ya no más vinculada a cualquier religión, llevada a cabo por los texanos, conmemora el coraje y el heroísmo de los soldados norteamericanos que allí murieron. La visita proclama los valores casi sagrados del amor a la patria y a la libertad. Este ejemplo representa una distinción social entre los valores angloamericanos y la cultura latina, fundamentada básicamente en la pertenencia a una etnia (Oliver, 1996). El lugar sacralizado se inserta singularmente en el espacio nacional. El lugar sagrado y el lugar sacralizado provienen de manifestaciones simbólicas religiosas o cívicas, entre otras, de la procesión.

La procesión como manifestación simbólico-espacial

La procesión es el culto externo en que se manifiesta con más exuberancia el sentido religioso y la devoción popular. Se trata de un desplazamiento por itinerarios pre-establecidos, con el fin de alcanzar lugares sagrados o realizar rituales en torno de puntos considerados significativos en términos étnico-religiosos. La procesión es un cortejo religioso público, de forma ordenada en alas, en el que participan fieles, donde se entonan preces y son conducidas imágenes de una o más entidades sagradas vinculadas al tiempo sagrado de la celebración. La procesión se destina a expresar y exteriorizar la identidad religiosa de la comunidad participante.

El Camino de Santiago, que de Francia se bifurca por el norte de España hasta alcanzar Santiago de Compostela, en Galicia, es uno de los más conocidos, recorrido por peregrinos de diversos países. Otro itinerario es descrito por Tanaka (1981), en el cual peregrinos budistas realizan el circuito en torno de la isla de Shikoku. Aunque en una menor escala espacial, también se consideran los itinerarios devotos que los fieles realizan en sólo un día de visita en un lugar sagrado: hay una jerarquía de objetos y personas, localizados en puntos distintos que deben ser visitados.

Las procesiones constituyen itinerarios que se verifican en otra escala; entre los itinerarios pre-establecidos de las peregrinaciones y de los itinerarios devotos. Abarcan el espacio intra-urbano, incluyendo calles y plazas de un sector de la ciudad en diversos tiempos sagrados. Las procesiones, en muchos casos, no se constituyen apenas en rituales religiosos, adquiriendo también un sentido político, pudiendo exhibir el orgullo, la solidaridad, la identidad y la fuerza de un determinado grupo social, o su protesta de cara a las condiciones de existencia o de procesos sociales en curso. Los rituales religiosos pueden entonces presentar el sentido de metáfora ritual (Turner, 1982), sin perder con esto, el propósito original. La simultaneidad de sentidos, religioso y político, más de lo que se da en procesiones estrictamente religiosas, resalta la necesidad de publicidad, de tornarse pública, y con este fin el espacio construido se vuelve fundamental. En él la manifestación religiosa y política gana fuerza: su espacialidad gana sentido. El espacio construido tiene sus objetos fijos re-significados o se le agregan objetos simbólicos religiosos y políticos. De este modo el espacio construido se torna parte de la manifestación religiosa y política.

Las sendas de lo sagrado incorporan, en algunos casos las protestas de grupos sociales dejados al margen de los cambios, envolviendo el espacio construido y su contenido social. Ejemplo de esto son las protestas de los portorriqueños residentes en la zona conocida como *Lower East Side*, en Manhattan, New York, sometida a políticas públicas que incluían la super-población del área y el deterioro de las condiciones de vida de aquellos que allí permanecían. Las protestas tomaron diversas formas, incluyendo la transformación de la procesión del Viernes Santo, realizada en la parroquia de Santa Brígida desde el comienzo de la década de 1960 (Ashley, 1999).

La procesión al aire libre representa simbólicamente la caminata de Jesús Cristo a través de Jerusalén, el viernes de la Semana Santa, desde el lugar de su condena hasta el de su crucifixión. Los participantes de la procesión de Santa Brígida reconstruyeron las escenas que metafóricamente retrotraían al sufrimiento de Jesús y de los portorriqueños en lugares estratégicamente elegidos. En las calles que rodean la parroquia los participantes acompañan cada una de las "Estaciones" frente a determinados locales: "una controvertida clínica médica, una escuela pública deteriorada, una esquina donde se vende drogas, un condominio de lujo y un parque fuertemente asociado al vicio" (Ashley, 1999). A medida que los participantes atraviesan el barrio, emergen dos narraciones que se superponen: una representa el ritual del sufrimiento de Cristo y la otra refleja en la topografía del barrio el sufrimiento de sus habitantes. Ambas son visibles en espacio y tiempo.

La procesión es motivo de controversia, envolviendo a los sacerdotes, a los parroquianos y a la comunidad. Los parroquianos conservadores no concuerdan con la alteración del texto bíblico en la escenografía espacial. Los más jóvenes, deseosos del desarrollo social, son adeptos a los cambios en el ritual.

A partir de 1841 los inmigrantes irlandeses de Lowell, pequeña ciudad industrial de Massachussets en Estados Unidos, pasaron a conmemorar el día de San Patricio, patrono del catolicismo irlandés, con diversas manifestaciones incluyendo una procesión (Marston, 1989). Se trataba de una comunidad de trabajadores industriales, comunidad contra la cual se alzaban los prejuicios de la población norteamericana, protestante en su mayoría, y cuyos trabajadores eran mejor remunerados.

La procesión poseía, además del sentido religioso, el de evidenciar el orgullo y la cohesión de los irlandeses, el interés en acompañar las discusiones políticas que se daban en la Irlanda no-independiente, y el de participar en la vida política norteamericana. Progresivamente la procesión amplió el número de participantes, el tiempo de su duración, el número de espectadores en las calles y su legitimidad. Las calles por donde pasaba la procesión fueron decoradas con símbolos religiosos y políticos. También el itinerario fue ampliado. En 1841 los poco más de cien participantes recorrían apenas las calles de los barrios irlandeses; en 1867, el itinerario de los más de 1500 participantes incluía el área comercial de la ciudad, los cuatro barrios irlandeses, áreas fabriles, edificios de la administración municipal y los límites del área residencial norteamericana. Según John Berger, comentado por Marston (1989), el itinerario de la procesión es simbólicamente importante: significa la "captura" simbólica de varias partes de la ciudad cuyas calles se transformaban en "palcos temporarios" en los cuales los irlandeses dramatizaban el poder que no tenían, al mismo tiempo que metafóricamente comunicaban que, con su trabajo, habían construido y mantenido la ciudad. Se trata, según Turner (1982), de una metáfora ritual en la cual el espacio construido es parte integrante.

Para terminar, coincidimos con los geógrafos que admiten que la religión puede ser de fundamental importancia para la interpretación de las diversas configuraciones socio-espaciales. Lo sagrado, como manifestación cultural, se afirma en el lugar, en el espacio, en el territorio, en el paisaje y en la región. Acontece en el tiempo cotidiano y en el tiempo sagrado (Rosendahl, 2003).

En la concepción tradicional del estudio de la materialización de lo sagrado, defendida por Eliade (1962), el poder milagroso está en el espacio sagrado, *locus* de la hierofanía, revelada en las cosas, árboles, objetos y personas. El devoto busca lo sagrado en este espacio. El lugar está fuertemente impregnado de las revelaciones de lo divino. La fe en caminar implica la obtención de trascendencia.

En la concepción posmoderna, el poder milagroso estaría dentro del devoto, en el dominio de la emoción y del ser espiritual, pero sólo se manifestaría en la vivencia espiritual en el lugar sagrado. El peregrino poseedor de esta fuerza que se expresa en la vivencia espiritual, en el lugar ritualmente apropiado para tal manifestación, necesita trasladarse al lugar sagrado.

La santidad contemporánea, para ambas concepciones, se encuentra en el lugar sagrado. Los caminos son múltiples para los estudios geográficos. La cuestión central es el estudio del espacio y del lugar sagrado. Es deseable que el interés se extienda más allá de las personas y sus espacios de creencias.

Bibliografía

ASHLEY, Wayne. "The Stations of the Cross. Christ, Politics, and Processions on New York City's Lower East Side". *In: Gods of the City, Religion and American Urban Landscape*, org. por Robert A. Orsi. Bloomington : Indiana University Press, 1999.

CLAVAL, Paul. "La Théme de la Religion dans les Études Géographiques". *Geographie et Cultures*. Paris n.2, 1992, pp. 85-111.

CRANG, Mike. "Humanisms, Science and Spirituality – Place or Space?". *Cultural Geography*, 1988, pp. 104-119.

DEFFONTAINES, Pierre. *Géographie et Religions*. Paris : Librarie Gallimard, 4.ª ed., 1948.

DUPRONT, Alphonse. *Du Sacré – Croisades et Pèlerinages, Images et Langages*. Paris : Editions Gallimard, 1987.

DURKHEIM, Émile. *Les Formes Élémentaires de la Vie Religieuse: Le Système Totenique en Australie*. Paris : PUF, 5ª ed., 1968

ELIADE, Mircea. *Traité d'histoire des religions*. Paris : Payot, 1959.

______. *O Sagrado e o Profano. A Essência das Religiões*. Tradução por Rogério Fernandes. Lisboa: Edições Livros do Brasil, 1962.

FICKELER, Paul. "Grundfragen der Religionsgeographie". *Espaço e Cultura*, Rio de Janeiro, NEPEC/UERJ, n° 7, 1999, pp. 7-35.

FRANÇA, Maria Cecília. *Pequenos Centros Paulistas de Função Religiosa*. São Paulo. Departamento de Geografia, USP. Tese de Doutorado. 1972

KONG, Lily. "Geography and religion: trends and prospects". *Progress in Human Geography*. London, n° 14(3), 1990, p. 355-371.

______. "Mapping "New" Geographies of Religion: Politics and Poetics in Modernity". *Progress in Human Geography*, London, n° 25 (2), 2001, pp. 211-233.

MARSTON, Sallie Ann.. "Public Rituals and Community Power: St. Patrick's Day Parades in Lowell, Massachusetts, 1841-1874". *Political Geography Quaterly*, 8 (3), 1989, pp. 253-269.

MARTELLI, Stefano. (1995). *A Religião na Sociedade Pós-moderna*. São Paulo: Paulinas, 1995.

NORTON, W. *Cultural Geography: themes, concepts, analyses* Oxford: University Press, 2000.

OLIVER, Miguel de. "Historical Preservation and Identity: The Alamo and the Production of a Consumer Landscape". *Antipode*, 28 (1), 1996, pp. 1-23.

OTTO, Rudolf. *O Sagrado*. Lisboa: Edições 70, 1992.

PARK, Chris C. *Sacred Worlds. An Introduction to Geography and Religion*. London : Routledge, 1994

RIVIÈRE, Claude. "Representation de l'Espace dans le Pelerinage African Traditionnel". *In: Ethnogeographies*, org. por Paul Claval e Singaravelou. Paris: L'Harmattan,1995, pp. 137-149.

ROSENDAHL, Zeny. *Porto das Caixas. Espaço Sagrado da Baixada Fluminense*. São Paulo. Departamento de Geografia, USP. Tese de Doutorado. 1994.

______. *Espaço e Religião: Uma Abordagem Geográfica*. Rio de Janeiro: EdUERJ, 1996.

______. "O Sagrado e o Espaço". *In: Explorações Geográficas*, org. por Iná Elias de Castro, Paulo César da Costa Gomes e Roberto Lobato Corrêa. Rio de Janeiro: Bertrand Brasil,1997, pp. 119-154.

______. *Hierópolis: O Sagrado e o Urbano. Rio de Janeiro*. Rio de Janeiro: EdUERJ, 1999.

______. "Espaço, Política e Religião". *In: Religião, Identidade e Território*, org. por Zeny Rosendahl e Roberto Lobato Corrêa. Rio de Janeiro, EdUERJ, 2001, pp. 9-38.

______. "Géographie et Religion. Quelques orientations de recherche. Exemples Brésiliens". *Géographie et Cultures*, n° 42, 2002, pp. 37-57.

______. "Espaço, Cultura e Religião: Dimensões de Análise". *In: Introdução à Geografia Cultural,* org. por Zeny Rosendahl e Roberto Lobato Corrêa. Rio de Janeiro: Bertrand Brasil, 2003.

______. "Território e Territorialidade: Uma perspectiva Geográfica para o Estudo da Religião". *In: Geografia: Temas sobre Cultura e Espaço,* org. por Zeny Rosendahl e Roberto Lobato Corrêa. Rio de Janeiro: EdUERJ, 2005, pp. 191-226.

______. "A Dimensão do Lugar Sagrado: Ratificando o Domínio da Emoção e do Sentimento do Ser-no-Mundo". *GEO_Working Papers*. Núcleo de Investigação em Geografia e Planejamento, Universidade do Minho, 14, 2008.

SOPHER, David. *Geography of Religions*. London: Englewood Cliffs, Prentice Hall Inc, 1967.

______. "Geography and Religions". *Progress in Human Geography*. London, n° 5 (4), 1984, pp. 511-524.

TANAKA, Hiroshi. "The Evolution of Pilgrimage as a Spatial-Symbolic System". *The Canadian Geographer*. Toronto, v. 25, n° 3, 1981, pp. 240-51.

TUAN, Yi Fu. "Sacred Space. Exploration of an Idea". *In: Dimension of Human Geography*, org. por Karl W. Butzer. Chicago: Department of Geography/The University of Chicago, 1978, pp. 615-632.

TURNER, Victor. *The Ritual Process: Structure and Anti-Structure*. Ithaca, Cornell University Press, 1982.

WEBER, Max. *Economía y Sociedad*. México y Buenos Aires, Fondo de Cultura Económica, 1964.

WUNENBURGER, Jean Jacques. *Le Sacré*. Paris : PUF. Collection Que Sais-Je?, 1996.

CAPÍTULO III
Sacralizar el espacio. El santuario de Cromañón

Fabián Claudio Flores
Clara Penelas

Introducción

La discusión en torno al concepto de religiosidad popular en el campo de las ciencias sociales aún no ha podido ser resuelta. De hecho parece estar más vigente que nunca. ¿Cuáles serían las causas de este supuesto estancamiento? La ambigüedad, la amplitud y polisemia del concepto, las dificultades de definir qué es religión y qué no, qué es popular y qué no lo es, entre otros puntos, parecen ser algunos de los causantes de este atraso.

Además, el debate ha partido, como bien enuncia Eloísa Martín (2007), de una definición implícita de religión, que dificulta mucho más lograr nuevas contribuciones (Martín, 2007). Quizás, una posible salida sería aportar desde nuevos referentes empíricos, que sumen a la discusión teórica, novedosos ejes de debate como la cuestión del espacio y el rol que éste desempeña en las prácticas de religiosidad popular.

Proponemos retomar la discusión, partiendo desde nuestro estudio de caso e intentando mostrar la posible relación entre la tragedia de Cromañón y ciertas prácticas de sacralización que surgieron en torno a ella, materializada en la construcción de un *santuario* en el mismo lugar donde ocurrió la tragedia, que dota al espacio de sacralidad. La metodología utilizada en el estudio es de tipo cualitativa, privilegiando el trabajo de campo, la observación participante, las entrevistas en profundidad, el análisis del discurso y la lectura del paisaje material y simbólico.

Algunas consideraciones iniciales

La religiosidad popular es un tema relativamente nuevo en el campo de las ciencias sociales en general, sobre todo en lo que respecta a las implicancias espaciales de sus prácticas. Sin embargo, de acuerdo con la opinión de algunos cientistas sociales, los debates acontecidos han llevado a un leve y prematuro agotamiento de la temática (Schmitt, 2001), sin haber logrado previamente una precisión sobre el concepto que permitiera analizar fenómenos sociales con características peculiares. Como sugeríamos, y siguiendo a Fernándes (1984), el concepto presenta tres dificultades que desde el inicio turban su utilidad: 1) es un concepto demasiado amplio, que comporta diferencias regionales y variables según tradiciones religiosas, 2) no es un término nativo y se presenta como ajeno a su objeto, pues no sólo nadie se identifica como "practicante de religión popular", sino que la designación oscila entre la acusación y la admiración, y 3) es utilizado con sentidos diversos, que no siempre coinciden, refiriendo a veces a la mayoría, otras al "pueblo" o, aún, a lo ajeno a la jerarquía eclesial (Fernándes, 1984: 22). De acuerdo con la antropóloga Eloísa Martín (2007), el principal inconveniente para definir el concepto radica en que se hace mayor hincapié en lo "popular" dando por sentada una definición de la palabra religión. Su propuesta examina un conjunto de miradas sobre esta categoría, que recorren una trayectoria acerca de ciertos esquemas en los que se fue enmarcando el concepto de religiosidad popular. El primer punto de vista que menciona es básicamente católico centrista, es decir que define a la religión popular "en contraposición binaria con la institución Iglesia y con los sectores dominantes" (Martín, 2007: 65). La segunda variante, la vincula "con su función en relación con los segmentos más pobres de la población, generalmente en un contexto urbano. En este sentido la función de la religiosidad popular tiene que ver con una manera de enfrentar situaciones de carencia educativa, material y/o espiritual frente a la ausencia de las instituciones que se entienden como responsables de satisfacerlas: Estado e Iglesia" (Martín, 2007: 70). Dentro de esta perspectiva la religiosidad popular fue tomada como una muestra de resistencia y oposición a lo dominante y establecido como absoluto e incuestionable. Hay una tercera mirada, entre quienes la ven como "otra lógica"; lo más importante de ella es que plantea la gran necesidad de que el análisis sea un tanto más amplio y vaya más allá de las dicotomías religión popular-Iglesia Católica o religión popular-religión oficial. Es propicio en este caso, mencionar a un pionero en estos estudios, como es Floreal Forni (1986), quien afirmaba que "el pueblo en este contexto culturalmente católico vive la religión no como pertenencia a comunidades limitadas u organizaciones formales, sino como parte de su vida cotidiana y su ciclo de vida" (Forni, 1986: 12). Esto quiere decir que en las representaciones que las personas y/o los devotos formulan en lo que se refiere a las creencias, no hay una división tan rigurosa sobre lo que es popular o sobre lo oficial. Asimismo, como afirma Martín (2007) "es posible y necesario pensar la religiosidad popular no exactamente por fuera ni contra la Iglesia, sino aconteciendo en un espacio intersticial, de negociación y conflicto, sí, pero donde los intercambios acontecen" (Martín 2007: 74).

En este sentido, creemos que hay otra forma de pensar lo "sagrado" y que está relacionado con "entender los gestos comprendidos bajo el concepto de religiosidad popular en términos de *prácticas de sacralización*" (Martín, 2007: 76). Interpretar desde nuestro estudio de caso las formas de religiosidad popular surgidas a partir de la tragedia de Cromañón como una práctica de sacralización, parece resultar oportuno.

Es de considerar además, que si bien hay indicios que hacen sospechar que se trata de una práctica con cierto componente religioso (en un sentido amplio), el fenómeno también presenta otras aristas de carácter político que se manifiestan en el permanente reclamo de justicia hacia los supuestos responsables de la tragedia, tanto desde el sector empresarial como desde el mismo Estado, y que no pueden ser dejadas de lado. Todos estos componentes religiosos como políticos tienen una fuerte referencia a lo espacial, en la medida en que aparecen materializados en un ámbito preciso (el santuario) que es a la vez un espacio simbólico.

Asimismo, en este caso, está presente toda una cultura joven del rock y del barrio que también se imprime en el espacio a través de marcas que lo identifican con cierta sacralidad o "como santuario"[1]. Al referirnos precisamente al santuario encontramos que, en palabras de Renata Menezes (2003), puede definirse como un espacio ritual, es decir, "un lugar donde cada persona o de-

---

[1] Usamos la denominación santuario desde la perspectiva de los actores. De ninguna manera consideramos a ese espacio como algo neutro, sino todo lo contrario como un ámbito en el que se cruzan distintas representaciones y significaciones según los sujetos. De hecho, podremos ver cómo es conceptualizado por los diferentes actores (y grupos), y cómo surgen grandes divergencias que muestran una lucha simbólica por ese espacio.

voto tiene cierta libertad para expresar sus sentimientos de agradecimiento o perdón, para pedir o hacer llegar sus ofrendas" (Menezes, 2003: 83). En este sentido, el santuario representa la territorialidad de lo sagrado, la necesidad de que los fieles cuenten con un sitio material y concreto para el encuentro. Así, está íntimamente vinculado con las prácticas que se desarrollan a modo de ritual, en la medida en que pensamos al espacio como "el producto de lo que la sociedad[2] crea y recrea, con una entidad física definida, pero también como una representación social y un proyecto [...] y tiene una doble dimensión: es a la vez material y representación mental (simbólica)" (Ortega Valcárcel, 2004: 34).

Refiriéndose a la idea de Santuario, Menezes (2003) menciona que "se trata de una definición de santuario pensado como un proceso social de atribución de sacralidad y excepcionalidad a determinados espacios. La excepcionalidad es atribuida ya sea por su relación con un episodio de esa religión, ya sea por su localización geográfica reinterpretada religiosamente, ya sea por la "acción" de uno o varios santos que han vivido o aparecido en ese ámbito local o porque reposan sus restos mortales, o bien porque ahí está su imagen milagrosa" (Menezes, 2003: 87, traducción propia). En nuestro caso, ninguna de las posibilidades encaja con los tópicos. Por eso creemos que, el santuario no sólo es el "lugar" de la memoria sino también de las prácticas que en torno a él se dan y que de una u otra manera lo construyen, lo constituyen y le dan razón de ser. Aquí entra en juego la ritualización de estas prácticas.

En un principio los antropólogos entendían por ritual una secuencia formal y estereotipada de actos que se realizaban dentro de un contexto religioso (Carozzi, 1991). Cuando el término es retomado nuevamente, se lo aborda como rito. Asimismo, "el rito exhibe el aspecto de una acción que se repite de acuerdo con reglas invariables y cuya ejecución no se observa que produzca efectos útiles. Es por definición una acción simbólica" (Carozzi, 1991: 21); y los símbolos son elementos intrínsecamente conectados con toda manifestación religiosa y social (ritual): lo simbólico en el espacio, en los objetos presentes es ese espacio singular, en las imágenes, en las acciones. Según Geertz (1997) los símbolos son "formulaciones tangibles de ideas, abstracciones de la experiencia fijadas en formas perceptibles, representa-

---

[2] Nos referimos al conjunto de agentes que participan de la producción del espacio en el que operan individuos, grupos, instituciones, relaciones sociales con sus propias lógicas y representaciones.

ciones concretas de ideas, de actitudes, de juicios, de anhelos o de creencias" (Geertz, 1991: 90). Todo esto aparece como sello en el territorio, tanto la práctica ritual como los símbolos, haciendo que ambos elementos se constituyan en dadores de sacralizad y es a través de ésta que alguien o algo se vuelve sagrado (Smith, 1987: 105).

Para Veikko Anttonen, otro teórico de los espacios sagrados, es importante sumar a la cuestión la conexión cuerpo-territorio como dominios de la experiencia en torno a la cual se construye "lo social». De esta manera se introduce la idea de "lo sagrado" como una categoría límite entre un "adentro" y un "afuera".

Es sobre la base de estos planteos que ahora podemos abrirnos camino para desarrollar la descripción del fenómeno en sí, advirtiendo las manifestaciones que le otorgan un sentido sagrado al espacio y que al mismo tiempo le confieren identidad y significado. Coincidimos con Martín (2007) en que conviene hablar de prácticas de sacralización (*del* y *en el* espacio) en lugar de aventurarnos en pensarlo como un fenómeno de religiosidad popular, entendiendo a lo sagrado como "una textura diferencial del mundo-habitado que se activa en momentos diferenciales y/o específicos, y que lejos de existir de forma abstracta, o con contenido universal, es reconocido y actuado por los sujetos en distintas situaciones" (Martín, 2007: 77).

¿Cuáles y cómo son las prácticas de sacralización del espacio que surgieron en torno a la tragedia de Cromañón? ¿Para quiénes y en qué sentido, el espacio adquiere carácter sagrado? ¿Cuáles son los símbolos y los rituales que dotan de sacralidad al espacio involucrado?, son algunos de los interrogantes que trataremos de dilucidar a partir de nuestro análisis particular.

Origen y construcción del Santuario

La noche del 30 de diciembre de 2004, alrededor de 4.000 personas participaban de un recital del grupo Callejeros[3] en el complejo bailable República de Cromañón situado en el barrio de Once, en la Ciudad Autónoma de

---

[3] Callejeros es una banda de rock que nació en 1995 en el barrio de Villa Celina, en el sudoeste de la ciudad, ámbito paradigmático por haber visto nacer otras bandas de rock muy populares como La Renga o Los Gardelitos, generando cierta vinculación de la zona con una "identidad rockera". En sus comienzos el grupo no llevaba la denominación actual, sino que se conocían como "Río Verde" y sus orígenes están emparentados "a la calle". Comenzaron tocando en las veredas del barrio lla-

Buenos Aires. A poco tiempo de iniciado el recital, una bengala encendida por uno de los asistentes desataría un incendio en el lugar que provocó la muerte de 194 jóvenes y otros cientos de heridos.

Al día siguiente, en el mismo sitio donde habían sido depositados los cuerpos sin vida de las víctimas, comenzó a construirse un improvisado "santuario" (denominación que los propios devotos dieron al sitio, en homenaje a las víctimas). Este espacio comenzó a erigirse en forma casi espontánea sobre la calle Bartolomé Mitre cuando aún continuaban puestas las vallas en el lugar.

Los primeros elementos que remitían al recuerdo de las víctimas eran objetos personales como remeras, banderas, zapatillas, etc., que habían quedado tanto dentro como fuera del local y que luego se transformarían en un símbolo en el sentido turneriano del concepto.

No hay una oficialización del santuario como tal, pero los propios actores adjudican a la fecha del 1° de enero de 2005 como simbólica de la "fundación" del mismo. A partir de esto comenzaron a acercarse sobrevivientes de la tragedia, familiares y/o amigos de las víctimas y otras personas para dejar otros objetos simbólicos que transformarían aquel pequeño ámbito en un área donde el espacio comenzaría a tener cierto sentido de sacralidad evocando a los "muertos de Cromañón».

El tema de los símbolos no es menor. Todos los elementos que aparecen allí, como veremos posteriormente, emergen como tales en el sentido de Turner, que los define como "una marca, un mojón, algo que conecta lo desconocido con lo conocido" (Turner, 1999: 53) mostrándose como dispositivos estables en un contexto cultural que nunca pertenece a un solo corte sincrónico de la cultura, sino que lo atraviesa verticalmente, viniendo del pasado y proyectándose al futuro (Lotman, 1993).

El surgimiento de este lugar a la memoria de las víctimas tiene vinculaciones directas con el culto a los muertos (la sacralización e idealización)[4]. "Ahí fue el lugar de la tragedia, y es ahí donde debemos recordarlos", repetían los

---

mado Club Riachuelo donde hicieron su primer recital frente a un público local. Un año más tarde el grupo se rebautiza como "Callejeros" haciendo referencia a los orígenes históricos de la banda y a cierta "cultura del barrio y de la calle".

[4] Varias representaciones sobre los muertos aparecen tanto en los discursos de los sujetos como en los mensajes que se van dejando en recuerdo de las víctimas en el Santuario. Se habla de ellos como "mártires», "ángeles», "víctimas", "santos/as" y algunos otros denotativos.

primeros seguidores, muchos de ellos sobrevivientes de la noche del 30 de diciembre de 2004.

En esta primera etapa se observa un grado de informalidad notable en cuanto a su organización como "lugar sagrado" y como ámbito para la memoria. Ésta se ve plasmada en una serie de materialidades de fuerte carácter emblemático que imprimen en el paisaje marcas de sacralidad. Esta etapa la caracteriza el desorden, la improvisación, el caos visual y la espontaneidad.

Sin embargo, creemos conveniente indagar un poco más el contexto cultural en el que se desenvolvía el grupo seguidor de Callejeros para entender las lógicas del santuario en sí. Después de ocurrida la tragedia pasaron a ser los protagonistas de la construcción del "lugar" donde se desarrollan las prácticas de sacralización, teniendo algunas de ellas vinculación directa con la cultura propia del grupo. Reconstruir esta compleja madeja de componentes culturales es importante para comprender la "selva de símbolos", como diría Turner, que se despliegan en el espacio como las prácticas rituales que en él se producen. Solo un profundo abordaje desde la geografía cultural nos permite acceder tanto a los componentes materiales como inmateriales de la cultura que se estampan en el territorio (Rosendahl, Lobato Correa, 2005).

El movimiento cultural implicado, combina una interesante mezcla entre música, fútbol y cultura barrial, definiéndose como *rock chabón*. Ana Wortman (2005) sitúa el surgimiento de este estilo "en el marco del cambio involutivo de la Argentina de los años 1990 [...] cuando un nuevo actor social juvenil, –el joven sin futuro que no estudia ni trabaja, o que accede a trabajos sin calificación, precarios, inestables, en negro, sin proyección de futuro–, irrumpe en la sociedad neoliberal" (Wortman, 2005: 3). El consumo cultural de estos jóvenes se vincula a un rock popular, que "a diferencia del rock popular de los setenta, asocia lo que antes no juntaba: el fútbol y el rock; se funda en mitos populares y tiene como escenario principal el barrio" (Wortman, 2005: 3).

Semán y Vila (1999) mencionan que el rock chabón es argentinista y neocontestatario, y que se expresa a través de las fuertes referencias al barrio (Semán y Vila, 1999), como ámbito inmediato de sociabilidad, como espacio dador de identidad y con una valoración positiva de la experiencia cotidiana anclada en el mismo. De este modo, el género musical suma a la fiesta del recital nuevos componentes, entre ellos una sensibilidad de tono futbolero de la cual se apropia de ritos como el uso de banderas, la cultura del aguante y el encender bengalas. Tal es así que todos estos componentes culturales van a ser reapropiados y reutilizados en las prácticas de sacralización a partir del surgimiento y la organización del santuario; en consecuencia podemos encontrar banderas con referencias a equipos de fútbol o inscripciones vinculadas al barrio, zapatillas, botellas de cerveza, o ritos como los de custodiar el santuario a modo de "aguante", o fumar un cigarrillo, escuchar música o tomar una cerveza en el lugar[5].

Lejos de construir estereotipos, podemos pensar en un conjunto de jóvenes urbanos, pertenecientes en su mayoría a los sectores populares[6] del Gran Buenos Aires, para quienes *la calle* constituye un espacio sociabilizador por excelencia, "un lugar" comprendido como un ámbito dotado de identidad, con una historia interna, pero también a partir de sus relaciones con el afuera (Massey, 1993). Por otro lado se la vincula a imaginarios juveniles de libertad, independencia y rebeldía con respecto al mundo de los adultos y sus instituciones más tradicionales (familia, escuela, partidos políticos, sindicatos, mercado laboral, etc.). En la calle las relaciones asimétricas de poder se desdibujan y el grupo de pertenencia se identifica o logra construir identidades a través de compartir ese espacio-tiempo (la vereda, la plaza, la esquina, etc.) o cierto capital cultural y prácticas (una banda de rock, un lenguaje, un estilo de vestir, etc.). Se trata entonces, de un escenario de la vida cotidiana (Lindón, 2006) donde las trayectorias individuales confluyen con la de sus pares ancladas en un sustrato concreto: el "lugar".

La afluencia de mayor cantidad de personas al santuario en formación, obligó a que se iniciara la formalización del mismo. Así ellos relatan el surgimiento y significación que adquiere este espacio:

---

[5] Tal es el caso de las banderas en los que se expresan los nombres de los sub-grupos y de los diferentes barrios como marca de identidad y sentido de pertenencia. En el caso de Callejeros hallamos sub-grupos como "Los invisibles", "El fondo no fisura" y "La familia piojosa", y varias referencias barriales vinculadas sobre todo al sudoeste del Gran Buenos Aires como Villa Madero, Tablada, Aldo Bonzi, Ciudad Evita, Laferrere, etc.

[6] Aunque según Pablo Plotkin, el grupo no contaba con un público homogéneo, ya que menciona que entre las víctimas del 30 de diciembre, estaban el hijo de un legislador de Ituzaingó y un piquetero de La Matanza. Sin embargo parecen ser casos excepcionales, ya que la mayoría corresponden al colectivo que hemos intentado caracterizar. Queremos dejar en claro que más allá de su condición social, los unía una condición cultural basada en algunas de las representaciones que reivindica la banda como "el ganar la calle", "el barrio" o "el rock como sentimiento y expresión popular".

"Una vez despejada el área por personal policial muchas horas después, las dos esquinas próximas a la puerta del local fueron valladas. En una de ellas, la de Bartolomé Mitre y Ecuador, se llevaron las zapatillas, remeras y camisetas que quedaron tiradas en el lugar, también fotos, las primeras que se conseguían, flores, dibujos y cartas… Y fue la continuidad de toda esa trágica situación de las muertes, pero más aún la continuidad de la heroica actuación de muchos de los vivos, su entrega sin cálculos, lo que dio origen al santuario.

Y quienes formamos parte de esta absurda historia, sus víctimas, podemos mirar ese lugar, sentirlo profundamente nuestro, pensar y tratar de articular un pequeño relato de sus significados. Necesitábamos algo más que el grito y la desaparición, la muerte y la desesperación para fundarnos en nuestra nueva identidad: necesitábamos un lugar"[7].

Este es el discurso de "Los pibes de Cromañón", una organización que agrupa a familiares de las víctimas y sobrevivientes, y representa una de las tantas voces que construyen los imaginarios acerca de los hechos y del espacio. Para ellos, el santuario es ante todo un lugar, surgido como necesidad de territorializar la memoria, de reconstruir la "ausencia" a partir de la "presencia" material de símbolos y ritos en un lugar concreto. Por ello expresan que:

"Mantener el santuario es vital para conservar la presencia y correr a la ausencia al rincón del llanto y la falta en lo cotidiano. No es como el cementerio, lugar para el encuentro individual con el ausente, lugar para el llanto personal, lugar donde se le reconoce a cada uno la morada, para quedarse quieto allí. Necesitábamos un lugar para no yacer, para permanecer andando, para sostener el reclamo colectivo que supere el llanto y la desgracia"[8].

La improvisada organización del santuario durante su primer año de existencia contaba con cierta lógica territorial en la que se materializaban representaciones espaciales. Dispuesto en forma de "L" se destacaba una zona con un gran número de objetos simbólicos a modo de ofrenda. Todos ellos colocados sobre el piso o en la pared lindera a los terrenos del Ferrocarril Sarmiento. Sobre el otro sector de la "L" se hallaban una serie de carpas precarias[9]. Una de ellas en especial funcionaba como vivienda improvisada para los chicos y chi-

---

[7] http://www.lospibesdecromagnon.org.ar
[8] http://www.lospibesdecromagnon.org.ar
[9] Entre los objetos personales que se encontraban en las carpas había discos compactos, juguetes (muñecos de peluche, autitos, hadas), adornos, gorras, remeras, camisetas de fútbol y otros objetos.

cas encargados de la vigilia permanente del santuario. Ya en esta etapa además, sobre el muro que limita con los terrenos de la estación de Once se había dibujado un gran mural que firmaban los alumnos del I.U.N.A.[10], los chicos de la vigilia y algunos sobrevivientes.

Allí, como en toda la iconografía, aparecen elementos de tinte religioso como el caso de una gran imagen de la cara de Jesucristo y la inscripción que dice "Dios rockanrrolero, cuida a los pibes callejeros", también estampas y estatuas de santos populares como San Expedito, el Gauchito Gil, San La Muerte, La Difunta Correa o la Virgen Desatanudos y otras imágenes como la Virgen de Luján o el Sagrado Corazón. En este caso, la constante parece ser el sincretismo y no solamente religioso sino con otros símbolos vinculados a la música y al fútbol, repitiendo la matriz que refiere al ya mencionado rock chabón.

Luego, de un par de "atentados"[11] durante el 2005 y 2006 (según los propios protagonistas) el Santuario fue reinaugurado con una nueva configuración a partir de cierto proceso de formalización del mismo mediante la donación de una porción de terrenos por parte de la empresa concesionaria del Ferrocarril y la ordenación territorial por parte del Estado de la ciudad de Buenos Aires[12]. De este modo el 8 de diciembre de 2006, y en el marco de varios ritos religiosos (el armado de un árbol de Navidad con fotos de las 194 víctimas, oraciones y lectura de documentos), se reinauguró el predio repensado como un lugar de la memoria. "Los santuarios no sólo se conciben como el lugar donde se marca su ubicación sino que tiene connotaciones más profundas, implica la articulación social en general" (Menezes, 2003: 87). Hay algunos aspectos que vale la pena destacar en esta reformada versión del lugar. En principio, y a diferencia del modelo anterior, aparece el Estado a través de la acción del Gobierno de la Ciudad que en forma conjunta con un grupo de padres tuvieron a su cargo el proyecto de la construcción de esta llamada "Plaza de la Memoria"[13]. Se trata de "una especie de plaza seca temática

---

[10] Instituto Universitario Nacional del Arte.

[11] Se rompieron algunos elementos, otros fueron robados e inclusive aparecieron algunos escritos.

[12] Es importante tener en cuenta que la intervención del estado se dio durante la gestión de Jorge Telerman, quien reemplazaría en su mandato, al destituido Aníbal Ibarra, uno de los blancos más apuntados por los padres de las víctimas.

[13] La iniciativa surgió a partir de un grupo de padres de las víctimas que en forma conjunta con el ONABE (Organismo Nacional de Administración de Bienes del Estado) diseñaron un proyecto para relocalizar y sistematizar el Santuario. Así, el 9 de septiembre del 2005, se firmó el convenio donde se establece el llamado a concurso nacional de anteproyectos, entre el ONABE, la Sociedad Central de Arquitectos y la FAEA, con la presencia de Padres de Víctimas de Cromañón.

que recuerda solemne y someramente a las víctimas, y que rivaliza con el memorial por el monopolio de las legítimas memorias asociadas a la tragedia de Cromañón (…) fue construida por el poder y planificada por él como un espacio más limpio, más ordenado arquitectónicamente, menos politizado, donde prima el color blanco y los nombres de las víctimas aparecen en letras negras iguales sobre la pared derecha de la Plaza" (Rodríguez, 2008: 1).

Fotos 1 y 2: Banderas y zapatillas como símbolos recurrentes en el Santuario

Fuente: Fotos propias capturadas en el registro de campo de marzo de 2008

A partir de estos cambios, el predio se estructura en dos zonas distintas. Un escrito en la entrada identifica el lugar con la inscripción: "En memoria de los 194 ángeles masacrados en Cromañón, seguimos pidiendo justicia y verdad para que descansen en la paz que se merecen". Más que contundente es la frase ya que no sólo rescata al lugar como el sitio de la memoria sino también como un espacio para pedir justicia y sacralizar a los muertos en la figura de los ángeles que es una metáfora recurrente en muchos de los casos de las víctimas.

Foto 3: Entrada principal al Santuario en la actualidad

Fuente: Foto propia capturada en el registro de campo de marzo de 2008

En la fotografía 3 podemos ver claramente cómo aparece todo el predio fragmentado en dos zonas separadas y diferentes desde el punto de vista organizativo, estético y desde su concepción misma. Más allá de la informalidad del Santuario y la organización de la Plaza, se advierte que, de hecho, "la Plaza es un espacio en el que hay que entrar para saber qué hay adentro, tiene puertas, caminos y paredes. El Santuario, en cambio, se instala en la calle, la toma, la corta. Es más caótico visualmente, no tiene cierre, no tiene orden ni lógica de distribución, está hecho de chapas, de maderas, de cemento, es decir de lo que se encuentra a mano" (Rodríguez, 2008: 2). Ambos casos representan versiones diferentes de posicionarse ante los procesos de construcción de lugares de la memoria, ya sea desde el recuerdo, desde la protesta, de lucha por la imposición de memorias, de proyectos, etc.

La denominada "Plaza de la memoria" se asemeja a un cementerio, aunque los cuerpos no yacen allí. En este espacio se reconstruye la presencia desde la ausencia ya que esa zona fue el lugar donde se depositaron los cuerpos sin vida que se sacaban la misma noche de la tragedia. En esta parte, como podemos ver en la fotografía 4 y 5, hay 194 secciones en los que se recuerdan a cada uno de los muertos, con inscripciones y adornos de fuerte contenido simbólico.

El sector de la izquierda (el santuario en sí) presenta un mayor nivel de desorganización, donde se hallan un conjunto de sillas, fotos y otro muestrario de elementos que recuerdan a las víctimas, pero en forma mucho más generalizada, no particular o individualizado como en la Plaza; todo esto atravesado con una especie de guirnalda de zapatillas que surcan esta zona de un lado a otro. Este lugar de la memoria tiene una carga política mucho más intensa y evidente plasmada en varios afiches y escritos de denuncia sobre la tragedia y sus responsables.

Las tensiones y disputas han sido permanentes en torno a cuáles debían ser las formas de construcción de estos lugares de la memoria, en donde los actores más diversos participaban de una permanente lucha simbólica por la imposición de las memorias y su materialización a nivel territorial. Como menciona Rodríguez: "tanto el Santuario como la Plaza han significado la instalación de lugares de la memoria en pleno espacio público de la ciudad ya que allí el poder y los sectores populares se disputan no solo la apropiación de un mismo espacio, sino también la implantación de diferentes memorias y de diferentes formas de protesta" (Rodríguez, 2008: 2).

Foto 4 y 5: Sector de la derecha del Santuario

Fuente: Fotos propias capturadas en el registro de campo de marzo de 2008

Foto 6: Sector de la izquierda del Santuario

Fuente: Foto propia capturada en el registro de campo de marzo de 2008

Para algunos actores involucrados directamente con su construcción, como las asociaciones de padres y sobrevivientes que participaron del proyecto, esta nueva versión del lugar expresa:

"un lugar en medio del no lugar de la vía pública: aquella que la ciudad necesita para proteger la circulación, la velocidad, el pasar sin mirar, cumpliendo horarios, compromisos, trámites. ¿Qué trámite puede llevarse puesta la necesidad de detenerse para pensar en ellos, en nosotros sin ellos?
El santuario es como un cuerpo colectivo y a la vez de cada uno de ellos. Es el cuerpo reconstruido luego de su destrucción: es el cuerpo que entre todos los que aún estamos recreamos para ellos que no están; su cuerpo que nos ha abandonado pero permanece aquí. Aun con sus defectos, con sus partes feas. Aun sucio y roto"[14].

---

[14] http://www.lospibesdecromagnon.org.ar

Independientemente de las formas de organización del espacio, de construcción de lugares de la memoria y de las mutaciones surgidas a través del tiempo, deberíamos preguntarnos, para quiénes y en qué momentos, este espacio adquiere el carácter de "sagrado" o se activa en torno a ciertas prácticas religiosas, siendo un movimiento no religioso, justamente. Sin embargo, y siguiendo a Beckford (2001) movimientos de este tipo aparentemente no religiosos, sacralizan –en el sentido de vincularlos a esa textura de lo sagrado- objetivos (reclamar justicia), ideología o acciones colectivas del movimiento (las marchas y el resto de los ritos colectivos e individuales que desarrollan los familiares y amigos de las víctimas) (Beckford, 2001).

Símbolos y ritos en la práctica de sacralización

De acuerdo con las representaciones de un sector de los sujetos involucrados, el santuario Cromañón se constituye como un espacio que pretende "remitir más a la presencia que a la ausencia"[15]. Se trata de un lugar en el que los familiares, amigos y conocidos se "aferran" a todas aquellas cosas que eran características y que identificaban a las víctimas de la tragedia (grupos musicales, equipos de fútbol, gustos en general). No se trata de un lugar estático, quieto, de alguna manera inactivo; por el contrario está en permanente mutación como ámbito de identidad. Los elementos recurrentes a partir de los cuales se activan determinadas prácticas de sacralización que dotan al espacio de un carácter sagrado son dos: los ritos y los símbolos.

El lugar se transforma en el ámbito en torno al cual se desarrollan la mayoría de las prácticas (algunas netamente religiosas y otros con algunos componentes) y funciona como receptor y posterior refugio u hogar de todos aquellos objetos que las personas que lo visitan han dejado a modo de ofrenda.

Desde sus inicios, en el santuario Cromañón es posible agrupar estos elementos en dos conjuntos: a) ofrendas tradicionales como flores, velas, rosarios, estampitas y estatuillas de diferentes santos; b) ofrendas específicas o propias de este fenómeno cultural y vinculadas a los antecedentes del colectivo social como zapatillas, remeras de diferentes grupos de rock, pañuelos, cigarrillos, latas y/o botellas de cerveza, estatuillas de ángeles, atrapa sueños, fundas de guitarra.

---

[15] http://www.lospibesdecromagnon.org.ar

Desde diversos puntos de vista, estas ofrendas representan aspectos humanos trascendentales, cargando de este modo de sacralidad al lugar. Por ejemplo, la luz de las velas asociada a la noción de vida por sobre la muerte; las flores no sólo como un detalle ornamental sino como símbolo, sobre todo, de la frescura de la juventud involucrada en la tragedia. En relación con la iconografía religiosa es posible detectar la presencia de elementos característicos de ciertos rituales ortodoxos de la Iglesia Católica, como también de otros que no lo son (Difunta Correa, Rodrigo, Gauchito Gil, e inclusive Gilda o San Expedito) pero que más allá de las diferencias cuentan con una fuerte raigambre popular en la Argentina.

Acerca del tipo de ofrendas más específicas es posible advertir que se trata de objetos cotidianos, pero que sin embargo cuentan con una carga simbólica, debido a que representan tanto rasgos de la cultura del rock chabón, como propios de la misma cultura adolescente. Dichos elementos están vinculados con la vestimenta o con el consumo (material o simbólico), con las prácticas y con los discursos. Uno de los elementos recurrentes en cada rincón del santuario son las zapatillas[16]. Las primeras que estuvieron en ese lugar (al igual que las remeras) fueron las de los propios jóvenes presentes en el recital. Esto revela la importancia en un primer aspecto. En un segundo aspecto, se transforman en símbolos porque representan un modo de ver las cosas y de vivirlas, reflejan una ideología y la pertenencia a un grupo que adopta ciertos rasgos para diferenciarse de otros movimientos. En este caso, los seguidores de esta y otras bandas vinculadas a este tipo de rock son jóvenes urbanos del Gran Buenos Aires, como también de zonas metropolitanas de otras provincias. Muchas de las zapatillas que se encuentran en el santuario tienen escritos mensajes dirigidos a las víctimas o que sólo hacen alusión al hecho junto con los recurrentes pedidos de justicia. En relación a los mensajes (no sólo los que poseen las zapatillas) es oportuno señalar que algunos son generales y otros están dedicados exclusivamente a una sola persona, aunque siempre concluyen con un pedido de justicia que involucra, se quiera o no, a todos. Es factible encontrarlos en remeras, banderas, en papel (en forma de cartas) o en las paredes mismas.

Siguiendo a Carozzi (2006) se trataría de "una forma de articulación entre religión (no organizada, sin doctrina, ni jerarquía) y un movimiento de protesta

---

[16] Las zapatillas son de un modelo muy tradicional y popular, de lona, sencillas. Eran y son parte de la indumentaria cotidiana, haciendo referencia a la calle, al barrio, a la esquina, como ámbitos de pertenencia.

que es una relación de continuidad histórica directa entre la primera y el segundo" (Carozzi, 2006: 20). Esta relación supone además un nuevo marco de acción colectiva: la identificación de una injusticia y la implementación de medios de protesta para subsanar esa injusticia, como las marchas que partían o llegaban al santuario en forma periódica y sobre todo en las fechas aniversarios.

Otras ofrendas tales como las latas o botellas de cerveza y los cigarrillos, resguardan un sentido que se vincula también con la "calle" y con el significado que se le atribuía a este escenario de lo cotidiano; aquella cuestión de relacionarse y de compartir un ámbito como la plaza, la vereda, la esquina, etc., sigue manteniéndose en el marco del santuario. En este sentido es posible percibir prácticas simbólicas concretas que lo demuestran: encender un cigarrillo, dejarlo prendido para que se consuma mientras que, quien encendió ese cigarrillo prende uno para sí y "fuma" con aquella persona a quien está recordando y para quien encendió el primer cigarrillo. De esta manera se va creando la idea de presencia, que no sólo se manifiesta en acciones semejantes a ésta sino también en la creencia de que esos jóvenes que no sobrevivieron son *ángeles*, *estrellas* o *soles* que están "guiando" o "mirando" o "iluminando" a sus seres queridos. Y reforzando la misma idea, junto con aquella que manifiesta que los jóvenes que se recuerdan en ese lugar pueden disfrutar y sentir, es posible encontrar en el santuario algunos objetos personales pertenecientes a las víctimas.

En el momento de aludir a ritos en el sentido estricto, podemos mencionar las convocatorias que se realizan los 30 de cada mes que implican una movilización, oraciones y mención de los nombres de las víctimas, todas teñidas de formas de protesta cuasi-religiosa, pero a la vez de protesta social. Actualmente, también se realizan misas dos días a la semana y una vez al mes, exclusivamente conmemorativas. En el año 2005, desde el gobierno de la provincia de Buenos Aires, se decretó que el 30 de marzo fuera el "Día de la Reflexión y la Memoria por la Tragedia de Cromañón".

Palabras finales: para seguir pensando sobre la construcción de lugares sacralizados

Como hemos mencionado, el santuario no es un lugar estático e inalterable, tampoco neutro ni apolítico, sino por el contrario un ámbito de lucha simbólica por la apropiación del espacio, su control y la generación de narrativas y memorias sobre la tragedia. De hecho, la tragedia en sí causó un fuerte impacto en la sociedad al poner en discusión todos los sistemas de seguridad utilizados en distintos ámbitos públicos y privados. En el terreno de lo social generó que todos aquellos sujetos involucrados, tanto el Estado, los padres, como sobrevivientes y organizaciones que los nuclean, llevaran a cabo acciones en pos de la construcción de lugares de la memoria (generando nuevos ámbitos –reales y virtuales-, murales, esculturas, eventos, etc.) con el fin de concientizar a la sociedad y como forma de protesta.

El Santuario en sí tuvo, desde sus inicios hasta hoy, una transformación, una reorganización y un reconocimiento como tal (nacional e incluso internacional) que no pudo ser trasladado ni muchísimo menos eliminado. Es un lugar que atrae e invita a las personas a que se acerquen[17], pero las formas en las que es concebido, percibido, representado y vivido por la multiplicidad de individuos que se aproximan a él, lo transforma en un ámbito de conflicto de lucha simbólica y de diversidad.

Para muchos de los sujetos que lo construyen como tal, el santuario sería un lugar en el cual en determinadas fechas o momentos significativos, se llevan a cabo prácticas de sacralización que dotan al espacio de la sacralidad, o siguiendo a Martín (2007) un ámbito en el que se activa la textura diferencial del mundo habitado vinculado a lo sagrado (Martín, 2007). Sin embargo para otros es un espacio de conflicto, de intereses opuestos y de lucha, como ocurre con las organizaciones de comerciantes de la zona que bogan por la reapertura de la calle que la construcción del mismo santuario obstruye y que se traduce en pérdidas en sus ventas como resultado de la menor circulación, según sus voces.

Creemos entonces que así el lugar es concebido como un área acotada y concreta del espacio con gran carga simbólica y afectiva que le da carácter al espacio y encarna las experiencias y las aspiraciones de los sujetos (individual o colectivamente). No se trata de un punto entre otros dentro del espacio, de una localización que se pueda analizar de manera objetiva y desde el exterior; el lugar es siempre "de alguien" y él es centro del universo en la medida que es portador de significados e identidades. (Albet it Mas, 2002).

---

[17] En el portón de entrada a la Plaza de la memoria hay un cartel que anuncia: "Señores visitantes: la entrada a la plaza de la memoria es libre y gratuita. Gracias por su visita."

Así, el sentido de lugar aparece ligado al sentido de pertenencia. De esto se desprende la posibilidad de catalogar, según estos autores, lugares "auténticos" (aquellos que permiten el proceso a través del cual un espacio abstracto se convierte en lugar cargado de significados o a decir de Tuan (1977) de topofilias) y otros "inauténticos" (anónimos y deshumanizados en donde se da más la deslocalización como experiencia vivida). Como menciona Lindón es necesario observar que los procesos que experimentan las sociedades en el tercer milenio han intensificado su relación con su territorio de vida, la territorialidad. Y las tendencias apuntan a la diversificación, es decir a establecer muy distintos tipos de territorialidades (Lindón, 2006) según los actores que experimenten el lugar y lo construyan como tal.

Pensar este fenómeno de religiosidad popular sobre la forma en que los fieles recuerdan a las víctimas y denuncian la tragedia poniendo el acento en cómo se desarrollan las prácticas de sacralidad en el espacio, nos permite ampliar las miradas que exploran las formas en las que los actores construyen los lugares de la memoria y cómo estos ámbitos son conflictivos, diversos y dotados de identidad.

Bibliografía

ALBET i MAS, Abel, "¿Regiones singulares y regiones sin lugares? Reconsiderando el estudio de lo regional y lo local en el contexto de la geografía posmoderna" en *Boletín de la A.G.E.*, 32, Barcelona, 2001.

ANTTONEN, V., "Espacio, cuerpo, y la noción de límite: una categoría teorética sobre la religión", *Temenos*, 41:2, 2005.

BECKFORD, James, "Social movements as free-floating religious phenomena". En FENN, Richard (org.), *The Blackwell companion to sociology of religion*, Oxford: Blackwell, 2001.

CAROZZI, María Julia, MAYA, María Beatriz, MAGRASSI, Guillermo, *Conceptos de antropología social*. Los Fundamentos de las Ciencias del hombre. Buenos Aires: CEAL, 1991.

CAROZZI, María Julia, "Otras religiones, otras políticas: algunas relaciones entre movimientos sociales y religiones sin organización central". En *Ciencias Sociales y Religión*, Año 8, N°8, ACSRM, octubre de 2006.

FERNÁNDES, R. C. "Religioes Populares: uma visau parcial da literatura recente", *Bib. O que se debe ler en Ciencias Sociais no Brasil*, 18, Sao Paulo: ANPOCS-Cortez, 1984.

FORNI, Floreal, "Reflexión sociológica sobre el tema de la religiosidad popular". En *Sociedad y Religión*, N°3, Buenos Aires: CEIL-PIETTE, 1986.

GEERTZ, Clifford, *La interpretación de las culturas*, Barcelona, Gedisa, 1997.

LINDON, Alicia, "Geografías de la vida cotidiana" en LINDÓN, Alicia y Daniel HIERNAUX (Dirs.), *Tratado de Geografía Humana*, Barcelona, Anthropos, 2006.

LOTMAN, Iuri, "El símbolo en el sistema de la cultura" En *Escritos*, Revista del Centro de Ciencias del Lenguaje N° 9, enero-diciembre, México: UBAP, 1993.

MARTÍN, Eloísa, "Aportes al concepto de la religiosidad popular: una revisión de la bibliografía argentina" en CAROZZI, María Julia, CERIANI CERNADAS, César (comp.), *Ciencias Sociales y religión en América Latina –perspectivas en debate-*, Buenos Aires: Biblos, 2007.

MASSEY, Doreen, *Space, place and gender*, Cambridge: Polity Press, 1994.

MENEZES, Renata de C. "A Bênção de Santo Antônio e a 'religiosidade popular'". En: *Estudios sobre Religión: Newsletter de la Asociación de Cientistas Sociales de la Religión en el Mercosur*, 16: 1-6. Buenos Aires: Diciembre 2003.

ORTEGA VALCARCEL, José, "La Geografía para el siglo XXI" en ROMERO, J. (coord.), *Geografía Humana*, Barcelona: Ariel, 2004.

PLOTKIN, Pablo, "Pasión, muerte y Rock & roll". En *Revista Rolling Stones*, Año 7, N°83, 2005.

RODRIGUEZ, Anabella, "Políticas de la memoria y espacio público en Buenos Aires: *practicar* el santuario de Cromañón en el marco del urbanismo de tercera generación" en *CD de las V Jornadas de Investigación en Antropología Social*, Buenos Aires, SE-ANSO-ICA-FFyL-UBA, 2008.

ROSENDAHL, Zeny, LOBATO CORREA, Roberto (comp.), *Geografía: temas sobre cultura e espaco*, Geografía Cultural, Río de Janeiro: Ed. Uerj, 2005.

SCHMITT, Carl, *Catolicismo y forma política*, Madrid: Tecnos, 2001 [original de 1923].

SEMAN, P. y VILA, P. "Rock Chabón e identidad juvenil en la Argentina neo-liberal". En FILMUS, D. (comp.), *Los noventa. Política, sociedad y cultura en América Latina de fin de siglo*, Buenos Aires: FLACSO-Eudeba, 1999.

SMITH, J. Z., "The wobbling pivot". En *Map is not territory: Studies in the history of religions*, Leiden: Brill, 1987.

TUAN, Yi Fu, *Topophilia-A Study of Environmental Perception, Attitudes and Values*, New York, Columbia University Press, 1974.

TURNER, Víctor, *La selva de los símbolos*, México: Siglo XXI editores, 1999.

WORMAN, Ana, "Una tragedia argentina más, ahora los jóvenes y niños de la República de Cromañón". En *Argumentos*, 5, junio de 2005.

CAPÍTULO IV

La cuestión religiosa en la construcción narrativa de la diáspora armenia

Brisa Varela

La comunidad armenia que vive en la Argentina constituye un universo de aproximadamente 45.000 personas entre los nacidos en Armenia y sus descendientes. Es una migración histórica ya que la mayor parte de sus integrantes provienen de los grupos que llegaron luego del Genocidio de 1915.

En una época de nuestro país signada por la movilidad social ascendente, en la segunda y tercera generación pasaron a formar parte de los sectores sociales medios y medios altos de la población, vinculados particularmente a las actividades de la industria textil algodonera y al comercio mayorista.

Su diferenciación con respecto a las grandes migraciones interoceánicas (italianas y españolas) no se refiere sólo en cuanto a su volumen migratorio y a su origen (que es asiático), sino a la circunstancia histórica en que dio comienzo y que signará en gran medida el tipo de vínculo que establecieron con la sociedad de acogida y a los imaginarios y representaciones sociales construidas por las primeras generaciones en relación con la "idea del retorno". Esa perspectiva de la vida fue fuertemente articulada por la presencia de la Iglesia Armenia, como la nucleadora comunitaria más fuerte de los recién llegados.

El Genocidio como parte del proceso de disolución del Imperio Otomano y la constitución del Estado moderno de la República de Turquía (Kemal Ataturk), dan una particular percepción de sentido a esos primeros inmigrantes que, al interior de la colectividad, se los denomina *los sobrevivientes*.

Fueron migrantes ligados a la idea del retorno, con lazos profundos mantenidos con el "país de origen" y con un tipo de estructuración territorial de *lugar comunitario* en el país receptor, pero centralmente autoadscribieron identitariamente a la idea de ser "diaspóricos" (*spiur*).

En la actualidad se considera *diaspóricos* sólo a aquellos que siguen adscribiendo a la participación comunitaria y a este carácter que se encuentra en proceso de crisis (en sus propias aproximaciones la participación en instituciones y actividades comunitarias no permanentes ronda entre el 10 y el 15 %).

Durante la permanencia en la Argentina y a nivel internacional (en distintos lugares donde se asentó la diáspora, como en Francia) se construye una narrativa que historiza la existencia de Armenia y los armenios destinada a ser transmitida a las siguientes generaciones en el exilio, y en la que confluyen fuertes connotaciones de carácter religioso.

En la diáspora armenia ningún emblema ha sido tan fuerte y tan asumido comunitariamente con "el" vínculo de "ancestría" como el del Genocidio de 1915 *(tzeghashbanutiun)*. Instalado como ancla de la memoria interna y, a partir de la segunda mitad del siglo XX,[1] como política de la memoria destinada a la difusión hacia el universo externo al grupo.

La invocación de la memoria en torno al Genocidio se anuda con el reclamo moral de reconocimiento por parte del Estado de Turquía. Frente al negacionismo persistente, la búsqueda de legitimación de la memoria y del reclamo, transita el recorrido de la difusión en la opinión pública y del reconocimiento por parte de países y organismos internacionales. Desde el punto de vista de la producción intelectual, la principal preocupación de la diáspora fue la de documentar, a través de testimonios personales y de funcionarios extranjeros el Genocidio en tanto fue y sigue siendo negado por el Estado perpetrador.

En ese contexto y transgeneracionalmente, la memoria de la colectividad inviste al Monte Ararat[2] de un enorme contenido simbólico que se expresa tanto en manifestaciones artísticas y culturales de alto grado de sofisticación, como en el imaginario social cotidiano.

El Monte Ararat es, en la mitología pagana, el mojón que Haik toma para territorializar a su pueblo tras enfrentarse a Bel. Creador de la estirpe de los haiastantzí (habitantes de la tierra de Haik) y de Haiastán (que luego los romanos llamarán Armenia).

---

[1] Nélida Bouldjourdjian resalta que la institucionalización de los recordatorios y la difusión al "exterior" de la colectividad se realizarán especialmente a partir de 1965. Boulgorudjian, N. (2002) "La recordación del genocidio armenio en la etapa de entreguerras" en Los Derechos Humanos y la Vida Histórica. Actas del II Encuentro sobre Genocidio, Buenos Aires, Centro Armenio, pp. 39-54

[2] De 5156 m se encuentra ubicado en las cabeceras de los ríos Eufrates y Tigris en la Alta Mesopotamia.

Más tarde formará parte central de la mitología cristiana (religión a la que se convierten los armenios) al considerárselo como el lugar en el que el Arca de Noé esperó el fin del diluvio. Sacralizado, ha sido un símbolo destacado de la existencia política y parte de la vida nacional armenia y resignificado como emblema de resistencia política en el presente.

Milton Santos (1996) ha sostenido que "la geografía debe ocuparse de las relaciones presididas por la historia corriente. El geógrafo se vuelve empirista, y está condenado a equivocar sus análisis, si únicamente se considera el lugar, como si éste lo explicara todo por sí mismo, y no la historia de las relaciones, de los objetos sobre los que se realizan las acciones humanas, ya que objetos y relaciones mantienen relaciones dialécticas, donde el objeto acoge las relaciones sociales, y éstas impactan sobre los objetos" (Santos, 1996:56).

Desde hace por lo menos dos décadas, los estudios sobre la memoria colectiva han recibido aportes de diferentes disciplinas del campo social como la historia, la antropología o la geografía cultural. El problema de pensar en una memoria social en el análisis de situaciones traumáticas, como mencionáramos anteriormente, ha sido objeto de interpelación, por primera vez por Maurice Halbwachs (1925).

Con el fin de poder operar en la memoria social desde la ciencia histórica Pierre Nora (1984) ha propuesto indagar en los "lugares de la memoria", en tanto nudos problemáticos que activan los recuerdos, que se expresan materialmente y tienen connotaciones simbólicas, por medio de las cuales puede trabajarse sobre las dinámicas sociales. En estos lugares materiales –o inmateriales– la memoria se "encarna".

Candau (2002) expresa que "en la noción de *lugares de la memoria* hay que entender la preposición (de) con un significado que alude más que a una procedencia, son lugares que pertenecen a la memoria, que son producto de ella, que vienen de ella; es mucho más que como una simple indicación de localización: son los lugares en los que la memoria se encarna. Si hay lugares que parecen sobredeterminados por la memoria, más destinados que otros para acogerla, es porque ésta ya trabajó allí" (2002:13). Para compartir luego la propuesta de Willem Frihoff que habla de *geheugenboei*, un equivalente holandés de la expresión francesa "lugares de la memoria", que se traduciría como *boya de la memoria* (2002: 112). La memoria se ata a ella, pero sin dejar de flotar, se mueve conjuntamente con las olas, por lo cual esta memoria de los lugares se asocia a las dinámicas del presente.

Este punto se enmarca en el análisis de discusiones actuales sobre la estructuración de la memoria en torno a "lugares" que son resignificados a partir de situaciones de trauma social a los que Todorov (1993) categoriza como "límites" y que constituyeron verdaderas catástrofes sociales, como el caso del Genocidio para el pueblo armenio.

Las ciencias sociales han reconocido, en sus estudios sobre la memoria social, la presencia y la transmisión de determinados sucesos, anclados a lugares geográficos específicos que son fuertemente (re)significados y se convierten en emblemáticos para el grupo que los comparte.

Los estudios sobre el genocidio cometido por la dictadura militar en la Argentina, y su relación con *lugares de la memoria* (Jelin y Langland 2003; Juan Besse 2005) remiten a "marcas territoriales" como nexos entre el presente y un pasado que se *presentifica*.

Besse, retomando a otros autores, define la noción de "marca territorial" como la referencia a "cualquier escritura que pusiera su mojón significante sobre la superficie urbana: graffitis, placas, monumentos o contra-monumentos, museos, memoriales, recorren la enumeración de posibles marcaciones."(2005:10). El análisis se complejiza y enriquece cuando se introduce la noción de marca territorial que: "intenta rebasar la fenomenología de la marca y el inventario de las posibles formas que éstas pueden adquirir para situarse en el grado cero de dicho fenómeno: esto es en el logos que sitúa a las marcas como la parcialidad de un mundo pasado y perdido, sólo recuperable por la vía de cruce del trabajo de memoria y de la indagación histórica" (2005.10).

Jelin y Langland –al analizar la *museización* de lo que fueran centros de tortura y detención– entienden que estos edificios (en tanto espacios materiales) se cargan de significados y significantes anudados a emocionalidades. Y en la medida en que se (les) asignan significados se erigen en *lugares de la memoria*. Y dentro de esta perspectiva Besse plantea la construcción sociopolítica del "sentido" y también los límites del sentido (en tanto operación política): "La figura de que las marcas son territorios en tanto devienen lugares, esto es espacios apropiados por la vía de alguna construcción de sentido. Sin embargo, creemos que la dimensión territorial no implica una mera *lugarización* sino que trae la carga simbólica del límite impuesto y establecido por la política; estamos así frente a un problema de jurisdicciones y administraciones del pasado: el objeto de una política de memoria (...)" (2003:11).

Relacionado con las disputas que se han dado, tras la caída del Muro, sobre las "marcas territoriales" en la ciudad de Berlín, Andreas Huyssen (2002) considera la ciudad como texto y su lectura como un espacio de signos. En nuestro estudio puede afirmarse que la ciudad de Ereván no es concebible, por la *armenidad*, separada del Ararat, a cuyo pie se encuentra y resulta además de deseado intangible (es un área bajo control de Turquía y no es posible acceder desde Armenia).

Entendemos que si bien esta memoria social de los lugares puede vincularse con distintas situaciones de la vida de los sujetos históricos, adquiere especial relevancia cuando el colectivo social lo resignifica en el contexto de episodios traumáticos para el mismo. Tal es el caso de la Cordillera chilena para los exiliados durante la dictadura de Pinochet, de los Pirineos para los exiliados españoles republicanos, del Monte Sion para los judíos o el Monte Ararat para los armenios tras el Genocidio, en estos casos esos elementos o materiales de la naturaleza, se resignifican asignándoles, un sentido reivindicatorio.

Especialmente interesante resulta el ensayo de María Elena Acuña (2001), sobre la dinámica de la memoria enlazada con lugares simbólicos, en el caso de los exiliados chilenos, "la Cordillera". La autora plantea que la transmisión de memoria colectiva operó en las comunidades chilenas en el exilio por la imperiosa necesidad de estructurar una identidad que funcionara para el retorno, que construyera la idea de que aún en el exilio, lejos de Chile, y muchas veces hablando idiomas distintos del castellano, todos/as eran chilenos/as. Esta antropóloga señala que en un conjunto de entrevistas realizadas a personas incluidas dentro del grupo de niños/as del exilio, la alusión a la Cordillera ha sido constante en el recuerdo sobre la infancia y sobre cómo los/as adultos/as hablaban de Chile en un relato lleno de detalles y anécdotas referidas al paisaje, la familia y la sociedad chilena. Un relato monolítico que no acepta matices. La Cordillera se presenta dentro de estos elementos como un eje estructurante, como una columna vertebral que une todos los recovecos que Chile puede tener y que además da márgenes al país y convierte a Chile en un recipiente donde todos/as deben ser incluidos/as. El exilio se presenta como el quiebre o violación del recipiente, algunos/as ya están en él, pero además se trata de la pérdida del referente espacial, se emigrará a lugares donde ya no se transita "de oriente a poniente", desde y hacia la cordillera (subiendo y bajando). A su vez la cordillera es una pared, que ha hablado siempre de la "insularidad" de Chile, y el exilio es de alguna manera el quiebre –aunque forzado– de ésta.

Como plantea Dosse (2003), la memoria no es lo contrario al olvido sino la resultante entre los recuerdos y los olvidos. Así la memoria permite conservar/olvidar informaciones que facilitan a los seres humanos actualizar impresiones o informaciones del pasado (Le Goff, 1991). El propio término de "memoria colectiva", acuñado por M. Halbwachs en 1925, fue definido como la memoria de los miembros de un grupo, que reconstruyen el pasado a partir de sus intereses y los marcos referenciales del presente. Este autor, desde una perspectiva positivista, concibe a la memoria como opuesta a la historia, en tanto la primera es asociada a los dinámico, lo vivido, lo emocional, lo tradicional o folklórico, lo concreto y lo sagrado; la segunda se anclaría en lo racional, lo reflexivo, lo abstracto, lo académico y lo laico.

Pierre Nora (1984), por su lado, ha propuesto una conceptualización operativa de la memoria colectiva, entendiendo los lugares de la memoria como materiales, simbólicos y funcionales en grados diversos, que ordenan o mantienen procesos sociales, construyen "lo correcto" y lo que no lo es, marginan a unos e incluyen a otros y pueden sostener o desafiar el orden establecido.

Además puede sostenerse que los "lugares de memoria" se articulan en la construcción/deconstrucción de identidades y permiten estructurar la problemática de las diferencias generacionales en la memoria colectiva. La carga simbólica y la sacralización de los lugares geográficos, se constituye históricamente y se instituye en ritos y ceremonias por las culturas; Claval (1999) propone la significación social dada a los lugares geográficos que son *nombrados* y afirma que una cultura está " (…) en gran medida, hecha de palabras que traducen lo real recortándolo, estructurándolo y organizándolo. Estos signos nombran a los lugares, a la vida, a los seres o a las técnicas: tienen valor descriptivo. Al cargarse de connotaciones en el curso de la existencia, toman un contenido emotivo (…) Lo que se adquiere hablando de los objetos y de los seres, escribiendo acerca de ellos o dibujándolos, es una precisión mayor, la certeza de disponer de términos cuyo sentido es compartido por todos; es también la capacidad de darles una existencia social" (Claval, 1999:118).

José Mussayan (1968) en el prólogo que inicia una de las obras literarias de mayor reconocimiento en la diáspora armenia *Gent* (El loco) de Raffí, expresa un sentimiento, que se propone en distintas experiencias y entre distintas generaciones en las que fue transmitido. Él escribe: "Son los hijos de ese pueblo, quienes mirando al Ararat, símbolo inconmovible de la eternidad del destino de ese pueblo, forjan el tiempo del futuro."

A los fines de identificar el sentido simbólico religioso otorgado a este monte en el imaginario y dinamizador identitario, hemos podido recuperar su presencia permanente tanto en entrevistas a inmigrantes recientes como en descendientes de la diáspora de la segunda y tercera generación.[3] El monte es nombrado, personalizado, dibujado, pintado, fotografiado, tanto en soportes impresos como actualmente en soportes digitales, que por el acceso a la tecnología son por lo general armados por integrantes de la tercera generación.

En primer lugar, la referencia al Monte Ararat trae a la memoria la referencia al territorio de pertenencia, perdido en situaciones críticas y convertidas en icono de la reivindicación de las víctimas y asociada con crímenes de lesa humanidad, crímenes no reconocidos por el victimario y por lo tanto activos.

Este monte se constituye en el presente como la evocación de la presencia material de las víctimas y de los sucesos recordatorios del pasado y su presencia se proyecta, en bandera, hacia "adelante" a través de la búsqueda del reconocimiento del Genocidio.

Entendemos que la referencia al Ararat es una tabla de salvación y una potente exorcización de la muerte y del reclamo territorial en el presente.[4] La transmisión de la historia y la geografía armenia, a partir de sus "lugares" se convirtió, durante tres generaciones, en la memoria de estudio de la experiencia social aun cuando, en los términos de Primo Levi (1947), hay ciertos tipos de memoria que nunca podrán recuperarse, por la forma misma en que han sido perdidos. A diferencia de la *Shoa* judía en tanto que, inmediatamente después de su derrota militar, Alemania es obligada a reconocer el genocidio en los campos de exterminio de prisioneros, se plantea internacionalmente el Juicio de Nuremberg donde la condena internacional, permite, en alguna medida, iniciar el proceso de duelo, al menos para las siguientes generaciones y se organiza intelectualmente la

---

[3] En el transcurso del desarrollo de la tesis doctoral en la que me encuentro trabajando se han recogido veinte entrevistas a integrantes de migraciones recientes de ambos sexos.

[4] Se entiende que una representación es: una versión del objeto, construida culturalmente y apropiada individual y colectivamente, por los sujetos sociales. Vistas de este modo las representaciones son, por un lado, reales porque se asientan en discursos y por eso son accesibles para el sujeto. (...) en la medida en que son abordables y abordadas por el sujeto, este sujeto se "hace una idea" de los objetos, gracias al vínculo que establece con las representaciones de los mismos." Las representaciones recogen formas y maneras de ver el mundo dado por las tradiciones, la historia del grupo, las particularidades del colectivo en el que esas representaciones son compartidas. (Dallera,1994: 42)

reconstitución cultural[5]y el afianzamiento educativo en la comunidad de la diáspora.

En términos de Mc Laren (1995), la cultura está constituida por un conjunto de significados, transmitidos socialmente, por un sistema de símbolos y específicamente la cultura escolar, está influida por determinantes específicos de clase, ideológicos y estructurales de la sociedad, en su conjunto y de acuerdo con los proponentes del "sistema simbólico". "Ejemplificado en el trabajo de Victor Turner, Cliford Geertz, Sherry Ortner, Davids Schneider y otros, adoptaré el término de cultura para referirme a un sistema de símbolos. Geertz, por ejemplo, define a la cultura como un patrón de significados históricamente transmitidos incorporados en símbolos, un sistema de concepciones heredadas expresadas en forma simbólica por medio del cual los hombres se comunican, perpetúan y desarrollan su conocimiento y actitudes acerca de la vida. La cultura es una construcción que se mantiene como una realidad consistente y significativa mediante la multiforme organización de rituales y sistemas de símbolos. Los símbolos pueden ser verbales o no verbales y generalmente están ligados al ethos filosófico de la cultura dominante"(1995:23).

En el caso de la comunidad armenia, ese *ethos* apela a las fronteras de "la Armenia histórica", cuya extensión se asociaba con características naturales como ríos, montañas, vegetación, plantíos y viñedos perdidos con las persecuciones y retenidos en la memoria.

En cuanto al arte es sabido que sus diversas expresiones históricamente han reflejado, además de la genialidad de sus creadores, el vínculo con la sociedad de la época y el contexto de pertenencia que conforman su biografía personal: a modo de ejemplo, podríamos pensar en el *Guernica* de Picasso. "El arte motiva la autorreflexión, quizás arrastra a través de intuiciones, hace chocar con los límites del propio yo; es fuente de descontento y de sufrimiento. Una obra de arte puede convertirse en el sustento para que una persona reflexione sobre sí, acerca de la plenitud, la intimidad o la sociabilidad. Puede, también, alimentar la sed de la imaginación, de anhelo y de ansia. Y a veces hasta logra paliar el dolor, lenificar la barbarie. Excepcionalmente, quizá se logre experimentar un momento de sensación verdadera, la ilusión del acontecimiento como efecto real, un esta-

---

[5] Con la importante participación de la brillante filósofa Hannah Arendt 1949-1952 como directora de la Reconstrucción Cultural Judía.

llido de luz, tener el arte para no morir de verdad. Y, claro, no falta la tentación de hacer del arte ética, didáctica y política. (...)"(Martyniuk, 2004:140).

En este punto he considerado de interés indagar en la manera en que en dos obras de arte, tomadas a modo de ejemplo, se ha expresado la imponente presencia emblemática del monte Ararat. En este punto considero la importancia de entender los modos de las prácticas culturales, de intelectualización y estetización en las obras de arte como soportes de la memoria y el punto en el que el arte puede ser una respuesta específica y militante a la negación y al negacionismo.[6] Se ha tomado para esta investigación una obra del cine de origen internacional y una obra teatral de producción nacional[7], ambas evocadoras de la presencia sacralizada del Ararat. Me refiero a la película *Ararat* de Atom Egoyan (2003) y a la obra de teatro *El Ararat y yo* (2004), que tuvo como guionista y directora a Herminia Jensezian y fue protagonizado por Klausd Jensezian.

La proyección en Buenos Aires (2003) de la película *Ararat*, de Atom Egoyan, fue cargada de contenido sociopolítico; esto se evidenció ya desde la presentación, cuando se pronunciaron palabras de homenaje a las víctimas del Genocidio y se destacó la importancia de la película para la difusión mundial de la tragedia armenia. Se exhortó al público a convertirse en su propagandista, como también en la recaudación de fondos para la reconstrucción de Armenia y Karabagh.[8]

La estética de *Ararat* se expresa entretejiendo fragmentos del presente-pasado- presente, se presenta un film dentro del film.[9]

---

[6] Se considera a la negación como el primer momento en que el Estado de Turquía no acepta las matanzas y el Genocidio y como negacionismo la instancia posterior en la que, pese a los testimonios concluyentes respecto a la veracidad de los hechos, el Estado Turco admite la existencia de miles de muertos pero niega la existencia de un plan estatal sistematizado para el aniquilamiento de la población armenia.

[7] Con importante repercusión en la República de Armenia donde fue llevada por su directora.

[8] En Diario *Armenia* del 30 de abril de 2003.

[9] La síntesis del argumento según Juan Boghosssian *en Diario Armenia* 14-5-03 , expresa:
Ararat es el interjuego entre dos películas, la una contemporánea, que es la película en sí, cuenta la historia de dos familias enemistadas que luchan por encontrar La Verdad y lograr la reconciliación. Dentro de esta historia se desarrolla otra, una película que dirige un famoso director de cine armenio, Edward Saroyan, interpretado por Charles Aznavour, que evoca el Genocidio Armenio, reconstruyendo el hecho histórico basado en el libro de Clarence Ussher "Un Médico Americano en Turquía", donde se narra el largo tiempo de angustia de Van y los trágicos eventos de 1915.
Estos dos temas se entrelazan con el recurso de un film dentro del film.

En su film si bien retoma aspectos clásicos de la diáspora, Egoyan se aleja fuertemente de las connotaciones lineales muy habituales para los primeros momentos de la reconstrucción de la memoria del trauma. Su estética cuestiona, desde otro lugar; donde es posible pensar/se con mayores libertades, sobre aspectos tales como: identidad/identidades- resistencia pacífica/armada- incomprensión de poderes hegemónicos- formas de "traición" -formas de contar lo anecdótico/superando la linealidad - la trama familiar en la desterritorialización- búsqueda de restos materiales de la tragedia intangencial hoy- representaciones de víctimas y victimarios.

El cineasta explicita el objetivo de la transmisión social (y militante) de episodios históricos:

> "Si bien era tentador adaptar alguno de los libros que existen sobre el tema, me di cuenta que era crucial para mí, situar la película en tiempo presente. De esta manera pude delinear las consecuencias del brutal hecho histórico en la generación actual. (...) Mi objetivo era hacer una película que permitiera al espectador experimentar la realidad del horror en un sentido espiritual y no solamente mostrar los tétricos resultados de la pérdida física y material (...)"

En Ararat la historia de las dos familias, tiene como eje la relación entre el personaje de un joven de 18 años, Raffi, interpretado por David Alpay, y un hombre en el ocaso de su vida, David, interpretado por Christoffer Plummer.
Raffi regresa a Canadá portando rollos de películas de 35 mm, tapes digitales y una situación misteriosa. David, el veterano, es funcionario de aduana y se propone descubrir lo que Raffi está ocultando. Raffi declara que esas latas contienen material adicional para un film que está siendo rodado en Toronto. Pero la sospecha de David continúa y en la aduana somete a Raffi a un interrogatorio, que transforma la escena en un intenso examen psicológico.
Raffi lucha con el recuerdo de su padre y su muy presente madre Ani, interpretada por Arsinee Khandjian, una historiadora de arte especializada en la obra del pintor Arshile Gorky (Simon Abkarian).
Raffi, desgarrado por la relación de su madre con su hermanastra, Celia (Marie José Croze) quien culpa a Ani por la muerte de su padre.
A su vez David, está intentando armonizar la relación con su hijo homosexual, Philip (Brent Carver) y el amante de éste, Alí (Elías Koteas). Pretende además establecer una sólida corriente afectiva con su nieto, Tony. Alí se presenta a una audición para la película de Saroyan, este episodio relaciona las historias de las familias de los dos personajes, Raffi y David, las liga íntimamente, culminando en el intrincado interrogatorio de David a Raffi por la misteriosa situación que el muchacho oculta.
A partir de ese episodio, comienza una profunda investigación de pistas que se convierten en la búsqueda de la verdad salvando un arcaico e intrincado terreno de mentiras, decepciones, negación y miedos.
Atom Egoyan se interna en la búsqueda de la identidad personal, sexual y cultural a partir de escenas íntimas compartidas por amantes, familias, enemigos y extraños.
Ararat explora los mecanismos con que las historias personales y políticas pueden infundir un legado de incertidumbre e inseguridad. Es una historia real en torno a la naturaleza de la "prueba viviente".

"Ararat es una meditación sobre el rol espiritual del arte en el proceso de lucha por el significado y la redención de la secuela del Genocidio es una obra de trabajo estrictamente personal. (...)Reconozco que en mis películas anteriores he explorado muchos temas, pero esta es la primera vez que incursiono en la noción de conciencia histórica con una magnitud superior.(...) Lo que se destruye en el Genocidio no son solamente vidas humanas sino las huellas de nuestra humanidad. *El desafío fue ensamblar las consecuencias épicas del Genocidio con los momentos íntimos compartidos por los personajes contemporáneos.*

Si la historia está en el decir, entonces la vida está en el hacer.

La película dentro de la película evoca los eventos históricos en un intento de recrear el pasado, mientras que la historia contemporánea (que es la otra película) y sus personajes actuales construyen sus propias historias, según sus necesidades, recuerdos e imaginación.(...) La historia épica se relata sin testimonios de los sobrevivientes, esto obliga a mis personajes a unirse para alcanzar desesperadamente la verdad y la esperanza, para dar sentido a sus vidas a través de la comprensión de la historia que la película cuenta (...)."[10]

En tanto su productor Robert Lantos señala que: el siglo XX, todavía alberga muchas historias no contadas, entre esas historias hay eventos trágicos que afectaron la vida de millones de personas y que le dieron forma al mundo en que hoy vivimos. Se cuenta una verdad a ser conocida, un terrible capítulo de la historia que aún no ha sido resuelto (Boghossian, 2003).

El Ararat de Egoyan interpela sobre el lugar del arte, en la transmisión generacional, de los lugares traumáticos de la memoria, situaciones en las cuales es muy fácil caer en la trampa del regodeo en lo mórbido. En confrontación con esa posibilidad, la propuesta es discutir desde el arte como testimonio profundo en el que juega lo temporal (contexto del artista) con lo intemporal (permanencia del hecho artístico y trascendencia de la obra).

Ararat cuenta, con un lenguaje nuevo, hechos del pasado histórico con implicancias en el presente, pero comparte la misma visión sociopolítica de las anteriores generaciones, eligiendo para *nombrarla* "ese" emblema compartido.

En cuanto a la obra de Herminia y Klausd Jensezian *"El Ararat y yo"* (2004) es un unipersonal en el que el actor representa diferentes personajes e invoca a escena la presencia de los poetas masacrados y la de otros más recientes, a partir de su guión.

---

[10] Boghossian, J.en *Diario Armenia* 14-5-03.

Pero centralmente es la memoria del Ararat que aparece personificado y, a la vez, sacralizado. El monte habla y dice cosas, *les* dice cosas, *nos* dice cosas. Es el albergue de un Dios que interpela (al pasado y al presente) a la diáspora y a los armenios "de Armenia", a funcionarios, ciudadanos y al público. El Ararat se instituye a la vez que en ámbito geográfico en cada uno de los armenios/as, cargando con *ese* pasado traumático al que siempre en la obra se remite.

> "Enfurecido de todo aquello que hace temblar la tierra me he erguido y erigido aquí. Yo fui el salvador del arca de Noé, en mis laderas vivió y se multiplicó el hombre. He cargado el cielo sobre mis hombros y he puesto una corona sobre mi cima, como un rey: observo al mundo orgulloso y despectivo".

También es un referente que carga con un imaginario que apela a virtudes humanas, se nos dice junto con el poeta Taniel Varuyan:

> "Quiero ser como vos, solitario, fuerte, seguro… quiero estar cerca de ti, cerca de tus laderas… establecerme aquí, frente a ti. Es la imposición de la vida (…) Acá estará mi hogar, acá la iglesia, la escuela y justo en el medio… el teatro, pasen y vean".

En la obra de Jenzezian el Ararat se constituye en el ámbito y receptáculo de los factores constitutivos identitarios asociados a la transmisión de la lengua, la geografía la historia, y que se institucionalizan en la familia, la Iglesia, la escuela y el arte. El Ararat es también, *"el" testigo* principal, en el sentido del testimoniante en el punto límite de la palabra: *"Lloro por los muertos, refracto los rayos, invoco a los vivos. ¿Dios, dónde estás? (Baruir Sevag)*.

Tanto la película como la obra teatral son actos artísticos sobre el presente, pero un presente fuertemente asido a un pasado doloroso y omnipresente a través de la transmisión generacional. El presente es absolutamente permeado por el pasado. Este pasado que en-carna (en tanto se hace carne) en las nuevas generaciones, en tanto aún es negado por el victimario. La obra es además una propuesta a futuro al levantar la bandera de los mandatos inconclusos.

En *Formas de hacer Historia* Burke (1996) retoma la propuesta de David Henige (1974) quien plantea la noción de "La historia como política del presente" en uno de los capítulos de su libro *La cronología de la tradición oral: en busca de una quimera*.[11]

---

[11] Henige, D. (1974).

Reexaminar las construcciones míticas, en sentido amplio, de un grupo social y desde la relectura de las tradiciones se hace en los últimos tiempos, en un objeto privilegiado de indagación de los historiadores, reconocer *la invención de la tradición* para decir "La invención de la tradición no es un fenómeno ni sorprendente ni deshonesto, especialmente en aquellas culturas en las que no existe un único criterio para la verdad. [...] En ciertas circunstancias especiales puede darse la imposibilidad de la recuperación; en situaciones totalitarias, puede que la misma secuencia temporal se haya distorsionado; en contextos coloniales, los relatos de la estructura social y de la tradición doméstica generalmente se reinventan." (Burke, 1996:160-161)

A partir de esta conceptualización, podemos situar al Monte Ararat como "marca territorial" y su entronamiento emblemático, como metáfora que remite a (re) significaciones sociales que cargan de sentido político, religioso e histórico (a este accidente geográfico desde el punto de vista de la geografía física) y plasman un tiempo no lineal donde se propone la articulación del pasado, el presente y el futuro. Recuperando el enfoque de Besse (2005), puede considerarse el Ararat como patrimonio (histórico-político-religioso) en tanto esta noción referencia a aquello por lo que se lucha "pero también, y más aún, aquello a través de lo cual se lucha"(2005:8). Es este símbolo el que acompaña el mito de los orígenes asociado al cristianismo, como narración construida históricamente por los segmentos hegemónicos de la diáspora, que ata esta *conversión*. He aquí su peso central asociado a los sucesos de las persecuciones, matanzas y Genocidio.

Como adelantáramos en la introducción, la figura del Ararat da cohesión al grupo, a través de un sentimiento de identificación; un carácter único y de potencial sobrenatural. Y también remite a *lugares sagrados* donde Noé construyó el Arca, donde Haik se enfrenta a Bel y en su exilio da origen a Armenia (Haiastán).

El monte se constituye en un *lugar* desde la perspectiva de Marc Augé (1996) en tanto ámbito de identificación identidad y pertenencia. En *cercano* entendiendo por tal lo conocido desde la perspectiva geográfica de Milton Santos: "Lo que interesa al geógrafo más que la mera definición de las distancias que tienen que ver con la contigüidad física, se relaciona con las interrelaciones entre los objetos y las sociedades y los procesos de comunicación. Formando parte de un proceso en el cual entran en juego diversas interpretaciones de lo existente, esto es de las situaciones objetivas que resultan de una verdadera negociación social de la que participan preocupaciones pragmáticas y valores simbólicos. 'Puntos de vista más o menos compartidos' en proporciones variables, en esa construcción además de los elementos del propio sujeto entran las construcciones de otros hombres, que implica una determinada visión, una idea del mundo" (Santos, 1996: 253).

Memoria e identidad se entrelazan de modo que el conjunto de significados de toda identidad individual y grupal que otorga un sentido de pertenencia a través del tiempo y el espacio está sostenida en el recuerdo y a su vez lo que es recordado está definido por la identidad asumida.

"Memoria e identidad no son cosas fijas sino representaciones o construcciones de la realidad, fenómenos subjetivos antes que objetivos", dirá Gillis (1994: 3). Compartiendo las palabras de François Dosse (2004), puede señalarse que la memoria que supone la "presencia de la ausencia" sigue siendo el punto esencial de soldadura entre pasado y presente, de "ese difícil diálogo entre el mundo de los muertos y el mundo de los vivos" (2004:223).

El monte es así emblemático de los reclamos asociados a la pérdida violenta de la territorialidad y aparece como símbolo material, imponente ante la vista, de la constitución de la territorialización perdida; y religioso como la cuna de la humanidad con el Arca.

Es también expresión del deseo colectivo no concretado, en este sentido es un límite claramente visible pautado por la posesión violenta.

Simbólicamente es presencia que se eleva ante el horizonte y permanencia en pie pese al tiempo, y remite a una asociación con el proceso social donde la construcción de percepción de permanencia puede contribuir a la contención psicológica. El Ararat se constituye entonces en un icono referencial de aspectos que, ciertamente, remiten más que a la territorialidad en sí, a una posición política resistente frente a los acontecimientos de la historia.

Diremos para cerrar este artículo que pensar en las instancias de "producción" de saberes sobre el pasado/presentificado implica visibilizar aquellas operaciones a partir de las cuales un relato (nos) cuenta "lo que pasa" (o lo que pasó) e "instituye lo real como representación de la realidad pasada" (1998:54). De Certau, provocadoramente, nos incita a (re)pensar la relación entre el historiador con su obra y desafía a mostrar el aparato social y técnico, el contexto institucional y político, que actúa tras él para producir un "lenguaje de sentido que permite suturar los desgarrones entre pasado y presente" (1998: 57).

Bibliografía

ACUÑA, M.E. "La cordillera como lugar de memoria" *en Cuarto congreso chileno de antropología*, 19n al 23 de noviembre, campus j. Gomez Millas de la Universidad de Chile, 2001

AUGÉ, Marc. *Los "no lugares". Espacios del anonimato. Una antropología de la sobremodernidad,* Barcelona: Gedisa, 1996.

BESSE, J. "Memoria urbana y lugares patrimoniales" en *Taller de Desplazamientos, contactos y lugares.* FFyL, Instituto de Geografía, Buenos aires, formato CD, 2005

BURKE, P. *Formas de hacer Historia,* Madrid: Alianza Editorial, 1996.

CLAVAL, P. "La cultura como orden constituido: la dimensión prescriptiva del discurso", en *La Geografía Cultural,* Buenos Aires: Eudeba, 1999.

DE CERTEAU, M. *Histoire et psychanalyse entre science et fiction*, Paris : Gallimard, 1987. Hay edición en español, *Historia y psicoanálisis*, México: Universidad Iberoamericana; Instituto Tecnológico y de estudios superiores de Occidente, 1998.

DOSSE, F. *La historia conceptos y escrituras*, Buenos Aires: Nueva Visión, 2004.

GILLIS, J. "Memory and identity: the historyof relationship", en: John Gillis (ed) Commmemorations. *The politics of national identity*, Princeton:Princeton University Press, 1994, págs.3-24.

HALBWACHS, M.(1992) [1952] *On Collective Memory.* Chicago: Chicago University Press, primer ed.1952

HENIGE, D. *The Chronology of Oral Tradiction: quest for a Chimera*, OxfordHall, S. "Cultural Identity and Diaspora", en Jonathan Rutherford (ed.) *Identity: Community, Culture, Difference.* Londres: Lawrence and Wishart, 1990, pp. 237-247.

HUYSSEN, A. *En busca del futuro perdido. Cultura y memoria en tiempos de globalización*, México: FCE, 2002.

JELÍN, E y LANGLAND, V. *Monumentos, memoriales y marcas territoriales*, Madrid Siglo XXI, 2003

LE GOFF, J. *El orden de la memoria. El tiempo como imaginario,* Barcelona: Ediciones Paidos, 1991.

LEVI, P. *Si esto es un hombre*, Barcelona: El Aleph. (2005) [1947]

MARTYNIUK, C. ESMA *Fenomenología de la desaparición,* Buenos Aires: Prometeo, 2004.

MC LAREN, P. *La escuela como performance ritual*. México: Siglo XXI, 1995.

MEIRIEU, P. *Frankenstein Educador*. Barcelona: Laertes Psicopedagogía, 1998.

MOUSSAYAN, J. Prólogo a *"El loco"* de RAFFÍ (1835-1888), Buenos Aires: Methopress, 1968.

NORA, P. "Entre memoire el histoire", en: *Les lieux de mémoire, T.I*, Paris: La Republique, Bibliotheque ilustrée des histoires, 1984.

SANTOS, M. *Metamorfosis del espacio habitado*, Barcelona: Oikos-tau, 1996

SARLO, B. *Tiempo pasado. Cultura de la memoria y giro subjetivo. Una discusión.* Buenos Aires: S. XXI, 2005.

CAPÍTULO V

Colonia menonita La Nueva Esperanza: un nuevo territorio e identidad religiosa en el departamento de Guatraché, La Pampa[1]

Marta Mabel Campos
Silvia Alicia Santarelli

Introducción

En 1985, en la estancia Remecó –departamento de Guatraché– se instala un grupo religioso menonita que crea la colonia La Nueva Esperanza (Figura 1) y, en sólo veinte años, resignifica un espacio no religioso, productivo, de actividad agrícola-ganadera extensiva, configurado por el modelo agroexportador tradicional pampeano en un espacio sagrado, otorgando un nuevo sentido al territorio ocupado, según un proyecto particular de salvación que desconoce representaciones simbólicas y culturales del territorio nacional e incorpora prácticas cotidianas peculiares derivadas de un sistema religioso que se mantiene casi intacto desde su conformación en la Edad Media.

Una visita a este grupo despertó nuestro interés debido a la profunda transformación del espacio a partir de prácticas religiosas impuestas por las representaciones de un mundo simbólico que se reproduce desde el siglo XVI y que se repiten de forma idéntica, como cápsulas medievales inmersas

---

[1] El trabajo forma parte de los proyectos *Redes, vínculos y actores en los procesos de estructuración socio-espacial en el suroeste bonaerense*, financiado por la Secretaría General de Ciencia y Tecnología, SECyT-UNS 2007-2009 y de la Red Geográfica *Cultura, territorios y prácticas religiosas* (CTPR) en el marco de los Proyectos de Fortalecimiento de Redes Interuniversitarias II, Ministerio de Educación, Ciencia y Tecnología, 2008.

en territorios de diversos estados y ámbitos locales con proyectos de futuro propios. En consecuencia, constituyen "territorios dentro de territorios" pues exigen al Estado receptor ciertas concesiones que constituyen el eje significativo de su identidad cultural: libertad de culto, de lenguaje, control de la enseñanza en sus propias escuelas, reglamentación de las relaciones sociales, económicas y de poder en el interior de la colonia según sus propios códigos, exención de participar en acciones bélicas, de emitir juramentos y utilizar símbolos no pertenecientes a su cultura.

Este grupo migrante que arribó a la Argentina en búsqueda de nuevas tierras aptas para desarrollar las actividades que los caracteriza –el cultivo de cereales, pasturas, huerta y tambo– y con cierto grado de aislamiento de otras comunidades con la finalidad de impedir la contaminación cultural, en especial de los más jóvenes, experimentó un largo y difícil proceso de adaptación fundamentalmente en los primeros años.

Comprender la magnitud del impacto acontecido y el consecuente encuentro de dos culturas que estructuran y recrean el espacio a partir de dos modelos diferentes de interactuar y producir –el agroexportador tradicional pampeano de la comunidad receptora inserta en un entorno moderno y el conservador, con pautas de comportamiento regidas por preceptos religiosos, fuertemente arraigados, de la comunidad migrante, con rasgos de una sociedad premoderna– requiere entender su identidad cultural a partir de un estilo de vida en concordancia con los preceptos bíblicos, propósito que se asume como objetivo de este trabajo.

En este sentido, la concepción de Giddens (1993) cuando analiza las sociedades premodernas es un marco teórico referencial adecuado para abordar el estudio de la esencia, motivaciones y comportamientos de este grupo cuya identidad religiosa define un nuevo territorio cultural inmerso en un territorio nacional. Así, la metodología utilizada se sustenta en el enfoque cualitativo, priorizando el nexo teoría-empiria desde un minucioso trabajo en el terreno y realizando entrevistas en profundidad y cuestionarios semi-estandarizados sobre la base de un muestreo teórico.

Figura 1: Localización de la estancia Remecó

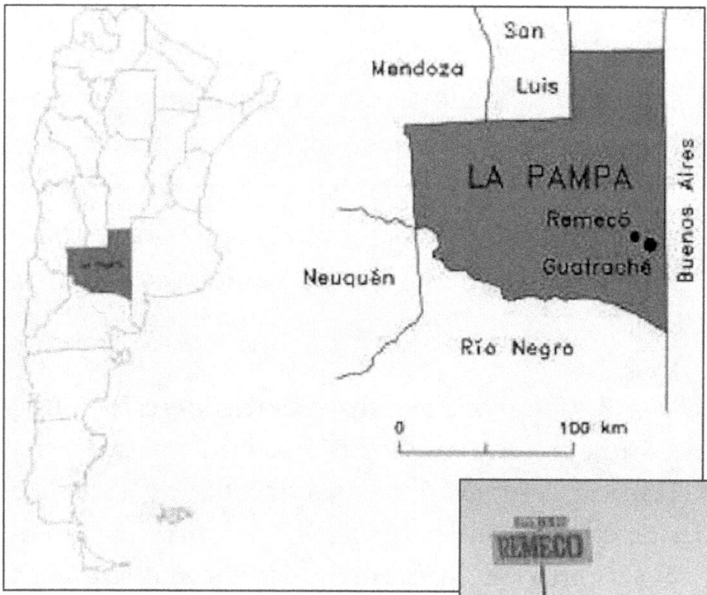

Entrada principal a la colonia que aún conserva el antiguo cartel de la estancia.

Fuente: Dirección Provincial de Vialidad, Consejo Provincial de Tránsito, Comité Ejecutivo de Educación Vial y Policía de la Provincia de La Pampa, 2002-2003. Foto: relevamiento en el terreno, 2003.

El aporte de Anthony Giddens para interpretar la sostenibilidad de la identidad menonita: las nociones de fiabilidad-confianza y seguridad ontológica[2]

Por considerarse que los grupos menonitas conservadores presentan múltiples rasgos característicos de las sociedades premodernas –dado su empeño en preservarse sin contaminación cultural desde que se organizaron como movimiento religioso– las reflexiones de Anthony Giddens (1993) cuando realiza un paralelismo entre el mundo premoderno y el mundo moderno, constituyen un marco conceptual apropiado para comprender esta

---

[2] Parte de este trabajo, en especial la información obtenida en el terreno, está publicado en Santarelli, Campos, Eberle, 2004.

97

fuerte decisión de permanecer fieles a su religión y sus tradiciones, forjadoras a la vez de su identidad.

Sin embargo, es necesario en primera instancia considerar el alcance de dos conceptos clave, implícitos en la temática aunque, en ocasiones, no se refiera a ellos de forma explícita: *territorio* e *identidad religiosa*.

En este contexto, se consideran dos concepciones del término *territorio*: como un espacio sobre el cual un estado ejerce su control y soberanía o como sostiene Jorge Blanco (2007: 42) cuando interpreta a Wanderley Da Costa (1995):

"… en todo tiempo y lugar las distintas sociedades han valorizado el espacio bajo modalidades particulares. En ese proceso de valorización se pueden reconocer relaciones culturales con el espacio: desde los mitos, ritos y sacralizaciones hasta la impregnación de cultura por la aplicación de su trabajo y sus técnicas, por las formas de apropiación y explotación de ese espacio, derivadas de sus necesidades y sus modos de producir. Esta proyección que hace todo grupo social de sus necesidades, su organización del trabajo, su cultura y sus relaciones de poder sobre un espacio es lo que transforma ese espacio de vivencia y producción en un territorio".

Asimismo, los aportes de Zeny Rosendhal (2002: 59), en especial cuando define territorio "… como los espacios apropiados efectivamente o afectivamente" y territorialidad como "… el conjunto de prácticas desarrolladas por instituciones o grupos en el sentido de controlar un territorio", refuerzan las afirmaciones anteriores.

Sobre el concepto de identidad Alejandra Toscana Aparicio (2006: 116), haciendo referencia a Cosgrove, 2003, afirma que es:

"… una conciencia de alteridad compartida, colectiva, socialmente construida, en cuanto a poseer rasgos afines que distinguen a un grupo social de otras sociedades –modos de vida, valores, necesidades-, y que conlleva a un sentido de pertenencia a un grupo, y también, casi siempre a un territorio".

Y en concordancia con estas aseveraciones, en el presente trabajo se da el alcance de *identidad religiosa* al sentido de pertenencia a un determinado grupo religioso cuyos preceptos, sistema de valores, normas religiosas y morales y modo de vivenciar la fe se inscriben en un proyecto compartido de salvación que proviene de la voluntad divina.

Retomando el enfoque de Giddens merecen destacarse, para este caso particular, las nociones de *seguridad ontológica y fiabilidad*-confianza por su potencial explicativo de los comportamientos en pos de la sostenibilidad de su identidad. En este sentido es oportuno mencionar el análisis de este autor sobre las conexiones entre los conceptos citados; cuando define la *seguridad ontológica* sostiene:

"… es una forma, pero una forma muy importante, del sentimiento de seguridad en un sentido más amplio que el utilizado hasta ahora. La expresión hace referencia a la confianza que la mayoría de los seres humanos depositan en la continuidad de su autoidentidad y en la permanencia de sus entornos, sociales o materiales de acción. Un sentimiento de fiabilidad en personas o cosas, tan crucial a la noción de confianza es fundamental al sentimiento de seguridad ontológica; por lo que ambas están fuertemente relacionadas psicológicamente.
La seguridad ontológica tiene que ver con el "ser" o, en términos fenomenológicos con el "ser-en-el-mundo" (Giddens, 1993: 91-92).

El "ser menonita" y la defensa de esta identidad encuentra en los límites de la colonia la posibilidad del aislamiento necesario para preservarse de la contaminación cultural proveniente de las comunidades receptoras en los diferentes países en los cuales se asienta. Por otra parte, las prácticas cotidianas, rutinarias, en el hogar, en el trabajo, en la Iglesia, en la escuela, constituyen los mecanismos que sustentan la reproducción social sin experimentar cambios, situación que fortalece la seguridad ontológica del grupo. Las expresiones de Giddens (1993: 96) son esclarecedoras para comprender esa actitud:

"En el adulto, la fiabilidad, la seguridad ontológica y el sentimiento de continuidad de las cosas permanecen estrechamente ligados… La seguridad ontológica y la rutina van íntimamente unidas a través de la perseverante influencia de los hábitos… La predictibilidad de las (aparentemente) insignificantes rutinas del quehacer de cada día, está íntimamente unida a un sentimiento de seguridad psicológica".
"… La continuidad de las rutinas diarias se alcanza sólo a través de la constante vigilancia de las partes involucradas, aunque casi siempre se logre en un plano de conciencia práctica" (1993: 97).

La selección de sitios aislados, con baja densidad de población, en los países hacia los cuales migran también refuerza esta búsqueda de seguridad ontológica –si bien la satisfacción de ciertas necesidades básicas requiere que entablen vínculos que encierran la posibilidad del riesgo de contaminación cultural y las consecuentes transformaciones– porque es dentro de los límites de la colonia donde encuentran un ámbito confiable, seguro, conocido, controlable. El análisis de Anthony Giddens de las sociedades premodernas sirve de base para fundamentar estas afirmaciones:

"… es confianza básica, el elemento cenital en el conjunto general de relaciones con el entorno social y físico, porque la forja de la confianza es la condición primordial para el reconocimiento de la clara identidad" (1993: 98).
"La seguridad ontológica en el mundo premoderno ha de entenderse, en primer lugar, en relación a los contextos de confianza, y a las formas de riesgo y peligro, ancladas en las circunstancia locales del lugar. A causa de su inherente conexión con la ausencia, la confianza siempre va ligada a los modos de organizar interacciones 'fiables' a través del espacio-tiempo" (1993: 99).

Al respecto, el autor citado (1993: 99-101) reconoce cuatro contextos de confianza en las culturas premodernas que son fáciles de distinguir cuando se aborda el estudio de la colonia La Nueva Esperanza:
1. "… el sistema de parentesco,… que proporciona un modo relativamente estable de organizar 'haces' de relaciones sociales a través del tiempo y del espacio".
2. "… la comunidad local como lugar que proporciona un entorno familiarizado".
3. "… la cosmología religiosa. … proporciona interpretaciones morales y prácticas de la vida personal y social, así como del mundo natural, que representan un entorno de seguridad para el creyente". Sin embargo el autor advierte sobre "… la dual influencia de la religión…" pues si bien proporciona "…refugio de las tribulaciones del vivir cotidiano, también… son fuentes intrínsecas de ansiedades y temores existenciales… invocando, como lo hacen, la tensión entre el pecado y la promesa de salvación en la otra vida (1993: 101, 104-105).
4. "… La tradición…" que como sostiene el autor "… al contrario de la religión, no se refiere a ningún particular cuerpo de creencias y prácticas, sino a la manera en que se organizan dichas prácticas y creencias, especialmente en relación al tiempo. … El tiempo pasado está incorporado en las prácticas presentes como el horizonte del futuro…"

"La tradición es rutina. Pero una rutina intrínsecamente significativa más que una simple costumbre vacía...". De esta manera para Giddens la tradición "... contribuye de manera fundamental a la seguridad ontológica en tanto que sostiene la confianza en la continuidad del pasado, presente y futuro, y conecta esa confianza con las prácticas sociales rutinarias" (1993: 102-103).

• *El sistema de parentesco*

En relación con este aspecto, Giddens (1993: 99) sostiene que:

"... los parientes pueden ser dependientes para desarrollar una serie de obligaciones, independiente de los sentimientos de afecto o simpatía que tengan sobre las concretas personas implicadas".
"... el parentesco provee de un nexo de conexiones sociales fiables que, en principio, y muy corrientemente también en la práctica, conforman el medio de organizar las relaciones de confianza".

Estos lazos de parentesco no sólo se observan en los encuentros sociales los días domingo sino durante las actividades; así todos los miembros de la familia colaboran en las tareas cotidianas, los hombres en el tambo, cultivos de cereales y forraje y actividades alternativas como carpintería, quesería, metalúrgica; las mujeres participan también en el tambo, se ocupan de la huerta y se dedican a confeccionar la vestimenta, fabricar dulces, masas y panes, además de las tareas inherentes al hogar. Dos entrevistas reafirman estas aseveraciones:

Pedro, 59 años, casado, setiembre, 2002
- ¿A qué hora se levanta?
- *Uy!!! Muy temprano, con el sol porque hay que ordeñar las vacas. A las cinco treinta pasa carro de la quesería.*
- Y después ¿qué hace?
- *De todo. Hay que trabajar porque sino uno no come. Arar, sembrar, cuidar las vacas, pastorearlas, moler el pasto, arreglar el molino, también tengo carpintería y hago muebles a quien me lo pide.*
- ¿Tiene empleados en su carpintería?
- *No (se ríe). Acá trabajan los chicos míos así aprenden, cuando son grandes*

hacen lo mismo y hay más plata en casa, porque no alcanza sólo con la tierra si tenés poca.

- ¿Cuántos hijos tiene?

- *Muchos, los que Dios mandó. Todos sanos y trabajadores. Algunos casados y con hijos.*

Margarita, 17 años, soltera, setiembre, 2002

- ¿A qué hora te levantás?

- *Temprano, ayudo a ordeñar las vacas.*

- Y después ¿qué hacés?

- *Desayunamos con todos mis hermanos y mis papis, trabajamos toda la mañana hasta el almuerzo, 11 horas y seguimos trabajando.*

- ¿Tenés algún trabajo específico para vos por tu edad o por ser mujer?

- *Yo hago todo con la mami, cosemos, lavamos, planchamos, hacemos crema y manteca, dulces y toda la huerta nosotras.*

- ¿Dónde vas a pasear?

- *A la casa de una amiga o prima, nos juntamos a charlar.*

Asimismo, un estudio realizado por el antropólogo Lorenzo Cañás Bottos (2005: 70) en la colonia La Nueva Esperanza refleja claramente la significación que el sistema de parentesco tiene para los menonitas:

"Los colonos se apasionan cuando comienzan a hablar acerca de sus genealogías, y en gran parte de los hogares se lleva un registro escrito de la familia que se va actualizando con cada nuevo nacimiento, bautismo, casamiento y deceso. Cuando dos menonitas que no se conocen previamente se encuentran, comienzan a rastrear ancestros hasta llegar a uno común y cuando a uno le hablan de una persona, en seguida comienzan a mostrar los vínculos de parentesco que tiene con otra que ya conocen".

Estas aseveraciones se complementan con la información que durante nuestro trabajo empírico el señor C. K. de 62 años, residente en el campo #1, nos brinda en un cuaderno de notas con un registro de datos de ingreso de los colonos a la estancia (Figura 2). Es dable observar en estos registros la repetición de apellidos lo cual indica que también en las migraciones para establecer nuevas colonias tratan de preservar los vínculos familiares pues los desplazamientos involucran padres, hijos con sus respectivas familias, primos y otros familiares.

Figura 2: Parte del registro de ingresos de menonitas a la estancia Remecó en distintas etapas durante el proceso de conformación de la colonia

1 de setiembre de 1986

Familias ingresadas ORIGEN: México	Ubicación en el campo de origen
1. Johan Bueckert	#4
2. Johan Schudtt	#4
3. Johan Wiebe	#7
4. Johan Loeuren	#2
5. Johan Reimer	#3
6/7. Neufeld (hermano y hermana solteros)	#4 y 1
8. Jacobo Wiebe	#4
9. Johan Harms	#5

1 de setiembre de 1986

Familias ingresadas ORIGEN: México	Ubicación en el campo de origen
10. Jacobo Suenther (viudo con 5 hijos)	#5
11. Wilhelm Fiessen	#5
12. Jacobo Suenther	#5
13. Peter Wiebe	#10
14/15. Ohm H. y Heinrich Peters	#6
16. Sehard Neufeld	#11
17. Jacob Neufeld.	#4
18. Jacob Fehr	#4
19. Sehard Martens	#11
20. Meter Braun	#4
21. Aron Suenther	#2
22. Johan Lonter	#7

22 de octubre de 1986

Familias ingresadas ORIGEN: sin dato	Ubicación en el campo de origen
23. Driedrich Reimer	#4
24. Cornelius Knelsen	#6
25. Cornelius Knelsen (hijo casado con su familia)	#6

12 de noviembre de 1986

Familias ingresadas ORIGEN: México	Ubicación en el campo de origen
27. Johan Neufeld	#5
28. Peter Loewen	#5
29. Driedrich Loewen	#9

23 de marzo de 1987

Familias ingresadas ORIGEN: sin dato	Ubicación en el campo de origen
61. Jacobo Neufeld	#5
62. Jacobo Neufeld	#7
63. David Neufeld	#7
64. Bernhard Loewen	#8
65. David Hiebert	#8
66. Jacob Reimer	sin dato
67. Peter Friesen	sin dato

1 de mayo de 1987

Familias ingresadas ORIGEN: sin dato	Ubicación en el campo de origen
68. Wilt Peter Loewen	#4
69. Jacob Juenther	#3
70. Peter Neufeld	#4
71. Jacob Friesen	#3

4 de marzo de 1988

Familias ingresadas ORIGEN: sin dato	Ubicación en el campo de origen
96. Jacob Loewen	#4
97. Peter Loewen	#9
98. Cornelius Reimer	#4
99. Peter Fehr	#9
100. Peter Friesen	#9

19 de marzo de 1988

Familias ingresadas ORIGEN: sin dato	Ubicación en el campo de origen
101. Heinrich Wieben	sin dato
102. Neudolft Gerhard	sin dato
103. David Piesbrech	sin dato

23 de abril de 1988

Familias ingresadas ORIGEN: sin dato	Ubicación en el campo de origen
104. David Wieben	#4
105. Cornelius Wieben	#1
106. Heinrich Giesbrech	#1
107. Johan Friesen	10
108. Hack Neufeld	9

27 de mayo de 1988

Familias ingresadas ORIGEN: sin dato	Ubicación en el campo de origen
109. Johan Neufeld	sin dato
110. Dierich Fehrn	sin dato

Fuente: Relevamiento en el terreno, 2003.

Las figuras 4 y 5 presentadas en el siguiente ítem muestran, también, la relevancia de los lazos familiares en la estructura de vínculos tanto en la colonia como con familiares residentes en colonias de otros países.

• *La comunidad local como lugar*

El trabajo empírico permite identificar en la colonia los rasgos descriptos por Giddens (1993: 101) para las sociedades premodernas cuando se refiere al lugar como "… foco de –y contribuye a- la seguridad ontológica…" pues ofrece el ambiente familiar conformado como sostiene este autor por:

"… las relaciones localizadas que están organizadas en términos de lugar… el entorno local es el sitio en que se emplazan los enjambres de relaciones sociales, que por poseer un ámbito espacial reducido, proporciona solidez en el tiempo" (1993: 99-101).

Es en la colonia donde encuentran seguridad, posibilidad de cumplir con los preceptos religiosos, mantener la tradición, su cultura y sistema de valores basado en el modo menonita de interpretar la Biblia y vivenciar la fe. De esta manera, las colonias sólo pueden establecerse en grandes extensiones, aisladas, distantes de los centros urbanos modernos y de escasa accesibilidad, características que conduce a un grupo de colonos hasta "la pampa argentina". El sitio donde se localiza la estancia Remecó constituye un lugar propicio para sus demandas: ofrece condiciones apropiadas, aunque no óptimas, para sus actividades centrales –el tambo y la agricultura– y aislamiento con respecto a otras comunidades por la escasa densidad de población en el área y la gran distancia a ciudades importantes.

El establecimiento Remecó, está ubicado en el departamento de Guatraché en el sureste de la provincia de La Pampa, en un área con predominio de grandes estancias. El sitio se caracteriza por un relieve llano, con alturas que oscilan entre los 190 y 180 metros y depresiones que descienden hasta los 140 metros en la parte norte, con presencia de pequeñas lagunas temporarias y cubierto por monte originario, en ocasiones intransitable. Los elementos de posición más relevantes son los caminos de tierra, entre los cuales se destacan las rutas provinciales N° 3 y 24 y pavimentados como la ruta Provincial N° 1 que unen la estancia con Guatraché, pequeña localidad a 40 Km de distancia, con otros centros poblacionales menores y con la ruta Nacional N° 35 que la comunica con las dos ciudades más importantes de la región: Santa Rosa, capital provincial a 181 Km y Bahía Blanca, en la provincia de Buenos Aires, aproximadamente a 200 Km.

Las vivencias de las 112 familias que ingresaron en 24 etapas, provenientes la mayoría de México aunque algunos procedían de Paraguay y Bolivia, se reflejan en las expresiones del colono C. K. quien relata lo inhóspito del lugar en esos primeros tiempos:

"Pasó como dos semanas hasta que compré chapas para poder estar en mi terreno. En verano mucho calor en casa de chapa, pero después feo, bravo, malo el frío, en un tambor mete mucha leña y así hacía calorcito, muchos cartones, colchón y cobija en el suelo, no dividí la casa, todo cocina o dormir.
Al año hice casa chiquita y después esta grande, los hijos y yo; las chicas hacían huerta y comida y a la casa grande ellas pisos y pintó; los varones y yo en el campo todo el día. Nos ayudamos los vecinos, ellos hacen mi casa, yo la de ellos, todos juntos".

En el caso de La Nueva Esperanza los colonos procuran preservar a ultranza los rasgos de su cultura conservadora, propios de una sociedad premoderna, aislándose en un primer momento del entorno en el cual se insertan aunque la realidad cotidiana les exige comunicarse con los habitantes del ámbito rural y localidades del departamento de Guatraché, donde prevalecen las características de la modernidad. En este contexto, el concepto de "relaciones de confianza" –propuesto por Giddens (1993)– que incluye las nociones de "fiabilidad, riesgo, peligro y seguridad ontológica" ofrece también un marco teórico para comprender la estructura de vínculos que se genera en la colonia.

El análisis[3] de la estructura de vínculos se efectúa considerando los nexos que mantienen con otros Menonitas, ya sea dentro de La Nueva Esperanza o con otras colonias. El estudio se basa en 43 encuestas realizadas en la colonia distribuidas de la siguiente manera: niños hasta 12 años pues es el límite de edad en que asisten a la escuela, adolescentes entre 13 a 19 años porque la mayoría se casa a partir de los 18 ó 19 años y comienzan una etapa totalmente diferente de su vida, adultos entre 20 y 59 y mayores de 60 años. En la selección de las personas a entrevistar se contempló que la misma incluyera varones y mujeres en todos los grupos de edades y que pertenecieran a familias localizadas en distintos "campos". El menor número de mujeres entrevistadas se debe

---

[3] Se destaca el empleo de dos técnicas clave como la observación participante y la entrevista en profundidad.

a que muchas de ellas no hablan español y lo mismo ocurre con los niños; la distribución de las entrevistas aplicadas se muestra en la Figura 3.

Es dable destacar que al entrevistar a una persona en cada familia –dadas las características particulares y de homogeneidad de este grupo social– cada respuesta representa por lo general el tipo de vínculos que mantiene la familia, situación que otorga mayor representatividad a la muestra.[4]

Figura 3: Distribución de los colonos entrevistados según grupos de edad, sexo y residencia en la colonia

Entrevistados	VARONES	Residentes en el campo número:	MUJERES	Residentes en el campo número:	TOTAL
Hasta 12 años	3	#5 y #6	2	#6	5
13 a 19 años	5	#1, #3 y #6	4	#5, #6 y #9	9
20 a 59	15	#1, #5, #6, #7, #8 y #9	8	#1, #5 y #6	23
Mayores de 60	3	#1, #4 y #9	3	#1, #4 y #9	6
Totales	26		17		43

Durante las visitas que se realizan a la colonia, en especial en las horas de la tarde, es posible observar las amplias calles de tierra transitadas por un número considerable de calesas que se dirigen de casa en casa conducidas por lo general por mujeres, jóvenes y en ocasiones niños, hecho que demuestra la fluidez de las relaciones sociales entre los integrantes de esta comunidad.

Los resultados de las encuestas realizadas para conocer los tipos de vínculos que establecen, frecuencia, días de la semana dedicados a las visitas, campos entre los cuales se intercomunican y motivaciones de los encuentros entre familiares –solicitando nombrar el tipo de parentesco–, entre amigos, de trabajo, comerciales e institucionales muestran que:

---

[4] Si se tiene en cuenta que en el Censo Nacional del año 2001 la cantidad de habitantes en la colonia era de 1278 y que cada familia se conforma, en promedio, por 10 personas existirían en la colonia aproximadamente 130 familias; por lo tanto 43 encuestas, cada una de las cuales expresan el comportamiento de una familia, se considera una cantidad adecuada que marca una tendencia.

• Los hombres (Figura 4) se relacionan con más de cinco familiares los más jóvenes, en particular con primos y tíos, mientras que los adultos responden tener nexos con más de tres parientes entre los que predominan cuñados y hermanos, padres y suegros. La frecuencia de los encuentros (Figura 6) es de más de tres veces por semana, con la familia los días domingo y con amigos o por relaciones de trabajo y comerciales los demás días de la semana (Figura 7). Con respecto al lugar de residencia de las personas con las cuales se vinculan (Figura 8), los jóvenes tienen tendencia a conectarse con residentes en el mismo campo o a lo sumo otros dos campos, en tanto que los adultos manifiestan reunirse con personas de casi todos los campos.

Entre los motivos que los lleva a reunirse con la familia figuran "para vernos", "para estar juntos", "para charlar", "consultas de trabajo", cuando se refieren a relaciones de amistad los más jóvenes expresan "nos juntamos los chicos", "charlamos un rato", "nos vemos todos los solteros", "pasear" mientras que los mayores contestan que es para "verse", "saber como están", "charlar", "después de la misa en el templo", "ayudarse". Los encuentros restantes son siempre por trabajo: "comprar", "compartir trabajo en quesería", "atender el almacén", "carnear", "fabricar el queso".

• Las mujeres (Figura 5), en todas las edades, tienen múltiples vínculos familiares y la mayoría se reúne con alrededor de tres o cuatro amigas con una frecuencia (Figura 6) de más de tres veces por semana y, al igual que en el caso de los hombres, predominan las relaciones familiares los domingos después de la misa y de amistad durante la semana (Figura 7). La mayor parte de las mujeres se vinculan dentro del mismo campo y en raras ocasiones dicen concurrir a más de tres campos para efectuar visitas (Figura 8).

Figura 4: Tipo y cantidad de relaciones que establecen los hombres según grupo de edad, en porcentaje

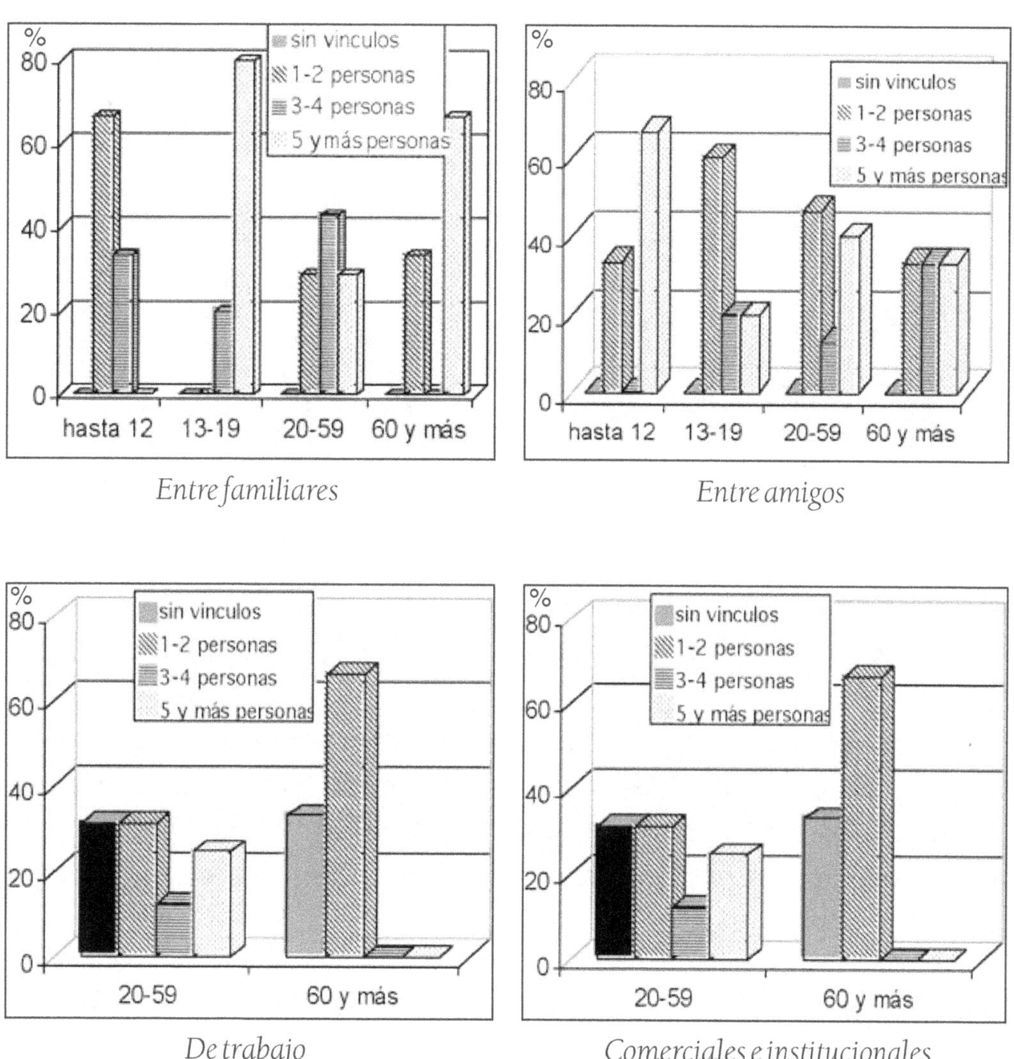

Fuente: Elaborados sobre la base de encuestas realizadas durante el año 2003.

Figura 5: Tipo y cantidad de relaciones que establecen las mujeres según grupo de edad, en porcentaje

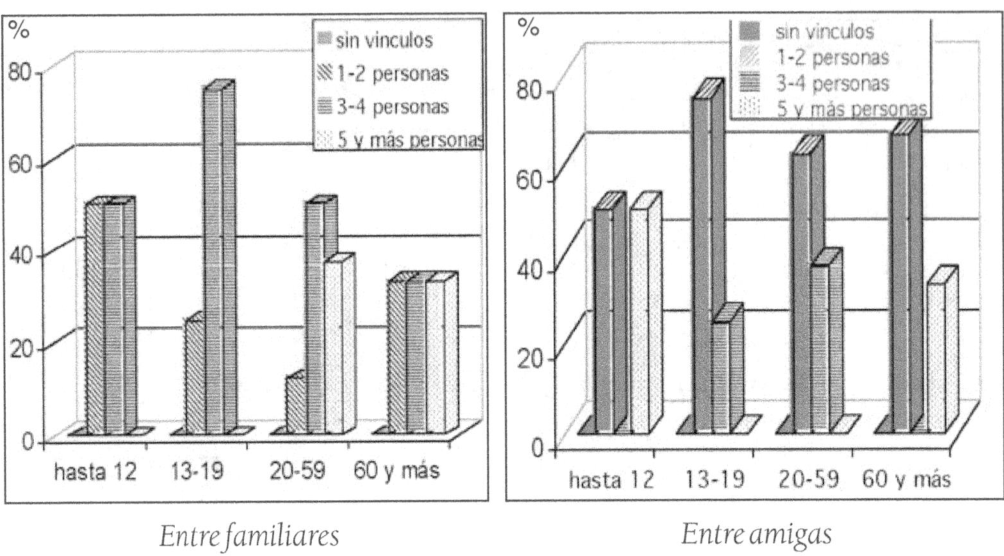

Entre familiares   *Entre amigas*

Entre los motivos de encuentros que indican las mujeres se destacan: "reunirse para charlar", "juntarse a ayudar y cocinar", "ver como están los amigos y parientes", "coser".

Los niños y niñas se vinculan especialmente con primos y primas durante las reuniones familiares de los días domingo y con amigos durante la semana en la escuela, generalmente sus vínculos se dan en el mismo campo. Entre los motivos que aducen los niños los más mencionados son "voy de visita con mi mamá o mi papá", "juego en la escuela".

Figura 6: Frecuencia de encuentros, en porcentaje

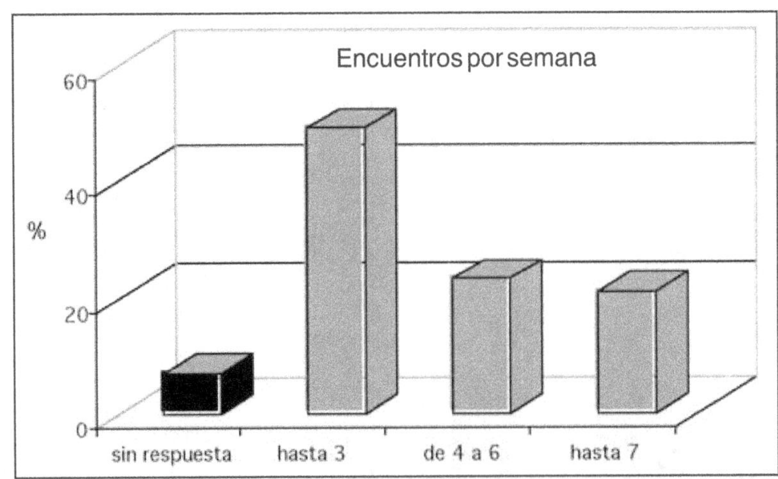

Figura 7: Encuentros según días de la semana, en porcentaje

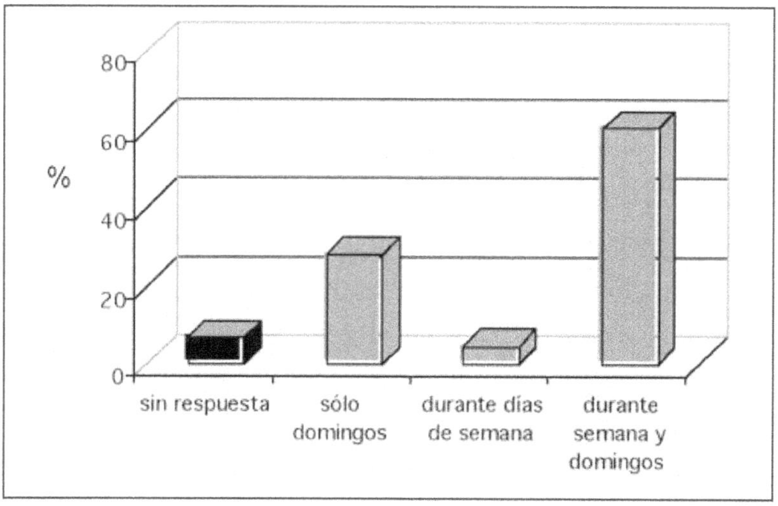

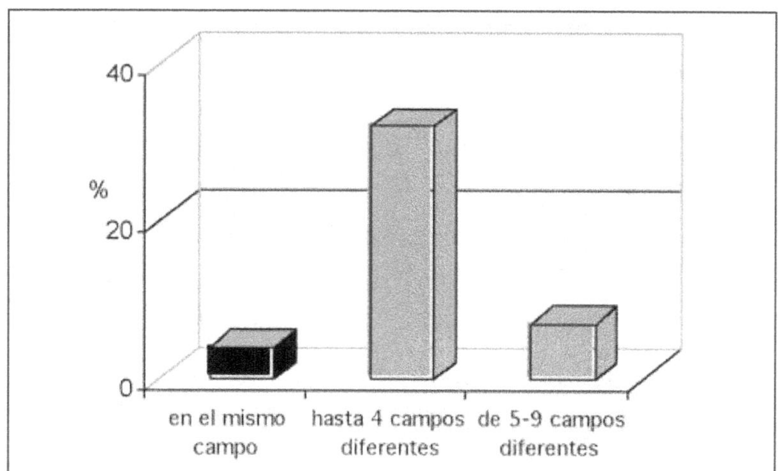

Fuente: Elaborados sobre la base de encuestas realizadas durante el año 2003.

En relación con los vínculos que siguen manteniendo con el lugar de origen u otras colonias menonitas, el 67,44 % de las personas consultadas sostienen que se escriben cartas con familiares o amigos de otras colonias y casi el 90 % recibe noticias mediante diarios y revistas publicadas en su idioma natal. En el caso de las cartas, el intercambio es mayor con Bolivia –principal país receptor de los colonos que han emigrado de la Argentina en los últimos años– y México, lugar de dónde proviene la mayoría.

Figura 8: Encuentros intercampos, en porcentaje

Fuente: Elaborados sobre la base de encuestas realizadas durante el año 2003.

Los diarios y revistas presentan información sobre diversos acontecimientos que reflejan la vida cotidiana de las familias residentes en las distintas colonias tales como nacimientos, bodas, defunciones, compra y venta de tierras, entre otras. De esta manera, a pesar de la distancia y de localizarse en países con distintas idiosincrasias logran mantener los vínculos culturales que definen una territorialidad que los identifica y que, a su vez, los diferencia de otras comunidades de los entornos donde se localizan, conformando islas culturales en los territorios en los cuales están inmersos.

Cuando se analiza el tipo, cantidad y frecuencia de las relaciones que mantienen mediante correspondencia epistolar con amigos, familiares y otras personas residentes en las colonias, se destaca, en primer lugar, la intensidad de los lazos familiares; en la relación de parentesco predominan los hermanos y padres mientras que primos, hijos y tíos se mencionan en menor proporción.

El estudio considera, además, el significado y las representaciones que los componentes del lugar tienen para los colonos, por la relevancia en la definición de las conductas espaciales. Es oportuno mencionar a Oliver Dollfus (1976: 53 y 55) quien se refiere a la forma en que esas representaciones simbólicas inciden en el comportamiento cuando expresa en relación con el vínculo individuo-lugar:

> "... es un espacio percibido y sentido por los hombres tanto en función de sus sistemas de pensamiento como de sus necesidades. A la percepción del espacio real... se añaden o se combinan unos elementos irracionales, míticos o religiosos... cada grupo humano tiene una percepción propia del espacio que ocupa, y que de una forma u otra le pertenece.
> El significado del espacio cambia según los individuos y sus funciones, y también según las épocas".

Así, se busca comprender cómo el contacto directo y cotidiano de los individuos con el lugar donde viven les permite una interacción sensorial y subjetiva con el mismo que, con el transcurrir del tiempo, va conformando lazos afectivos con ese lugar de la experiencia cotidiana donde, por lo general, se comparten centros de encuentro y relaciones de amistad y vecindad.

La Figura 9 muestra una síntesis de las respuestas obtenidas en la colonia y el fuerte sentimiento de pertenencia e identificación con el lugar como espacio de trabajo y ámbito familiar. Asimismo, la mayor parte de las respuestas demuestran la simpleza de la vida cotidiana y la definición marcada de los roles;

tanto hombres como mujeres, cuando se refieren a su espacio existencial y los aspectos que les gusta o disgusta del mismo, siempre lo relacionan con sus actividades: "agricultura, tambo, carpintería, almacén" los primeros y "cocinar, coser, bordar, tejer, limpiar, ordeñar y trabajar en la huerta" las últimas.

Los lazos afectivos con la colonia son muy fuertes, el 100% de los entrevistados expresa el deseo de permanecer en ella y sostienen que la misma significa: "mi lugar de vivir, donde está la familia, el lugar del trabajo, mi lugar". Es interesante en este punto recalcar que el significado de territorio como lugar de pertenencia es la colonia, con independencia del país que la contiene. Así, cuando se les pregunta sobre la nacionalidad responden "yo soy Menonita", expresión que muestra la continuidad de una identidad territorial que deviene de sus ancestros.

Figura 9: Incidencia de los preceptos religiosos en la valoración del lugar[5]

Aspecto considerado	Aspecto considerado			
	Adultos		Adolescentes y niños	
	Varón	Mujer	Varón	Mujer
Palabra para calificar el lugar	• "lindo, lindo para trabajar" • "tranquilo, paz" • "no se"	• "no se" • "todo lindo"	• "no sé" • "lindo"	• "no se" • "tranquilo"
Significado de la colonia	• "no se" • "tranquilidad" • "el lugar donde vivo" • "mi familia, mi lugar" • "un lugar de trabajo"	• "no sé" • "mi lugar de vivir" • "donde esta la familia" • "lugar de trabajo"	• "no sé" • "mi familia" • "el lugar donde vivo"	• "no se" • "lugar donde vivo"

---

[5] La figura muestra las palabras y significados con mayor cantidad de menciones.

• *La cosmología religiosa*

En el análisis del tercer contexto de confianza para las sociedades premodernas, el de la cosmología religiosa, Giddens (1993: 101) sostiene:

"La religión es, en más de un sentido un medio organizador de la confianza. No sólo que las divinidades y fuerzas religiosas nos suministran apoyos providenciales fiables: también lo hacen los funcionarios religiosos. Lo que es más importante, las creencias religiosas habitualmente nos llenan de confianza en la experiencia de acontecimientos y situaciones y forman un marco de referencia dentro del cual esos acontecimientos y situaciones pueden explicarse y ser respondidos".
"… la religión… genera un sentido de fiabilidad en los acontecimientos sociales y naturales y, de esta manera, contribuye al enlace tiempo-espacial".

Las creencias religiosas del grupo analizado están basadas en la Biblia bajo la interpretación del creador del movimiento, Menno Simons, nacido en Witmarsum, Frisia, Holanda en el año 1496. Se trata de un sacerdote de la Iglesia Católica que comienza a tener cuestionamientos sobre las palabras santas dichas en la misa y la eucaristía; así inicia el estudio de las sagradas escrituras y los escritos de Lutero, otros reformadores y de los anabaptistas. Deja su vida segura llena de tranquilidad y paz para pasar a una de penurias y persecuciones; en enero de 1536 renuncia a la Iglesia Católica de Roma y continúa con sus estudios, escritos, traducciones y prácticas para seguir los pasos de Cristo, la austeridad, llevar la paz y el amor donde la Iglesia sólo sea la representante de Cristo en la tierra, para la unión en la oración. Predicó sus ideas durante 25 años hasta su muerte, el 31 de enero de 1561 en Wüstenfelde, Holstein, Alemania. A sus seguidores los llamaron menonitas quienes no fueron comprendidos pues sus prácticas, cuestionamientos y creencias diferían de los existentes en esa época. En la actualidad existen dos ramas: los conservadores que siguen no sólo las prácticas religiosas sino también la cultura menonita y los liberales que sólo practican la religión pero adoptan la cultura del país en el cual viven. Cabe destacar que los colonos de La Nueva Esperanza pertenecen a la línea conservadora.

Creen en un único Dios, padre de todos los hombres; en Jesús, hijo de Dios el salvador; en el Espíritu Santo, guía y fortaleza, en el bautismo conciente. No creen en santos, imágenes, insignias, ni en vírgenes (ven en María la madre de Jesús), rechazan el juramento, la guerra, la venganza y el divorcio; la confesión del pecado es pública para una corrección fraterna.

El bautismo marca el ingreso a la religión. Son partidarios del bautismo conciente por lo tanto lo realizan personas adultas, a partir de los dieciocho años, cuando se sienten seguros del compromiso a asumir y después de recibir educación religiosa durante el período escolar. Es una ceremonia especial, se efectúa un día domingo durante Pentecostés y es la autoridad máxima de la colonia, el Obispo, el encargado de dirigirla. La celebración tiene diferentes momentos: en el comienzo se realizan cantos especiales referidos al bautismo; luego el sermón del Obispo y las preguntas que deben responder las personas a bautizar, el compromiso y la bendición del agua; se termina con cantos. A partir de ese instante pueden comulgar; lo hacen sólo dos veces al año, después de la fiesta de Pascua, en Pentecostés y antes de Navidad, en el llamado tiempo de Advenimiento. Desde la perspectiva de la vida cotidiana, estar bautizado permite ser integrante de la comunidad menonita, comprar tierras y casarse.

Lorenzo Cañás Bottos (2005: 38 y 71) menciona otra de las ideas centrales de la teología de Menno Simons, el aislamiento del mundo, que explica la elección de los lugares para establecerse:

"La teología de Menno Simons incluía también su propia interpretación de la Iglesia cristiana y el comportamiento de sus integrantes, proponiendo el sacerdocio universal, que implicaba llevar una forma de vida cotidiana de acuerdo con lo indicado en la Biblia para todo cristiano y un 'alejamiento del mundo', ya que el reino de los cristianos no pertenece a este mundo. Esto era interpretado como un alejamiento del pecado que el cristiano se comprometía a realizar en el momento del bautismo (que además marcaba el ingreso a la Iglesia)".

"… intentan mantenerse alejados del mundo, esto no es en sí una demostración de fe sino que se lo hace para evitar ponerla en peligro. … Esta interpretación del alejamiento del mundo, que para los reformadores significaba un simple alejamiento del pecado que, al trasladarlo a la práctica concreta, llevaba a evitar cierto tipo de relaciones sociales,… se pone en práctica en forma literal a través de la propia formación de las colonias que conlleva una separación geográfica, social y cultural."

El motivo religioso que fundamenta el desplazamiento de este grupo hacia la provincia de La Pampa es la necesidad de que sus descendientes mantengan la línea conservadora que los distingue, muy difícil de preservar en México –su lugar de origen– donde el crecimiento demográfico produjo un número, cada vez mayor, de pueblos y ciudades en las adyacencias de sus asentamientos. Esta situación impedía mantener apartados a los jóvenes de las tentaciones que ofrece una sociedad globalizada y consumista, en síntesis mantener el … *alejamiento del mundo.*

En el interior de la colonia el modo de vida austero se basa en la creencia en la esencia del ser y no del tener, cuyo fundamento bíblico es:

"Vuestro atavío no sea el externo de peinados ostentosos, de adornos de oro o de vestidos lujosos,… sino el interno, el del corazón, en el incorruptible ornato de un espíritu afable y apacible, que es de grande estima delante de Dios" (1 Pedro 3: 3, 4),

Éste define no sólo su comportamiento, sino que condiciona también las materialidades resultantes de sus acciones.

El trabajo es, junto con la religión, eje de la vida cotidiana; de acuerdo con los preceptos bíblicos:

"… ganarás el pan con el sudor de tu frente hasta que vuelvas a la tierra de donde fuiste sacado porque eres polvo y al polvo volverás" (Génesis 3: 19), "… con fatiga sacarás de la tierra tu alimento todos los días de tu vida" (Génesis 4: 17) y "… mandamos y exhortamos por nuestro Señor Jesucristo, que trabajando sosegadamente, coman su propio pan" (2 Tesalonicenses 3: 2),

todos trabajan desde la salida hasta la puesta del sol, con excepción del día domingo que se encuentran con sus amigos después de concurrir a la iglesia, lugar convocante, donde leen la Biblia y cantan himnos religiosos.

• La tradición

Continuando con la argumentación de Anthony Giddens es oportuno transcribir sus reflexiones sobre la tradición que: … *refleja una forma distinta de estructurar la temporalidad.* Con la finalidad de desarrollar esta tesis recurre a la noción de "tiempo reversible" de Lévi Strauss, y sobre la misma sostiene:

"… es la temporalidad de la repetición y está gobernado por la lógica de la repetición, es decir el pasado como medio de organizar el futuro."

En el grupo religioso bajo estudio se observan múltiples materialidades y prácticas que sistemáticamente se repiten y se tramiten desde el siglo XVI en todas las colonias creadas en los distintos países durante su proceso de difusión. Entre las más significativas se encuentran: la búsqueda de un sitio aislado, la estructura de la división de la tierra, el lenguaje, la organización socio-política, religiosa y educativa, el estilo arquitectónico en viviendas, escuelas e iglesias, la vestimenta y los modos de transporte y vehículos para el trabajo.

La estructura de la división de la tierra se deriva de la tradición de entregar tierras a las nuevas parejas que se forman lo cual conlleva una subdivisión excesiva que disminuye la rentabilidad y los obliga a desplazarse. Esta constante movilidad no representa, sin embargo, un cambio de territorialidad entendida como representación simbólica pues recrean una forma semejante de ocupación y organización, manifiesta en paisajes idénticos, que se repiten espacial y temporalmente y difieren de los existentes en el país receptor.

Esta estructura particular consta de "campos", intercomunicados por una red interior de calles que difiere con la red vial del entorno. Los colonos definen "campo" (#) a cada una de las divisiones internas que incluyen tierras para cultivos, viviendas, graneros e instalaciones para las actividades alternativas desarrolladas (Figura 10).

Figura 10: Estructura interna de la colonia menonita La Nueva Esperanza

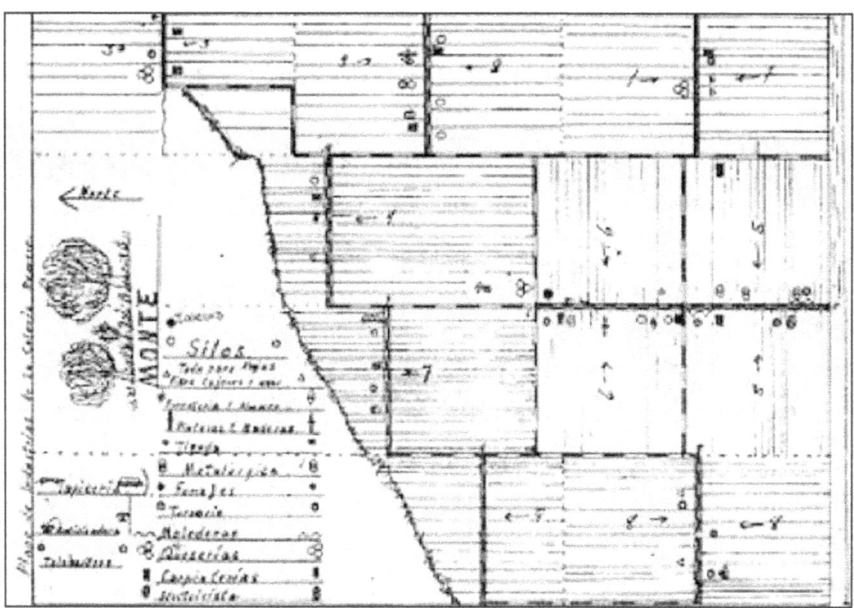

Fuente: Realizado por un colono menonita, 2003.

Con respecto al lenguaje utilizado en la colonia, otro fuerte elemento de cohesión, existen diversas opiniones e investigaciones; en las entrevistas realizadas *in situ* y las aseveraciones de autoridades menonitas manifiestan hablar alemán puro antiguo en la escuela y en la Iglesia mientras fuera de estos ámbitos sagrados emplean un dialecto que combina alemán bajo con holandés. En las visitas de turistas o residentes de poblaciones cercanas, descendientes de inmigrantes alemanes en especial de la zona del Volga y rusos alemanes, la comunicación es fluida. En el año 2003 Kirsten Immendorf, visitante proveniente de Alemania, experta en idiomas, después de dialogar con algunos de ellos por varias horas sostuvo:

"Su idioma es el dialecto Plattdeutsch, el diario recibido de Canadá y la Biblia están escritos en Hochdeutsch y cuando escriben en cursiva para tomar notas o las mujeres copian recetas de cocina usan alemán muy arcaico, que tiene más de cuatrocientos años y en mi país ya no se encuentra ni entre los campesinos."

Otra fuente consultada, María de los Ángeles Carbonetti de Giovanetti (1990: 15 y 21-22), cuando analiza los rasgos lingüísticos de la comunidad de La Nueva Esperanza expresa:

"Según pudimos constatar por la observación y por testimonio de los informantes, el español es utilizado únicamente en el ámbito de las relaciones sociales en sentido amplio, esto significa en cuestiones comerciales, burocráticas o asistenciales, que se desarrollan mayormente en la ciudad o en el pueblo. Dentro de la colonia el uso del español se limita a las situaciones que por alguna razón son visitados por personas de fuera de la colonia que no hablan alemán…
El alemán funciona como única lengua en el resto de los ámbitos. Pero al respecto debemos hacer referencia a un tema que consideramos relevante y que para los mismos colonos parece ser muy importante; esto es las dos variedades, el dialecto y la forma estándar que utiliza. …
Las variedades parecen tener ámbitos de uso bien definidos que no se superpondrían. La variedad alta, que ellos llamaron "alto alemán" o "hochsprache", correspondería al alemán estándar que aprenden en la escuela y que nos señalaron es el "alemán de la Biblia".
"… es utilizada durante las clases en el ámbito de la escuela, en la iglesia, sermón, lecturas y cantos, y en cualquier ocasión solemne que lo requiera. … También es la única forma en la que escriben."

"La variedad dialectal que todos los colonos comparten, por tener el mismo origen ancestral, corresponde casi con seguridad… a la variedad de la zona norte Frisia, el llamado alemán llano o Plattdeutsch. Los ámbitos de uso se remiten a la familia y los pares. También si se encuentran con alguien que habla alemán, usan el dialecto. Lo llamaron 'bajo alemán' en español…"

La organización socio-política, religiosa y educativa de la comunidad se basa en la estructura de división en campos mencionada y en un gobierno propio conformado por un Consejo integrado por Obispo, autoridad máxima, 6 Ministros, los predicadores, 2 Mandatarios, conocidos como los representantes de la Asociación Civil o jefes generales, 2 Fideicomisarios, guardias internos, y 9 Jefes de campo, uno perteneciente a cada campo. Son elegidos por medio del voto del pueblo pero es dable aclarar que sólo votan los hombres bautizados y deben estar casados.

La propiedad de la tierra –parcelas, vivienda, huerta y otras instalaciones– internamente es privada aunque desde el punto de vista legal y fiscal figura como Asociación Civil Colonia Menonita La Nueva Esperanza con el correspondiente número de CUIT, cuyos representantes son dos miembros destacados de la comunidad. Al respecto aclaran: *…no existe en nuestra sociedad catastro, rentas. Tampoco un orden preciso en la división interna*. Sin embargo, para ser equitativos disponen la ubicación de una escuela en el medio de cada campo y la localización de las dos iglesias una en cada extremo del campo central.

Los puestos de los jefes de campo se renuevan cada dos años y pueden ser reelegidos, el resto de los cargos son vitalicios. La elección de los representantes recae en aquellas personas que significan un modelo para su sociedad, siguieron mejor los pasos de Jesús, son más buenos, trabajadores y solidarios. Todos gobiernan en forma gratuita, pues es un cargo que se ocupa con gusto y presencia y es un servicio que se presta a la comunidad. Estas autoridades se encargan de resolver distintas situaciones y conflictos externos e internos. Los miembros del gobierno se reúnen cada jueves por la mañana en la iglesia para tratar los temas de la colonia. Los comunicados o soluciones llegan a la población por medio de cada jefe de campo.

La educación se imparte en las escuelas de la colonia y consiste en estudiar lengua y matemática básica y religión. Aprenden a leer y escribir en alemán puro antiguo, la práctica de lectura es en la Biblia así adquieren las formas y normas de vida. Las clases son bien tradicionales ... *el maestro sabe y enseña; el alumno escucha y aprende*. Ser maestro es una profesión para los hombres y es además un don, el Espíritu Santo lo otorga y el hombre se perfecciona con el estudio y ayudando a otro maestro; así se es profesional y se debe acompañar esa sabiduría con un buen ejemplo de comportamiento y acciones diarias.

El maestro, antes de realizar su tarea como tal, ordeña las vacas y desayuna con su familia; luego de dictar las clases volverá a su labor de trabajar la tierra *... como lo mandó Dios, para ganarse el pan*. Las clases comienzan en abril y finalizan en noviembre pero las de religión continúan hasta Navidad porque así se está mejor preparado para tan importante fecha; asisten de lunes a viernes, de 7 a 11,30 horas por la mañana y de 12,30 a 15,30 horas por la tarde.

El estilo arquitectónico (Figura 11) se repite de forma casi idéntica. Las viviendas, que mantienen las mismas características, configuran un paisaje homogéneo en cuanto forma, color y estructura. Cada una de ellas está rodeada por cercos de vegetación arbustiva y grupos de árboles; tiene anexado el granero donde ordeñan y están las aves de corral, una huerta con producción de diversas hortalizas y plantas frutales, a cargo de las mujeres; parcelas con cultivos de cereal y pasturas completan la estructura de propiedad familiar. Si bien se destacan la limpieza y la blancura de paredes y cortinas no existen cuadros ni otro tipo de adornos; tampoco utilizan luz eléctrica como medio de iluminación en la casa, aunque sí usan grupos electrógenos en los lugares de trabajo. Los muebles, fabricados en la colonia, son de líneas sencillas pero muy sólidos; el comedor –contiguo a la cocina y a la despensa donde guardan todo tipo de conservas caseras– alberga familias numerosas cuyo número se acrecienta durante las reuniones dominicales posteriores a la misa.

Figura 11: Un estilo arquitectónico homogéneo

Fuente: Relevamiento en el terreno, 2003.

Otro edificio de gran significación para los colonos es la escuela, lugar muy respetado y venerado pues además de los conocimientos básicos allí se lee la Biblia y aprenden las normas que rigen su sociedad. Es un lugar pleno de símbolos como por ejemplo la ubicación de los niños en el aula –que mantienen en todo el trayecto al hogar– es de mayor a menor, los varones adelante y las mujeres detrás, lo primero porque en todos los órdenes de sus vidas los mayores representan la sabiduría, el poder y la guía a respetar, lo segundo es un fuerte indicio de una sociedad patriarcal. Conserva el mismo estilo arquitectónico de viviendas e iglesias; rectangulares, con techo de chapa a dos aguas, varias ventanas y una puerta, tiene un gran patio y generalmente están ubicadas en el centro de cada campo.

La vestimenta (Figura 12) de los hombres y de los niños consiste en una camisa de manga larga y mameluco, aunque no es la tradicional del país de origen (Holanda) la copiaron de los granjeros norteamericanos tiempo después de su arribo a Estados Unidos, por comodidad para realizar las tareas del campo, por ello la usan los días laborales. El día domingo o fiestas religiosas la ropa tradicional es una camisa con pantalón de tiro alto prendido a un costado, con una campera y zapatos. Todas las prendas son de colores no llamativos, azul, marrón, gris o verde reservando el negro para las autoridades quienes además se distinguen por el cuello tipo mao de la camisa. Cubren su cabeza siempre con un sombrero o gorra y llevan el cabello bien corto y el rostro siempre correctamente afeitado.

Las niñas y las mujeres usan todos los días el mismo modelo tradicional, dejando la ropa nueva y oscura para ir a misa; visten una camisa con jumper o un vestido plisado o tableado; los días laborales llevan por encima un delantal negro de tela de seda. Los colores varían: negro, gris, marrón, azul, bordó, hasta un casi fucsia, en telas estampadas con flores. No se ven botones, cierres o hebillas pues tienen telas sobrepuestas. Los cabellos largos, siempre recogidos en trenzas, los cubren con pañuelos pintados o bordados con flores, color negro la mujer casada y blanco la soltera; completa el conjunto una capelina blanca o natural. En la iglesia llevan la cabeza cubierta con pañuelos muy finos y cofias, ambos de color negro.

En el comedor o sala general de la vivienda, junto a la ventana, está la máquina de coser con la cual las mujeres realizan todas las prendas, con un único modelo para los hombres y muy pocas variantes para las mujeres.

Figura 12: La vestimenta: un modelo único los identifica

Fuente: Relevamiento en el terreno, 2003.

Los medios de transporte y vehículos para el trabajo (Figura 13) son peculiares; en el interior de la colonia múltiples calles de tierra facilitan la intercomunicación entre los distintos sectores. Utilizan carruajes singulares llamados *buggies* o calesas tirados por caballos cuya circulación permanente llama la atención al visitante tanto como los tractores desprovistos de cubiertas de goma; existen dos versiones sobre la carencia de gomas en los tractores: algunas personas de localidades vecinas afirman que lo hacen para impedir que los jóvenes se alejen de la colonia mientras los colonos sostienen que se debe a una cuestión de economía pues tienen amplia libertad para entrar y salir del lugar.

Figura 13: Buggies, calesas y tractores

Fuente: Relevamiento en el terreno, 2003.

Reflexiones finales

La religión ha sido desde los inicios de la historia un elemento fundamental de cultura en todo tiempo y espacio pues las representaciones de la fe y sus consecuentes materializaciones dejan su impronta en el paisaje y en el espacio social a través de manifestaciones concretas como iglesias, cementerios, formas de organización y ocupación dentro de procesos de apropiación de los lugares.

En el caso de la colonia menonita, parentesco, lugar, religión y tradición conforman el núcleo central de la permanencia de su cultura en el transcurso del tiempo y es el motivo que los lleva a migrar en pos de nuevos territorios que les permitan esa reproducción social que de manera idéntica repiten desde la Edad Media. Sin embargo, una pregunta surge en relación con este grupo tan peculiar: ¿hasta cuándo podrán seguir reproduciéndose según el *habitus* adquirido hace 500 años?

La respuesta no es sencilla; en el marco de nuestro trabajo en la colonia hemos detectado indicios de cambio. Futuras investigaciones mostrarán si las estrategias de reproducción social se mantienen intactas y, de ser así, si seguirán creando islas o burbujas medievales –como lo es un desprendimiento de la colonia La Nueva Esperanza y la creación de una nueva colonia en la provincia de Santiago del Estero, cercano a Las Delicias– lo cual lleva a una producción de espacio geográfico y paisajes atípicos, singulares, que se repetirán en forma idéntica dentro de los territorios donde se asientan y por los cuales se difunden; o si por el contrario, están en vías de modificar sus prácticas y conformar una nueva identidad.

Bibliografía

BLANCO, Jorge, Espacio y territorio: elementos teóricos-conceptuales implicados en el análisis geográfico, pp. 37-64. En: Fernández Caso, María Victoria y otros, 2007.

CAMPOS, Marta y SANTARELLI, Silvia, Estructuras socio-religiosas, fronteras culturales y paisaje. Los Menonitas en Guatreché, La Pampa, pp. 133-154. En: Carballo, Cristina (Coord.), 2007.

CAÑAS BOTTOS, Lorenzo, *Christenvolk. Historia y etnografía de una colonia menonita,* Buenos Aires: Antropofagia, 2005.

CARBALLO, Cristina (Coord.), *Diversidad cultural, creencias y espacio. Referencias empíricas,* Departamento de Ciencias Sociales. Programa de Estudios Geográficos (PROEG). Universidad Nacional de Luján, 2007.

CARBONETTI de GIOVANETTI, María de los Ángeles, Menonitas: una nueva inmigración. Acercamiento al comportamiento lingüístico de la colonia, Inédito, 1990.

Die bollftändigen Berfe. Menno Simmon´s, überjekt aus der originalipradje, dem Solländidfdjen, Notario: Pathway, 1982.

DOLLFUS, Oliver, *El espacio geográfico,* Barcelona: oikos-tau, 1976.

DYCK, Cornelius J. (Edit.), *An Introduction to Mennonite History. A Popular History of the Anabaptist and the Mennonites,* Scottdale (USA): Herald Press, 1984.

FERNÁNDEZ CASO, María Victoria y GUREVICH, Raquel (Coord.), *Geografía: nuevos temas, nuevas preguntas. Un temario para su enseñanza,* "Claves para la Formación Docente», Buenos Aires: Biblos, 2007.

FUNDACIÓN PALABRA DE VIDA, *El libro del pueblo de Dios. La Biblia,* 19ª ed., Madrid, 1998.

GARCÍA, Raúl O., *Soy Cristiano, Evangélico, Anabautista… Una interpretación de la Reforma Religiosa Radical del Siglo XVI,* 2ª ed., Bogotá: Centro Latinoamericano de Recursos Anabautistas, 1998.

GIDDENS, Anthony, *Consecuencias de la modernidad,* Alianza Universidad, 760 AU, Madrid: Alianza. 1993.

GUATRACHÉ, [En línea], <www.lapampa.gov.ar/municip/Guatrache.html>, 2004. [20 de junio de 2004].

I.G.M., Instituto Geográfico Militar, República Argentina, Cartas Topográficas, Escalas 1: 500.000 y 50.000, Buenos Aires.

LOBATO CORR Zeny, *Introduçao à Geografia Cultural*. Rio de Janeiro: Bertrand Brasil, 2003.

MENNONITA PUBLISHING CO, *Menno, Simon´s*, Michigan United States of América, 1982.

PEREIRA dos SANTOS, Alberto, Intoduçao à Geografia das religiones. *GEOUSP Espaço e Tempo*, [En línea]. S o Paulo, 2002, N° 11, pp. 21-33. <http://www.geogra fiafflch. usp.br/publicacoes/Geousp/geousp11.htm>. [10 de junio de 2004].

ROSENDAHL, Zeny, *Espaço e religião: uma abordagem geográfica*, 2ª ed., "Geografa Cultural», Río de Janeiro: edUER, 2002.

ROSENDAHL, Zeny, *Espaço, cultura e religião: dimens es de análise*, En: Lobato Corrêa, Roberto y ROSENDAHL, Zeny, 2003, pp. 187-224.

SANTARELLI Silvia, CAMPOS Marta y EBERLE Claudia, *Religión, migraciones y paisaje: los Menonitas en Guatraché. Una visión desde la Geografía*, Bahía Blanca: Edición Universidad Nacional del Sur, Departamento de Geografía y Turismo, 2004.

TOSCANA APARICIO, Alejandra, La incorporación y representaciones espaciales del Nuevo Mundo en el Viejo Mundo, *Investigaciones Geográficas*. [En línea], México: Universidad Nacional Autónoma de México, n° 59, pp. 113-122. <http://redalyc. uaemex.mx/redalyc/src/inicio/ArtPdfRed.jsp?iCve=56905908>. [23 de setiembre de 2008].

CAPÍTULO VI

Santiago religioso.
Del contexto al pretexto[1]

Jean-René Bertrand

> La buena estrella de Compostela brilla ahora por tres motivos
> simbólicos: ciudad santa de la Cristiandad, santuario del Pa-
> trón de España y *sante santorum* del nacionalismo gallego
> (…). Estas tres voluntades u otras paralelas convocan el 25 de
> Julio de cada año a miles de personas en Santiago (M. Rivas).

¿Qué se conoce de Santiago de Compostela? El camino, la tumba del Apóstol, las fachadas de la catedral-basílica… Este sitio privilegiado desdibuja el resto o bien lo domina, como ocurre sobre la plaza del Obradoiro. Aquí la catedral enfrenta al palacio que alberga la Alcaldía y el Gobierno de Galicia; protege al sur la presidencia de la universidad, al norte el hospital de los Reyes Católicos destinado en otras épocas a los peregrinos. Todos los poderes se encuentran en el granito de los edificios inicialmente religiosos.

La omnipresencia de lo religioso en la ciudad se manifiesta sobre varios planos que se recortan. Se trata en primer lugar de la importancia material, el decorado, construcciones de todas las épocas, la presencia de los servicios eclesiásticos por todas partes, pero especialmente en el corazón histórico. Posteriormente es el aspecto espiritual y el cultural que atraen cada vez más a los peregrinos, pero más aún a los turistas. Y por último, la política que utiliza la ciudad "síntesis de Galicia" (Otero Pedrayo, 1951), como capital, que se basa en lo religioso para promover la ciudad y la región.

---

[1] Versión en español del trabajo "Santiago religieux, du contexte au prétexte". *Annales de la Recherche Urbaine*, n° 96, 2004, p.73-82.

El marco religioso de Santiago

Como Sitio Privilegiado de la cristiandad, Santiago cobija una densa colección de construcciones confesionales alrededor de la catedral y de la sede del arzobispado. Bajo la sombra de las flechas se han combinado los monasterios y los conventos de todas las órdenes constituyendo un conjunto arquitectónico notable. Se agregan a esto, los símbolos de la producción territorial de la pastoral con la red de iglesias parroquiales y los lugares de formación de los clérigos, y luego otros como los edificios de la Universidad. Todo eso condensado en la pequeña elipse (menos de 50 hectáreas) del casco urbano.

La iglesia compostelana

La pujanza de la iglesia compostelana no se interpreta solamente en la densidad de los edificios religiosos históricos (21 hectáreas). Se manifiesta también por las funciones de poder y de gestión eclesiástica asociadas a la sede del arzobispado, a los servicios que permiten su funcionamiento y más aún a los clérigos, hermanos y hermanas de todas las órdenes que se han instalado alrededor de la catedral.

La iglesia particular de Santiago se extiende sobre el conjunto de la antigua provincia del mismo nombre anterior a 1833, en la parte más poblada de Galicia, de la Coruña a Pontevedra. Esto representa por lo tanto un millar de parroquias (1069) para más de un millón y medio de habitantes. Los servicios del arzobispado deben así controlar a más de 700 sacerdotes en parroquias. El personal efectivo ha disminuido, como en todas partes, con relación al que existía en los años 1970, cuando 1300 sacerdotes podían ser puestos al servicio de las poblaciones parroquiales. Pero el envejecimiento producido en el plantel sacerdotal es bastante limitado en relación a otros países: los dos tercios de los sacerdotes tienen entre 55 y 70 años.

Entre todos los servicios de la iglesia diocesana implantados entre la catedral y San Martín Pinario, el gran seminario mantiene un lugar preponderante. Si la universidad pontificia de Santiago de fines del siglo XIX, dejó su lugar a un Instituto teológico Compostelano en 1981, la función sigue siendo la misma en los espacios renovados del monasterio de San Martín: formar a los sacerdotes. Después de la crisis de los años 1970 donde la enseñanza no involucraba a más de veinte personas por año, desde 1985, el gran seminario cuenta con cincuenta a sesenta hombres jóvenes que finalizan la formación cada año. De todos modos en la práctica, el arzobispado de Santiago ordena entre cinco y seis sacerdotes por año. Al lado del gran y del pequeño seminario, la universidad compostelana (católica) ha conservado los dos colegios de los Maristas y de los Jesuitas y ha creado una Escuela universitaria de Trabajo Social en los años 1960, la que se encuentra ubicada al sur del Ensanche (barrio acondicionado sobre un plano regular al sur de la vieja ciudad). Se agregan los diversos establecimientos secundarios que han sido siempre mantenidos por congregaciones de enseñanza (jesuitas, salesianos....): tres liceos y cuatro colegios instalados esencialmente en la periferia del centro histórico. Clásicamente, las congregaciones religiosas (Compañía de María sobre todo), ofrecen también formas de recepción y escolarización para los más pequeños: guarderías, escuelas maternales.

Las escuelas mantenidas por los hermanos o las hermanas no constituyen más que una pequeña porción de la presencia de los religiosos en la ciudad y en la sociedad local. En el censo hay no menos de once edificios para las órdenes masculinas y cuarenta para las religiosas, sean ellas religiosas de clausura o no. Esta importancia de las órdenes y de las congregaciones, está asociada a las funciones directamente ligadas al culto o a la organización de la Iglesia. Pero también destaca la presencia mantenida por las congregaciones católicas en registros que están incompletamente secularizados. Así, por ejemplo, en el área sanitaria en general y en el hospital provincial en particular, las hermanas han conservado un amplio espacio con las Hijas de la Caridad, Las Mercedarias de la Caridad o las hermanas de la Santa Familia de Bordeaux. Asimismo las Hermanitas de los Ancianos o de la Compañía de María mantienen varios establecimientos y casas de retiro para personas con dificultades o desamparadas. Por último, la atención y la recepción de los minusválidos está a cargo de los hogares de Siervas de María.

La acción de la iglesia no se limita sólo a este conjunto de funciones, que en definitiva son tradicionales. Al igual que en otros países, las congregaciones o los grupos de acción caritativa trabajan también para una mejor inserción de los jóvenes que se encuentran de algún modo en dificultades (albergues transitorios por razones urgentes en los hogares franciscanos, por ejemplo) o aún más simple y común, la recepción y albergue de jóvenes en las estructuras que les permitan proseguir sus estudios. Esta función social de albergue e inclusive de acompañamiento, se ve traducida por un cierto número de lugares abiertos a los jóvenes fuera del sistema universitario. En Santiago, cuatro congregaciones femeninas aseguran el albergue y un marco de vida segura: Las Hijas de María Inmaculada, en el centro histórico, las Oblatas del Muy Santo Redentor, las del Sagrado Corazón o las Siervas de San José en la periferia del nodo central con hogares y residencias para los jóvenes escolarizados en el ciclo secundario.

Figura 1: La Catedral

La catedral y las parroquias

La organización pastoral de la ciudad de Santiago presenta desequilibrios evidentes e irreductibles. En efecto, si la peregrinación da muestras de una animación permanente, no ocurre lo mismo para el resto de los lugares de culto. En la catedral siempre sucede algo: el flujo de turistas, peregrinos, desfilan para saludar al Apóstol, visitar sus reliquias o besar su estatua. También allí se puede confesar en todos los idiomas, asistir al menos a un oficio por día, y la misa de los peregrinos colma todos los espacios de la basílica. El servicio divino es continuo, más o menos espectacular según las horas y los pedidos de los grupos de fieles. Atrae a las personas de paso como así también a los practicantes de la ciudad, en particular durante las misas matutinas.

Figura 2: Santiago de Compostela, recibir a los peregrinos y… a los turistas

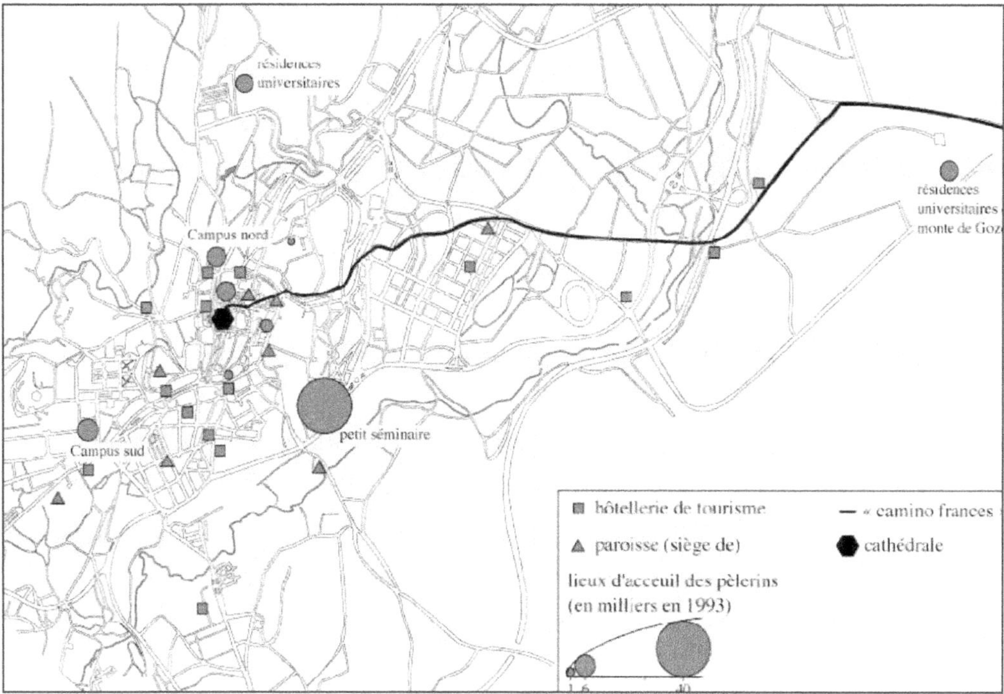

En el plano síntesis (Fig. 2) podemos observar los principales elementos históricos y presentes que hacen a la actual configuración espacial de Santiago. Por una parte, las piezas de valor religioso, "el camino francés", la red parroquias (*paroisse de siège*), y el nodo central, con la Catedral (*cathédrale*), patrimonio religioso y cultural. Por otra parte, el soporte turístico y de recepción del peregrino: la hotelería (*hôtellerie de tourisme*) y los lugares de recepción de peregrinos (*lieux d'acceuil des pèlerins*), respectivamente. Estos servicios para el peregrino y turistas están estratégicamente localizados valorizando el patrimonio arquitectónico, religioso y cultural de la ciudad.

En el centro histórico o en sus cercanías, la colección de lugares de culto es impresionante con las iglesias parroquiales y las diversas capillas incorporadas. La oferta de los lugares de culto excede la demanda, más aún, el nodo central de la ciudad sufrió la despoblación desde mediados del siglo XX, y por lo tanto no parece útil mantener oficios para la cantidad de practicantes que resulta tan escasa como en otros lugares y que además representa una población de edad avanzada. El casco urbano pasó de menos de 10.000 habitantes en los años 1960, a menos de 5.000 actualmente (Aldrey, 1999). El dispositivo de diez parroquias para el centro histórico incrementado con la parroquia de Santa María de Sar en el sur, sobrepasaba ampliamente la norma del obispado que establece un sacerdote para aproximadamente dos mil habitantes. Dos grupos de parroquias urbanas se realizaron en los años 80: las parroquias del corazón (rua Nova: San Fiz y Santa María Salomé) están bajo la tutela del titular de San Andrés y sus edificios sólo abren para los turistas. Al igual que dos parroquias de La Puerta del Camino que están bajo la misma tutela (San Benito y Santa María del Camino) así como las capillas de su territorio. Por último, una parroquia personal es mantenida por la iglesia de las Hermanas del Orfanato (Santa María a Antigua): la que será incorporada a la parroquia vecina cuando el cura a cargo se jubile. Los reagrupamientos operados en el centro histórico no resuelven todos los problemas de nomadismo de los parroquianos. Es probable que en el caso de la inmensa parroquia de Santa María del Sar, las distancias entre los lugares poblados y la iglesia, las vías rápidas para atravesar sumado a otras dificultades de acceso, hacen que los últimos fieles prefieran asistir a la catedral o a otras parroquias según su afecto religioso en lugar de congregarse en su parroquia de origen afectivo.

Aun si la concentración de edificios religiosos que permiten el culto es de una densidad excepcional en el corazón de Santiago, el arzobispado se ocupó de dotar a los nuevos barrios de una sede metropolitana con los mismos servicios parroquiales implantados en las periferias de los grandes conglomerados de La Coruña (Mercator, 1997). Así, además de las iglesias parroquiales reunidas por el frente de urbanización como Santa María de Conxo en el sur, la Iglesia produce nuevos territorios siguiendo los nuevos y grandes emplazamientos urbanos. En la época del Ensanche (1940-1980) es la parroquia de San Andrés que se levanta para responder a las necesidades de entonces. En los años 1980 de urbanización rápida para dar alojamiento a los empleados de las administraciones de la Xunta, se levantan las nuevas parroquias de Nuestra Señora de Fátima en el barrio de Castiñeiriño al Sur y para el barrio peri-urbano semi-cerrado del personal superior de Os Tilos, la parroquia de San Francisco de Asís. En los años 1990, la entrega de inmuebles de Fontiñas al Este, desemboca sobre las instituciones parroquiales de San Antonio de Padua (Guía de la Arquidiócesis Compostelana, 1998).

Reagrupamientos en el centro, fraccionamientos de los viejos territorios parroquiales de la periferia, la Iglesia compostelana intenta así seguir las evoluciones demográficas y sociales de la ciudad, no tanto para llenar las naves los domingos sino para tejer día a día los lazos sociales a través de los servicios parroquiales, la catequesis y los sacramentos.

La Universidad

La tradición universitaria de Santiago está íntimamente ligada a la Iglesia, desde los orígenes con la Bula papal de 1504, posteriormente con las grandes familias de eclesiásticos que asumen las fundaciones de los principales colegios. Con la función religiosa, la universidad organiza y anima la vida de la ciudad luego de la pérdida del rol de capital provincial en 1833. El desarrollo de las facultades se mantiene modesto a lo largo del siglo XIX, con aproximadamente 1200 estudiantes hacia 1840 y otros 450 en el gran seminario (Madoz, 1847), y no mucho más hacia 1900, cuando se edifican los conjuntos monumentales neoclásicos de la Universidad (Derecho, Letras, Filosofía) y de la facultad de Medicina (terminada en 1928) en el corazón de la ciudad.

Hasta la Guerra Civil, el crecimiento es reducido (2000 estudiantes en 1932), pero continúa y justifica el acondicionamiento, sobre el modelo madrileño de 1910, de una vasta área al sur de la ciudad: la ciudad universitaria que se convertirá en el *campus* sur. Este espacio sólo será ocupado a partir de los años 60 con la expansión de la escolarización y la apertura de nuevas facultades. La función universitaria resulta omnipresente en los años 70 con el aumento de efectivos y una demanda de alojamiento que permite terminar el Ensanche, barrio planificado en los años 40 para el crecimiento de Santiago. El gran aumento de inscripciones con la diversificación de los cursos de estudios superiores es realmente fulgurante: 9000 estudiantes en 1970, 25000 en 1985 y 28000 en 1991, lo que corresponde al máximo, antes de un disminución regular y consecutiva a la multiplicación de los establecimientos universitarios en las otras ciudades de Galicia.

Durante el año universitario, parece que más de 22.000 estudiantes residen en la ciudad, al menos de lunes a viernes, lo que no deja de producir múltiples actividades comerciales y de servicio para esta población, desde artículos y servicios de papelería hasta discotecas pasando por todas las formas de bares y de restaurantes. Las encuestas muestran que la mitad de los estudiantes residen en el centro histórico y en el Ensanche. La forma de alojamiento más común son pequeños departamentos en alquiler, en sus propias casas si son del lugar, y un estudiante cada diez se aloja en un hotel o en una pensión (Lois González, 1994).

Semejante expansión universitaria se traduce en nuevos programas de construcción, por el acondicionamiento de un *campus* norte y la redistribución de los servicios de las facultades en la ciudad. De todos modos, la universidad de Santiago se ha esforzado en mantener y hasta reforzar su presencia en el centro histórico instalando la Presidencia y sus oficinas al pie de la catedral en el Colegio San Gerónimo, transformando el colegio de Fonseca en Biblioteca general. Por otra parte, un sector de la administración de las vicepresidencias busca instalarse en *pazos* y casas burguesas del casco urbano después de su renovación y modernización (Lois González, 1999).

Otros edificios de origen religioso directo son transferidos para albergar diferentes servicios universitarios. Así, en continuidad con las construcciones de la Universidad, luego de haber reafectado la Iglesia de la compañía de Jesús en centro de exposiciones, las dependencias de la orden fueron convertidas en oficinas y salas de clases en el edificio de Mazarelos, en principio destinadas a las Ciencias de la Educación, y posteriormente para otras disciplinas literarias. Asimismo el hospital del convento de San Roque ha sido restaurado para cobijar diversas manifestaciones y un Instituto "Padre Sarmiento" del Consejo Superior de Investigaciones Científicas anteriormente instalado en el colegio San Gerónimo.

Así, después de una fase de expansión hacia las periferias sudoeste y norte (facultades, residencias universitarias, servicios), la universidad de Santiago reinvierte en el nodo histórico participando en la localización concentrada de los poderes frente a la fachada de la catedral.

En este movimiento de consolidación de la presencia de la Universidad en el centro de la ciudad, las operaciones de renovación y de rehabilitación han cumplido un papel para nada despreciable con una oferta de inmuebles de calidad que podían ser fácilmente adquiridos tanto por administraciones como por particulares. De este modo, los dos pilares de la vida de Santiago de 1833 a 1980 continúan ocupando o reinvierten en el corazón de la ciudad para implantar allí las actividades de prestigio y de poder. En este retorno al centro, los intercambios edilicios se vuelcan en provecho de la institución universitaria como un regreso simbólico a sus orígenes.

El flujo de peregrinos y turistas

En la segunda mitad del siglo XX, los católicos de las "aglomeraciones" retoman el camino de Santiago: signo de renacimiento de la forma peregrina de religiosidad. Son acompañados por multitudes de personas, con motivos distintos, pero que participan de un turismo tanto religioso como cultural. La iglesia y las demás instituciones se encuentran entonces movilizadas al menos para acompañar este movimiento.

La renovación de la peregrinación

Si la visión de las multitudes medievales de toda Europa precipitándose alrededor de la sepultura de Santiago el Mayor ha sido sin duda deformada y exagerada, la reanudación de los movimientos en la segunda mitad del siglo XX parece indudable. Es relatada por todos los autores, estadísticamente demostrada en los años 80 y participa de un movimiento muy generalizado de progresión de las peregrinaciones piadosas (Bertrand, 1999).

El indicador más significativo es la liberación de la *Compostela,* que certifica una verdadera peregrinación ya sea de cien kilómetros a pie o bien el doble a caballo o en bicicleta. Disponemos de series continuas desde comienzos de los años 1970 que permiten seguir la evolución de la peregrinación. A lo largo de la década de 1970, las certificaciones varían entre algunas decenas y algunas centenas. En los años 80, las mismas progresan fuertemente y regularmente para alcanzar algunos miles. Después de 1990, son decenas de miles que se inscriben para recibir su *Coquillard*.

Figura 3: Evolución de los peregrinos a Santiago de Compostela (1970-2000)

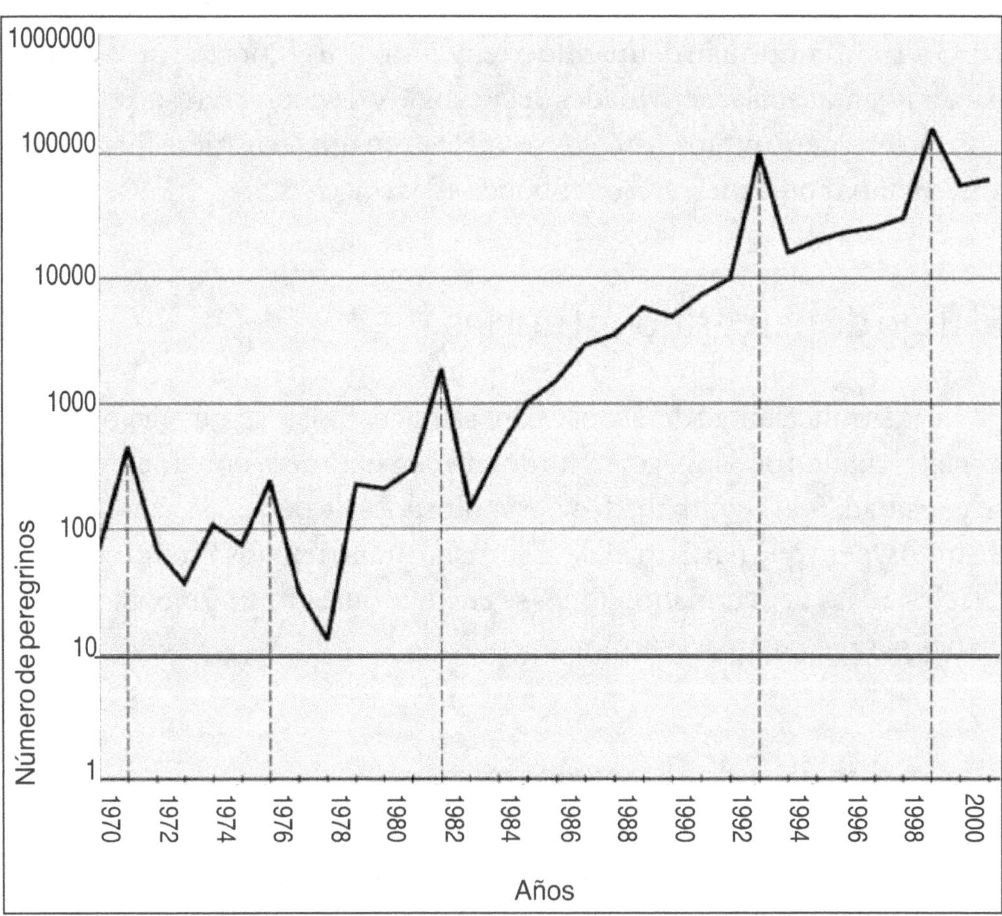

El crecimiento del número de peregrinos (Fig. 3) llegados de todas partes de Europa y del mundo ha mantenido una tendencia positiva marcada por los Años Santos. La paradoja de esta manifestación peregrina religiosa y/o turística nos refleja cambios que hacen a la práctica religiosa de la población; y por otro lado, el inevitable crecimiento y empuje que estas valorizaciones sociales le han dado a Santiago de Compostela como ciudad religiosa.

La tendencia es clara y la progresión regular con las únicas excepciones de exaltación religiosa coincidentes con los flujos de los años santos: 1971, 1982, 1993, 1999. Estos años en los que la celebración de Santiago (25 de julio) caía en domingo, atraían muchos más peregrinos, en razón de las indulgencias "plenarias" asociadas durante largo tiempo a esta conjunción (hasta que la misma fuera suprimida por el papa Pablo VI), y también por las manifestaciones religiosas anexas. Es así que más de 150.000 *Compostelas* han sido distribuidas en 1999. La realización de las Jornadas Mundiales de la Juventud en 1989, que habría atraído más de 500.000 personas, no se tradujo en un aumento considerable de las certificaciones de peregrinación.

El aumento peregrino de los años santos corresponde en gran parte a las peregrinaciones colectivas que vienen sobre todo de las diócesis de "todas las Españas". Una encuesta sobre los grupos censados en julio 1999 (*Compostela 2000*) muestra el amplio grado de organización de las peregrinaciones: se trata de conjuntos o grupos estructurados que participan en el oficio de los peregrinos, lo que permite su censo. Sobre los 824 grupos, aproximadamente un tercio (249) se identifican por su parroquia de origen. Habría que agregar las otras estructuras de la Iglesia: diócesis, arciprestes, deanatos… Están igualmente bien representados todos los movimientos y todas las asociaciones de fieles. En su variedad, desde el grupo de catequesis hasta los grupos de rezo carismático, los movimientos se distinguen por su número (46), bien lejos de los escolares o las cofradías así como las fraternidades. Del mismo modo, los años santos movilizan grupos extranjeros más numerosos: en julio 1999 estos grupos representaban una décima parte de todo el conjunto proveniente de Europa, pero primero de Francia e Italia, luego de Portugal, país más cercano. El resto del mundo se encuentra representado por cohortes o conjuntos muy variados donde predominan los peregrinos de los Estados Unidos.

En los movimientos hacia Santiago los extranjeros están más representados proporcionalmente en los viajes colectivos (con micros en la mayoría de los casos), que en las marchas individuales. Desde hace una década, la proporción de extranjeros entre los peregrinos certificados aumenta levemente para alcanzar el 36% en 2001. Sólo en los años santos que su proporción declina, pero con efectivos crecientes, en razón del flujo de españoles y en primer término de gallegos para estas ocasiones.

La medición a través del diploma es significativa, pero parcial. Una gran cantidad de peregrinos no pueden obtenerlo por falta de la certificación de su paso en alguna de las etapas del *Camino francés*, o simplemente no estiman útil esperar tanto tiempo la certificación en la antecámara de la Casa del Peregrino. Además todos los grupos de peregrinos que utilizan otros medios de locomoción (automóvil o micro) para venir a saludar y rezar al Apóstol no pueden aspirar a la *Compostela*. De este indicador sólo se puede retener la tendencia que establece y que es apoyada por las estadísticas de las llegadas en grupo o las de los micros en los estacionamientos destinados a tal fin.

Finalmente, la clara progresión del número de peregrinos ha obligado al cambio del lugar de recepción que se encontraba en el local cercano a la Santa puerta de la catedral y que fue trasladado a la casa del deanato, más espaciosa, al pie de la fachada meridional de las Platerías.

Figura 4: Síntesis del centro histórico de Santiago

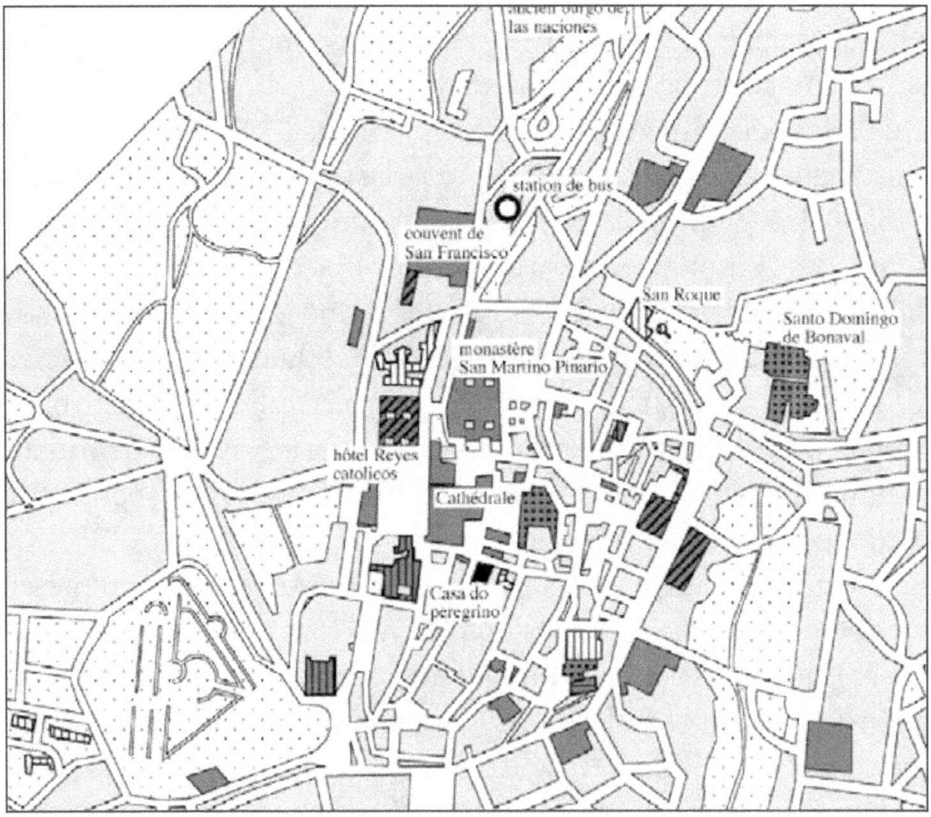

Edificio religioso

Edificio religioso reconvertido en hotelería

Edificio religioso con función cultural (museo, etc.)

Edificio universitario

Edificio universitario de origen religioso histórico

Edificio universitario reciente de dominio religioso

En esta síntesis cartográfica (Fig. 4) se observa los rasgos zigzagueantes de sus calles, como permanencia de la histórica ciudad medieval y, el lugar central de la Catedral de Santiago. En su entorno se destacan otros edificios de función religiosa como el monasterio (*monastére*), el convento (*couvent*), la Casa del peregrino, y otras construcciones de origen religioso reconvertidos en edificios culturales o en hoteles costosos. El otro componente a destacar es la función universitaria. La Universidad ha sido y es otro de los principales agentes espaciales que le han dado el carácter urbano de Compostela que hoy conocemos. Cruzando los muros históricos, la estación de ómnibus, más allá la expansión periférica de la ciudad contemporánea.

Turistas y peregrinos

Las motivaciones de los peregrinos certificados son claras: el objetivo del viaje es esencialmente religioso para los dos tercios de ellos, y religioso y cultural para una cuarta parte. Las razones estrictamente culturales sólo representan el 8% del conjunto en 2001. Las mismas descienden a 2 ó 3 % en los años santos. Por lo que podemos significar que se trata de una manifestación esencialmente religiosa.

Pero el número de los que poseen la *Compostela* no es realmente significativo, del flujo de población que llega cada año a la capital de Galicia. Si nos basamos en las estadísticas de afluencia turística del ministerio de turismo del gobierno gallego, se habría contado con alrededor de seis millones de turistas para el año santo de 1999. La crítica de estos datos se realizó (Santos, 1999), y sigue siendo pertinente: en el año las capacidades hoteleras clásicas sólo permitirían recibir alrededor de dos millones de personas por una noche. Pero a esto habría que agregar los recursos de las ciudades universitarias, de los establecimientos religiosos y los campamentos temporarios. De todos modos, estaríamos lejos de esa cifra. Consideremos que el éxito turístico de Santiago se manifiesta por la multiplicación de las capacidades hoteleras en la ciudad y sobre los principales ejes de llegada. Así mismo el acondicionamiento del estacionamiento de la avenida Juan XXIII es importante para transportar turistas y peregrinos hasta unos cien metros de la catedral, para una misa, una rápida visita al centro histórico y una comida.

Para los 1.250.000 visitantes llegados en 25.000 micros en 1999, el promedio de cuatro horas de presencia en la vieja ciudad (Santos, 1999), no necesita de albergue; el regreso a sus domicilios puede realizarse hacia Castilla o Portugal, gracias a la red de las rutas que fuera mejorada y a las autopistas. De todos modos para los visitantes extranjeros, una noche en Santiago, se impone en un viaje asociado a lo religioso y a lo cultural en el circuito turístico balneario de las Rías Baixas. Es este producto el que transforma la ciudad del Apóstol en centro de excursiones y de viajeros de los micros.

La promoción cultural y religiosa de Santiago se convirtió en un fuerte eje de la política de desarrollo turístico de la Xunta. La misma toma forma, en el contexto español, después de los juegos olímpicos de Barcelona, y se plasma alrededor del año santo (o *Xacobeo)* de 1993. Lo religioso se encuentra de este modo, movilizado al servicio de la actividad turística de Galicia, hecho que se reiterará en 1999, y comenzó ya a manifestarse para el 2004. El plan Xacobeo 93 puesto en marcha por el gobierno autónomo, utiliza todos los ritos de la peregrinación para construir un producto atractivo y lo logra con la ayuda del Estado español pero también con la colaboración de la comunidad europea, que se movilizó para la renovación del *Camino francés* "primer itinerario cultural europeo" en 1989, patrimonio de la humanidad en 1993, así como la ciudad de llegada inscripta en esta categoría desde 1985.

Indiscutiblemente, la recuperación turística de la peregrinación y de la imagen del peregrino es un logro en las estadísticas de asistencia. No es seguro que todos los turistas que visitaron al Apóstol, se transformen en peregrinos, pero no es ésta la preocupación de la Xunta.

Albergar al peregrino

Es necesario distinguir al peregrino certificado de los demás, fácil de confundir con los adeptos a un turismo cultural. Para los primeros, y como es lógico, la Iglesia realiza su oficio sin gran publicidad y en función de sus posibilidades.

Tradicionalmente, el albergue por una noche o dos como máximo, se hace en las instituciones religiosas distribuidas en la ciudad. Desde el siglo XV, el hospital de los Reyes Católicos, convertido en parador nacional en la época franquista, proveía una solución de albergue, que estaba limitada desde entonces a la oferta de una comida a los diez primeros peregrinos certificados que se presentaban. El alberge principal lo constituye el pequeño seminario que puede recibir cada año a aproximadamente 30.000 personas y que en los años santos instala carpas para 10.000 personas más. Esta oferta se completa con la de la Casa Diocesana de las obras, en la calle de las Ciencias en el *Campus* sur (6.000 personas), el albergue Juan XXIII de los Franciscanos (más de 5.000 noches), los colegios y los conventos de las diversas órdenes religiosas así como también las residencias que albergan durante el año a los estudiantes.

De este modo todos los establecimientos religiosos del centro histórico y de su periferia inmediata son utilizados para la recepción individual y sobre todo para la recepción de grupos, parroquiales u otros, que pueden efectuar sus reservas anticipadamente. Por otra parte la "Cocina económica" de Caritas, sección interparroquial de Santiago, puede también alimentar a grupos de peregrinos. Funciona con la colaboración y en un establecimiento de las Hijas de la caridad. Es entonces toda una organización que moviliza la Iglesia compostelana, sus instituciones, sus movimientos y sus benefactores.

Tradicionalmente se agregan las plazas disponibles en las residencias universitarias y los hogares mantenidos por las órdenes religiosas en la ciudad (franciscanas, misioneras, concepcionistas, doroteas, hijas de la divina pastora...). El enlace Iglesia-Universidad no es nuevo. Para el año santo de 1965, la ciudad y la Iglesia habían hecho construir un conjunto de barracas para albergar a los peregrinos extranjeros cerca de San Francisco. El *burgo de las naciones* así construido, fue inmediatamente puesto al servicio de la comunidad universitaria y sirvió hasta el final como residencia con más de 750 habitaciones. Su destrucción, por insalubridad y para dejar su lugar al Auditorio de Galicia y a nuevas residencias, llevó a su reemplazo en la periferia. En efecto, en ocasión de las Jornadas Mundiales de la Juventud de 1989, el terreno acondicionado para la misa al aire libre, en el Monte de Gozo, se encontró disponible para recibir un nuevo complejo de albergue de peregrinos en condiciones decentes. Regenteado por el Patronato Monte de Gozo, con representantes de la diócesis, es utilizado como residencia universitaria fuera de los meses de verano. Cobija también las cruzadas de Santa María, instituto católico secular, que es manejado por el Centro europeo de peregrinaciones. En su cercanía, sobre una parte del sitio, se expanden nuevas formas de establecimientos hoteleros y residencias de vacaciones.

Dentro de este dispositivo complejo, las colaboraciones entre la ciudad, la universidad, la Xunta y la Iglesia compostelana son indispensables, permanentes y discretas. No obstante el éxito de las manifestaciones es debido también a numerosos benefactores, estudiantes o no, que trabajan con las autoridades. Su reclutamiento y formación pasa por los padres franciscanos, pieza esencial del dispositivo en sus locales, a algunas centenas de metros de la catedral.

Albergar al turista

Así como la recepción de los peregrinos pasa por las congregaciones religiosas o las residencias universitarias, el aumento señalado anteriormente del número de turistas, necesita infraestructuras hoteleras adaptadas. La función turística emergente de Santiago se ve marcada por un crecimiento notable del parque hotelero desde hace unos veinte años.

La evolución del parque puede ser observada a través de los establecimientos de turismo (hoteles, hoteles-residencias, hostales) de calidad, de dos estrellas por lo menos. Su número pasó de veintidós en 1982 a cuarenta y uno en 2002, lo que corresponde a un 100% de aumento ya que veintidós establecimientos hay sido construidos y tres antiguos se han cerrado, esencialmente en la parte histórica de la ciudad. Esta progresión no tiene en cuenta unos quince hoteles y pensiones clasificados con una estrella o no clasificados en 1982, categorías que se encuentran en fuerte disminución.

La conversión al turismo se manifiesta en el cambio de naturaleza del parque hotelero. Antes de 1980, la oferta de albergue recaía sobre pensiones, fondas, hoteles-residencia de poca capacidad y que a menudo eran ocupados por docentes de la universidad o por estudiantes, al lado de los hoteles de turismo y del Parador del Hospital de los Reyes Católicos.

Las localizaciones en cercanías de las facultades se limitaban a una diseminación a la vez en el centro histórico y en el Ensanche cuya edificación se terminaba. Un único establecimiento acababa de construirse en los límites meridionales del tejido urbano. En la actual oferta se han agregado a los tres de 1982, otros trece establecimientos de tres estrellas y más, de gran capacidad. Algunos pertenecen a cadenas españolas (Hespería o Meliá), otros a compañías internacionales (Mercure). Con las formas clásicas de la hotelería internacional, surgen a la vez complementos de formas innovadoras como alojamiento en las celdas monacales (puestas al día bajo las normas vigentes) del convento de San Francisco, a partir de ese momento compartido entre los padres franciscanos y un hotel que está parcialmente financiado por el gobierno de Galicia. Al mismo tiempo surgen otras novedades como los pabellones-alojamiento de vacaciones alquilados semanalmente en Monte de Gozo. El enriquecimiento del parque se efectúa esencialmente en la periferia de la ciudad a los lados de las vías rápidas de circunvalación o de la autopista del Atlántico, o sobre la ruta del Aeropuerto. Sin embargo algunos pequeños emprendimientos se realizan igualmente en los límites del centro histórico. No faltan las referencias a la peregrinación (Puerta del Camino) al apóstol, pero la relación con las actividades no religiosas es evidente. Por un lado en la proximidad del nuevo palacio de los congresos, por otro en el fácil acceso al Parlamento de Galicia o a las administraciones de la región autónoma.

Globalmente, a través de los nuevos "clientes", la organización de coloquios y de seminarios a lo largo del año, hace que los nuevos establecimientos proyecten su gama hotelera en forma cada vez más amplia, apuntando a un público alejado de la frugalidad de los peregrinos. Existen también dos *campings* para visitantes variados.

Es así que desde hace unos quince años, el claro resurgimiento de los movimientos por motivos religiosos ha sido utilizado para relanzar el desarrollo turístico de Galicia y de su capital. En la promoción de Santiago, la movilización alrededor de la peregrinación y de los años santos es manejada por el gobierno autónomo, la ciudad, el estado español y naturalmente, el arzobispado.

Algo de religioso en el acondicionamiento urbano

El crecimiento reciente de Santiago es interpretado como el efecto de la elección de la capital de Galicia autónoma: lo político y lo administrativo completan lo religioso y universitario. La promoción turística de la ciudad reúne las necesidades de imagen prestigiosa de una capital donde prevalece la valoración del patrimonio histórico y religioso de la ciudad.

Un crecimiento diferido

Sin rehacer la historia de la ciudad, es necesario subrayar algunas etapas que han contribuido a su paisaje actual. En principio, el estancamiento a lo largo de todo el siglo XIX; consolida el nodo histórico de los doce barrios (parroquias), y de los suburbios *extra muros*. Con 30.000 habitantes en 1840, para el municipio y 26.000 en 1900, para la ciudad, Santiago escapó a la modesta industrialización de Galicia que se produjo fuera de allí, en la Coruña o en Vigo.

A principios del siglo XX, la progresión consiste en el refuerzo del centro universitario y en la afirmación de las ferias agrícolas (32.000 habitantes en 1930). Es después de la guerra civil que el desarrollo urbano se manifiesta con el resurgimiento de la universidad, la construcción del Hospital general de Galicia y la instalación del Mercado nacional de ganado al norte de la ciudad.

Son entonces las funciones tradicionales que se encuentran exaltadas para alcanzar 60.000 habitantes en 1970. El crecimiento se canaliza hacia el Ensanche. Finalmente, la autonomía de Galicia y la rápida elección (1980) de Santiago como capital de la región se traducen en la implantación de todas las administraciones del nuevo poder (aproximadamente 2.000 funcionarios); se reutilizaron los espacios militares y programaron la edificación de nuevos barrios residenciales para alcanzar a la fecha más de 100.000 habitantes en la aglomeración y en los barrios peri-urbanos (Lois González, Somoza, Medina, 2003).

Este crecimiento se desarrolló exitosamente bajo la protección del Apóstol. De manera más o menos explícita y reglamentaria, el volumen de los edificios no debe ocultar la pujanza de las flechas de la catedral. Por lo tanto en el centro histórico, las construcciones no sobrepasan los tres pisos y solamente emergen los campanarios de las iglesias y de los conventos. En la construcción del Ensanche la altura de los edificios está limitada a seis pisos sobre las pendientes de de las vertientes hacia el valle del Sar. En ambos casos nada puede ocultarle al peregrino o al resto de los visitantes la silueta de la basílica que deberá ser descubierta al final del camino. Estas disposiciones de urbanismo adaptadas a la topografía de la ciudad, han logrado limitar aquellas construcciones de decisión intempestiva.

Finalmente, el carácter tardío de la expansión urbana sólo presenta ventajas. En primer lugar, porque las antiguas elecciones para el acondicionamiento han podido ser respetadas en ausencia manifiesta de presión en cuanto a bienes raíces y tierras se refiere: el parque de la Alameda al sur del centro histórico fue conservado, la trama arbolada de mimosas de la ciudad universitaria meridional no fue alterada.

Por otra parte, la expansión reciente se realizó en el contexto de una capital de región autónoma y como una vitrina de Galicia. En consecuencia los acondicionamientos urbanos tanto para los barrios de los servicios y de las administraciones como para los complejos residenciales destinados a sus empleados fueron ejecutados con la inquietud permanente de planificación de conjunto, de calidad arquitectural y de mantenimiento de los espacios verdes o de recreación. El respeto, en líneas generales, del Plan general de acondicionamiento urbano de Santiago (PGOU de 1989, luego del de 1965), permitió circunscribir los sectores de urbanización, preservar espacios naturales o agrícolas en un periodo donde la resistencia de los propietarios rurales, en la mayoría de los casos se desmoronaba. Es así que aún con las expropiaciones de las circunvalaciones o de la autopista, Santiago puede enorgullecerse de contar con un marco urbano donde los espacios verdes son importantes: en las periferias de la ciudad con amplias reservas, en los espacios peri-centrales con las dependencias de los grandes monasterios (Santo Domingo por ejemplo).

Además las construcciones de prestigio de la capital, firmadas por los mejores arquitectos europeos, se hallan valorizadas por espacios verdes reconstituidos a su alrededor, como el caso del Auditorio de Galicia. Es así que sólo los barrios relativamente antiguos, el centro histórico y el Ensanche constituyen espacios completamente conformados por minerales, particularmente por granito.

Retorno al patrimonio

Si el crecimiento urbano se manifiesta en las periferias, si los nuevos equipos, turísticos o de otro tipo, se desarrollan fuera de la ciudad, la imagen de la capital de Galicia y la promoción urbana se construyen a partir del *casco urbano,* que es el centro de todos los poderes.

En el marco del plan general de acondicionamiento, la conservación y la rehabilitación del patrimonio del centro histórico son ampliamente consideradas. Un Plan especial de Protección y Rehabilitación del *Casco Histórico* de Santiago se ha puesto en marcha a partir de 1987. Es uno de los ejes indispensables de la política de promoción de la ciudad para la alcaldía y para el Gobierno autónomo. El mismo se combinó con un plan de recuperación de los espacios degradados. El objetivo patrimonial es evidente (Formigo, 1996). La iniciativa no es nueva y no hace más que prolongar todas las acciones de clasificación y de protección de los centros históricos introducidas por las leyes desde 1940.

La novedad consiste en la duración del plan que se instala sobre doce años y en la creación de un instrumento, una agencia para ponerlo en marcha: el *Consorcio de Santiago*. Se trata de un organismo público cuya actividad es financiada en un 60% por el Estado español, 35% por la *Xunta* y el 5% por la municipalidad. Su misión es en principio la de preservar el marco edilicio, luego la de mantener la actividad de poblar la parte histórica esencialmente por intervenciones sobre el patrimonio construido: rehabilitación, restauración, instauración de normas… En la práctica la acción se ejerce sobre los 2800 edificios del *casco histórico,* es decir alrededor de 7000 viviendas y aproximadamente 2000 locales comerciales o de servicio. En el marco de este plan, las intervenciones privilegian los dos tercios de los edificios que presentan un mínimo de interés histórico. Y de hecho, fuera de los monumentos o construcciones más notorias, el *Consorcio* participa en el financiamiento de la rehabilitación interior de las viviendas a partir de 1994, así como de los locales comerciales después de 1997 (Gotlieb, 1998). El ritmo de trabajo está dado por las demandas: aproximadamente 150 viviendas son rehabilitadas cada año. También depende de las prioridades: en 2003 y 2004, se privilegiaron las fachadas de los establecimientos religiosos (Iglesia de huérfanos de la Orden terciaria de San Benito) justo retorno a los monumentos de función fundamental.

Con la restauración de los pavimentos de granito de las calles destinados a partir de ese momento a uso exclusivamente peatonal, y la renovación de numerosos locales, las acciones llevadas a cabo son notoriamente visibles. Las mismas contribuyeron a la revitalización de las actividades comerciales en unión con el aumento de la llegada de turistas. Dos asociaciones canalizan las iniciativas: la de las empresas hoteleras de Santiago para los bares y restaurantes del centro de la ciudad, y la asociación *Compostela monumental* para el resto de los comercios.

La especialización de las calles se encuentra un poco reforzada: al oeste con la Rua de Franco destinada a restaurantes para los turistas y a bares "de vino" para los universitarios, al este los comercios y los servicios tradicionales para la población, pero también para los estudiantes (Dalisson, 1998).

Si bien es prematuro juzgar efectos sobre la "repoblación", marcada a la vez por el envejecimiento y la declinación desde 1970 y el sector elevado de residentes estudiantes, en materia de revitalización, la animación del centro histórico es innegable, en especial gracias a los estudiantes, turistas y peregrinos.

Una economía ecuménica

La función religiosa está fundamentalmente en Santiago: es el origen de la ciudad, asegura su desarrollo y sus actividades hasta mediados del siglo XX —en forma directa a causa de sus instituciones y sus manifestaciones consecuentemente con la implantación precoz y el surgimiento tardío de la función universitaria.

Entre los valles del Sar y de Sarela, la Iglesia ha desplegado sus edificios barrocos alrededor de la basílica romana en los límites de las murallas y de los barrios históricos.

Es este marco monumental y la importancia religiosa del lugar que permiten su clasificación como patrimonio de la humanidad. El dinamismo retomado a fines del siglo pasado deriva en diversas decisiones del joven gobierno de Galicia: elección de una capital en un marco prestigioso, inversión en el desarrollo turístico sobre una base cultural y monumental donde lo religioso es exaltado y sirve de pretexto para la promoción.

La vocación ecuménica de la religión toma forma con la movilización de todas las autoridades en todas sus escalas. La misma se manifiesta con la ofrenda al apóstol el 25 de julio, y... cada día en los procesos de valorización y de reutilización del patrimonio religioso de la capital de Galicia.

Bibliografía

ALDREY VASQUEZ J.A., *Analise da poboacion na area urbana de Santiago de Compostela*. Santiago: Consorcio de Santiago. Santiago, 1999.

BERTRAND J.-R., Géographie des pèlerinages. In Bertrand J.-R. et Muller C. : *Religions et Territoires*. Paris : L'Harmattan, Paris, p.39-64. 1999

DALISSON C., Saint-Jacques de Compostelle : fonctions et espaces urbains. In GEASO-CERVIN : *Campagnes françaises et ibériques de l'Atlantique*. Bordeaux. p. 179-189. 1998

CONSORCIO DE SANTIAGO, page web de la Concelleria de Conservacion e Rehabilitacion do Casco Histórico:

www.santiagodecompostela.org/concello/historico/index.html.

Compostela 2000, Memoria del Año Santo 1999. Revista de la Archicofradia Universal del Apostol Santiago, n° 20.

FORMIGO COUCEIRO J.. *El casco historico de Santiago de Compostela. Un estudio de geografía humana*. Memoria de Licenciatura. Santiago, 1997

GOTLIEB C., Nouveaux chemins pour Saint-Jacques de Compostelle. *Diagonal*, n°131, 1998, p.57-60.

Guía de la Archidiocesis Compostelana, 1992 - 1998. Santiago.

LOIS GONZALEZ R.C., *A universidade (1960-1992)*. Xerais, Vigo, 1994, 246 p.

LOIS GONZALEZ R.C. y RODRIGUEZ GONZALEZ R., "La estrategia de promocion urbana de Santiago de Compostela". En *El planeamiento urbano y estrategico*. Universidad de Léon. 1992, p. 145-159.

LOIS GONZALEZ R.C., "Revitalización económica y desarrollo urbano reciente en Santiago de Compostela". En: CAMPESINO A. (ed.): *Comercio, turismo y cambios fonctionales en las ciudades espanolas Patrimonio de la Humanidad*. Caceres. 1999, p. 161-197.

LOIS GONZALEZ R.C. et SOMOZA MEDINA J., "Cultural tourism and urban management in northwestern Spain: the pilgrimage to Santiago de Compostela", *Tourism Geographies*, n°5, 2003, p.446-460.

MADOZ P. *Diccionario Geográfico-Estadístico-Histórico de España y sus posesiones de Ultramar*. Tome IV, 1847, article Santiago.

MERCATOR P. *La fin des paroisses ?* Paris: Desclée de Brouwer, 1997, 190 p.

OTERO PEDRAYO R., *Las ciudades gallegas*. Buenos Aires: Ed. Galicia, Buenos Aires, 1951.

RIVAS M. *Galicia, el bonsaï atlantico*. Madrid, 1979

SANTOS SOLLA X.M. "Mitos y realidades del Xacobeo", *Boletín de la Asociacion de Geografos Espa oles*.nº28, 1999, p. 103-117.

CAPÍTULO VII

Fe, devoción y espacio público: cuando los migrantes construyen lugares

Susana María Sassone
Judith Corinne Hughes

Relatos de viajeros, pioneros e inmigrantes son parte de la historia de la región más extensa y menos poblada de la Argentina: la Patagonia. A esta *terrae incognitae* llegan miles y miles de turistas del mundo para descubrir este fin del mundo; por su parte, otros, inversores de todas las latitudes, arriban para buscar destino a sus ingentes capitales, beneficiados por las políticas de la globalización. Desde ya hace décadas, la Patagonia ejerce fuerte atracción también para los migrantes internos (procedentes de Santiago del Estero, Salta, Catamarca, Corrientes, Mendoza, etc.) pues allí hay trabajo, ya sea por el petróleo, ya sea por la producción de lanas y frutales, ya sea por la construcción o los servicios, ya por el turismo (y sin hablar de la minería que no incentiva el poblamiento). Por su parte, el arribo de migrantes internacionales no cesa; entre los sesenta y los noventa la región estuvo asociada a la llegada de los chilenos. Desde hace casi treinta años y, más aún últimamente, se suman por miles los migrantes bolivianos, aunque no alcanzan en cantidad a los anteriores. Esta población de origen andino responde a una lógica territorial de dispersión / concentración (Cf. Sassone, 2009); es así que se distribuyen en diversos puntos del país y donde los bolivianos se asientan, se concentran.

La migración boliviana está instalada en ciudades y en los valles de regadío de la vasta Patagonia, aunque los censos de población sólo muestran cuantías exiguas. En la mayoría de las localidades del frente patagónico, desde el Norte hasta el Sur más distante, se localizan migrantes bolivianos. Villalonga, Sierra Grande, Puerto Madryn, Trelew, Comodoro Rivadavia, Caleta Olivia, San Julián, Río Gallegos, Ushuaia, son las localidades más destacadas. Esta migración, que llega en grupos familiares, en busca de trabajo, trae consigo sus costumbres andinas y una de las más destacadas, y que trascienden a la sociedad local, es la de las prácticas religiosas. Y esta situación remite a recordar que la evangelización en América, en su devenir de siglos, unió la fe católica con las expresiones populares de la fe de los pueblos americanos; en pocas palabras, la Madre Tierra se sincretiza con la devoción por María Virgen. Como dice la Conferencia Episcopal Latinoamericana CELAM, América es un continente mariano: desde México, con la devoción a Nuestra Señora de Guadalupe (patrona de México) hasta Nuestra Señora de Luján (patrona de la Argentina), la fe católica expresa, a través de la religiosidad popular, el culto a María (Sassone, 2007: 65). En la Argentina y en Buenos Aires, en particular, la colectividad boliviana celebra una treintena de devociones católicas, la mayoría, marianas. La celebración de la devoción a Nuestra Señora de Copacabana[1], patrona de Bolivia, y la de Nuestra Señora de Urkupiña[2] son las trascendentes y de mayor difusión en los asentamientos de migración boliviana.

El objetivo de este capítulo es analizar las prácticas religiosas católicas de migrantes en el espacio público urbano, en tanto acciones de construcción territorial de la cohesión identitaria. El caso de estudio es el de esas prácticas por parte de los migrantes bolivianos en el barrio –boliviano- "El Porvenir», en la ciudad de Puerto Madryn (provincia del Chubut). En ese barrio se advierte la proximidad temporo-espacial de las dos celebraciones más importantes de la colectividad y se plantea un segundo nivel de explicación: el del análisis del juego de negociaciones y tensiones entramadas en las relaciones sociales del grupo y los modos de territorialización de la comunidad a partir de las prácticas religiosas. En cuanto a la metodología utilizada debe indicarse que es del tipo cualitativo, con observaciones de *visu*, observación participante y entrevistas en profundidad a los migrantes que lideran las celebraciones; se realizaron sistemáticamente los seguimientos de las celebraciones en los años 2007 y 2008. Quiere consignarse que el caso de análisis guarda similitudes con las prácticas religiosas católicas de los migrantes en estos tiempos de globalización. Los mexicanos, en sus múltiples orígenes, celebran a Nues-

---

[1] La devoción se celebra cada año en la ciudad de Copacabana, próxima a la ciudad de La Paz (Bolivia).
[2] Esta otra devoción es oriunda de Quillacollo, localidad muy próxima a la ciudad de Cochabamba (Bolivia)

tra Señora de Guadalupe en ciudades de Estados Unidos como los bolivianos lo hacen en tantos sitios de la Argentina y como lo están haciendo desde 2006 en Madrid (España).

El capítulo se organiza del siguiente modo: primero se caracteriza la ciudad de Puerto Madryn y el barrio "El Porvenir", barrio de bolivianos. En segundo lugar, se identifican, se describen y diferencian las prácticas religiosas propias de las dos devociones católicas: Nuestra Señora de Copacabana y Nuestra Señora de Urkupiña, ambas traídas desde Bolivia, que los migrantes celebran durante el mes de agosto. Con historias particulares, ambas se proyectan en el espacio público del barrio, las calles[3], con diferentes alcances y constituyen un acto de posicionamiento identitario y territorial en la ciudad. La cuasi coincidencia espacial y temporal demuestra la presencia de orígenes regionales distintos de Bolivia y que se encuentran/enfrentan en la ciudad de Puerto Madryn; la escala urbana insta a fortalecer esos orígenes regionales. Por último, se discute sobre las tensiones que dan sentido a la celebración de las dos devociones: una surge de la acción de los primeros migrantes apoyados por la asociación boliviana local: Centro de Residentes Bolivianos de Puerto Madryn; y la otra, se afincó por la iniciativa de una familia boliviana.

Puerto Madryn: ciudad de inmigrantes

Bucear en la historia de la población de la ciudad de Puerto Madryn demuestra que es un claro ejemplo de una ciudad patagónica, una ciudad nueva, una ciudad de pioneros, una ciudad de tehuelches y mapuches, una ciudad de inmigrantes del mundo lejano como de orígenes próximos latinoamericanos, una ciudad de argentinos NYC (nacidos y quedados) y VYC (nativos argentinos procedentes de otras regiones del país). Este sentido cosmopolita, en pequeña escala, acompaña la historia demográfica de Puerto Madryn. Su origen está asociado a la llegada de los primeros colonos galeses. La condición de puerto abrió las puertas a otras nacionalidades que terminaron afincándose en la ciudad; a tal punto llegó el atractivo que se dio origen a la variopinta sociedad local (Meisen, 1983: 21).

---

[3] Los espacios públicos y en particular los espacios verdes en algunas ciudades patagónicas son escasos en relación al número de habitantes.

Puerto Madryn[4] se localiza sobre el Golfo Nuevo y es cabecera del Departamento Biedma, principal puerto del Chubut por ser el único de aguas profundas para buques de gran calado. Se comunica por la ruta nacional 3; hacia el sur con Trelew (67 Km.) y con Comodoro Rivadavia (452 Km.) y, hacia el norte, la localidad más importante es Sierra Grande (provincia de Río Negro) a 150 Km. Por la ruta 25, se conecta con Gaiman (82 Km.), con Dolavon (102 Km.) y con Esquel (707 Km.). Sus rasgos singulares se apoyan en: a- constituir la entrada para el turismo internacional más próxima a la Península de Valdés y b- por su actividad industrial, ligada a la industria pesada con la producción de aluminio y a la una industria pesquera, ambas proyectadas al mercado internacional. Estas actividades encierran una problemática migratoria que a veces no trasciende en el momento de atender a la definición del perfil de la ciudad.

Puerto Madryn está entre las ciudades más dinámicas de la Argentina, con respecto al crecimiento demográfico. En el censo nacional de 1947, la ciudad contaba con tan sólo 3.441 habitantes, el 0,2 por mil del total del país. La construcción del gasoducto patagónico en la década del cincuenta produjo una pequeña reactivación; en 1970 la población alcanzaba apenas los 6.115 habitantes. En la década 1970-1980, la tasa del 12,77 por ciento anual superó en población a Esquel y Rawson y se erigió en la tercera ciudad de la provincia. A modo de comparación, en el mismo período la Argentina creció con una tasa de 1,80 por ciento, la Patagonia a razón de 3,85 por ciento y la provincia del Chubut con una tasa de 3,29 por ciento (Sánchez et *al*., 2005).

La construcción y puesta en marcha de la planta de aluminio a cargo de la empresa Aluminio Argentino S.A.I.C. (ALUAR)[5] generó una fuente de trabajo que derivó en un proceso migratorio sin precedentes. En 1980 había 20.103 habitantes y durante la década, el crecimiento demográfico de la ciudad continuó fuerte, con una tasa de 7,72 por ciento contra 1,47 por ciento del total del país, 3,46 por ciento de la Patagonia y 2,94 por ciento del Chubut. En el último período intercensal 1999-2001, la ciudad pasó de 44.916 en 1991 a 57.614 habitantes en 2001; la tasa de crecimiento cayó a un 2,40 por ciento, aunque siguió muy superior a la del total del país (1,00 por ciento), a la de la Patagonia (1,52 por ciento) y a la de la provincia (1,40 por ciento).

---

[4] Sobre los orígenes y emplazamiento de Puerto Madryn, Cf. Coronato (1999).
[5] ALUAR Empresa líder en el país de producción de aluminio.

Por tercer período consecutivo, Puerto Madryn había crecido más que las otras ciudades importantes de la provincia: Comodoro Rivadavia (0,85 por ciento), Trelew (1,18 por ciento), Esquel (1,92 por ciento) y Rawson (1,54 por ciento). Se pueden mencionar otros rasgos de la geodemografía: en 2001, la ciudad superaba en mucho a toda la población rural de la provincia, representando el 13,9 por ciento del total de Chubut, el 3,3 por ciento de la Patagonia y el 1,6 por mil de todo el país (Sánchez et *al.*, 2005). A su vez, con respecto a la población extranjera, la provincia del Chubut tenía, en 2001, un porcentaje de migrantes muy superior a la media nacional (6,6 por ciento con respecto al total de la población, contra el 4,2 por ciento). Había en la provincia 27.425 extranjeros, de los cuales el 54 por ciento estaban en Comodoro Rivadavia, el 16 por ciento en Trelew y el 14 por ciento en la ciudad de Puerto Madryn. En total, el 83 por ciento de extranjeros de la provincia se concentraba en las tres ciudades. Sin duda, este ritmo de la dinámica demográfica estuvo y estará asociado a las migraciones del interior de la misma provincia, a las de la región, a las de otras regiones y, en particular, a las del exterior.

Con respecto a la población boliviana, la ciudad de Puerto Madryn es la que presenta la mayor participación de esa población: un 38 por ciento, superando a los chilenos (34 por ciento). Estos migrantes llegaron atraídos por las demandas de mano de obra en la construcción, nicho económico dominado, a nivel nacional, particularmente por paraguayos y bolivianos, asociado con la puesta en marcha de ALUAR (Owen y Hughes, 2001:160). A su vez, poco tiempo después, con el objeto de promover la diversificación económica, se construyó un parque industrial en el norte de la ciudad que abrió nuevas demandas de empleo en el sector de la construcción. A fin de aprovechar las ventajas competitivas del puerto de aguas profundas, se hicieron importantes inversiones para promover la industria pesquera. Esta actividad demanda mucha mano de obra para la preparación de las capturas diarias y estacionales; esas tareas fueron satisfechas desde sus comienzos por mano de obra femenina de origen boliviano. Un alto porcentaje de mujeres bolivianas trabaja en el sector desde hace unos 25 años. Esa especialización laboral de mujeres migrantes es única en el país. A la luz de las economías familiares, supone la complementariedad de género en el sostenimiento familiar.

El crecimiento físico de la ciudad es fiel reflejo de las etapas históricas y la relación con el incremento demográfico. Las primeras viviendas fueron casillas construidas por los colonos galeses que arribaron en el velero *Mimosa* en 1865;

las levantaron sobre las rocas a lo largo de la costa en Punta Cuevas. Años más tarde, con la construcción del ferrocarril que uniría el Golfo Nuevo con la Colonia Galesa en el Valle Inferior del río Chubut se construyeron viviendas e instalaciones de la empresa ferroviaria que originan el actual emplazamiento de la ciudad. El trazado urbano definitivo fue realizado en 1906 por el ingeniero inglés Allan Lea (empleado por la empresa ferroviaria de capitales ingleses) con características singulares como manzanas de 100 x 100 y calles de veinte metros y una disposición de los lotes de tal manera que ninguno se enfrentaba ya que se alternaban los frentes de los lotes (Sanabra, 2003:120). La división social del espacio se trasunta en las elecciones residenciales: al norte de la línea del ferrocarril se localizan las residencias de las personalidades reconocidas de la ciudad (Chalet Pujol y casa del Gerente del F.C.CH.) y al sur las diversas instituciones, residencias y comercios (Sanabra, 2003:123)

Para la década del treinta la ciudad vive su primera expansión hacia el sur con el llamado "Barrio Hotel" y se trasladan los tambos al barrio "Villa Padilla"; se inaugura el tramo de ruta nacional N° 3 que la une a San Antonio Oeste y se comienzan a aprovechar las bondades de la playa con la construcción de una hilera de casillas frente al mar. Se cierra el Ferrocarril Patagónico en la década del sesenta, que había funcionado como estructurante de la organización del espacio urbano; de todos modos, en la actualidad su trazado coincidente con la Avenida Irigoyen, contribuye a justificar aspectos de la división social del espacio urbano. Aquél fue el tiempo del estancamiento y la emigración. En la década del setenta, con la construcción de la planta productora de aluminio, ALUAR Aluminio Argentino S.A.I.C. se produce un cambio importante en la ciudad. Aumenta su población de 6.000 a 20.000 habitantes, se crea el parque industrial al norte, se construyen viviendas para operarios de ALUAR, el Estado construye viviendas hacia el noroeste de la ciudad y los médanos del sur se convierten en los terrenos codiciados y valorados (Sanabra, 2003:127). A comienzos de este siglo XXI, la ciudad con más de 60.000 habitantes se caracteriza por las actividades industrial, pesquera y turística. La ampliación de ALUAR (2007-2012) generó mayor demanda de empleo y con ello la llegada de migrantes internos y de países limítrofes, especialmente, bolivianos y paraguayos.

Los distintos barrios de Puerto Madryn se diferencian por su antigüedad, su posición geográfica en el conjunto del espacio urbano, por el estilo arquitectónico y por un sentido de pertenencia que se negocia, en el cotidiano, entre las acciones del gobierno local y el sentir de los habitantes de los barrios. Puerto Madryn, como muchas otras ciudades intermedias, presenta una división socio-espacial de marcados contrastes. Cada uno de los barrios cuenta con juntas vecinales, sobre todo en los más nuevos y populares que actúan como espacios de convivencia social y de canalización de las necesidades hacia las autoridades. Desde el 2003, con el Plan Federal de Inversiones resurge la presencia del Estado en la construcción de viviendas, conformando de manera oficial, nuevos barrios.

La ciudad presenta situaciones dispares en cuanto a sus áreas residenciales. El área central sobre la línea de costa corresponde al trazado original y allí funciona sobre todo la actividad bancaria y comercial. Se aprecia claramente la tendencia natural de crecimiento hacia el sur para usos residenciales y hacia el norte para usos industriales, mientras que hacia la periferia, en particular en el noroeste y el norte, se distribuyen barrios populares. En el espacio comprendido entre el Boulevard Brown (costa de mar) y la avenida Julio Argentino Roca sobresale el uso residencial permanente y convive con el uso residencial turístico. Hacia el oeste de la ciudad se encuentran el resto de las áreas residenciales con un uso mixto del suelo, donde coexisten con uso comercial y servicios de proximidad. Por ejemplo, el Barrio Julio Argentino Roca es el que nació a partir de la construcción de la empresa ALUAR para otorgar viviendas en propiedad a sus empleados. Otros barrios se formaron a partir de los planes de vivienda FO.NA.VI. Por su parte, otros barrios nacieron del libre juego de la oferta y la demanda en el mercado inmobiliario local.

La estructura urbana de Puerto Madryn revela la existencia de tres sectores diferenciados, son tres ciudades que conviven. Al norte está la " ciudad portuario-industrial"; al este, la ciudad "ventana al mundo" sobre el frente del Golfo Nuevo, la del litoral marino y las playas extensas de la bajamar, la del turismo internacional y la de los cruceros, la de las ballenas y la de los deportes acuáticos como el buceo; y al oeste, la "ciudad popular" –la otra Madryn, la de la trastierra, la de las periferias que no son en todos los casos periferias pero se comportan como tales–, con calles de tierra, sin árboles, sin alcantarillas y anegable, de topografía más difícil y próxima a las bardas. La divisoria entre el este y el oeste queda trazada por ejes viales: avenida Domec García Norte, calle Gobernador Fontana, avenida Hipólito Irigoyen y calle Juan B. Justo. La ciudad "ventana al mundo" se extiende desde estas avenidas hacia el mar; allí se encuentran el centro comercial, bancario y de servicios, viviendas residenciales, condominios, hoteles cinco estrellas, un pequeño polo científico (vincula el CENPAT, dependiente del CONICET, la Fundación ECO-centro, el Museo del Desembarco). Abarca los siguientes barrios: Barrancas del Golfo, Parry Madryn, Conquistadores del Desierto, Villa del Parque, del Desembarco, Luis Piedrabuena. Hacia el oeste de las avenidas mencionadas se presenta el crecimiento que implica el desborde de los límites naturales de la ciudad con loteos sociales municipales y viviendas construidas con planes provinciales y nacionales (Figura 1).

Figura 1: División en barrios de Puerto Madryn e identificación del Barrio "El Porvenir"

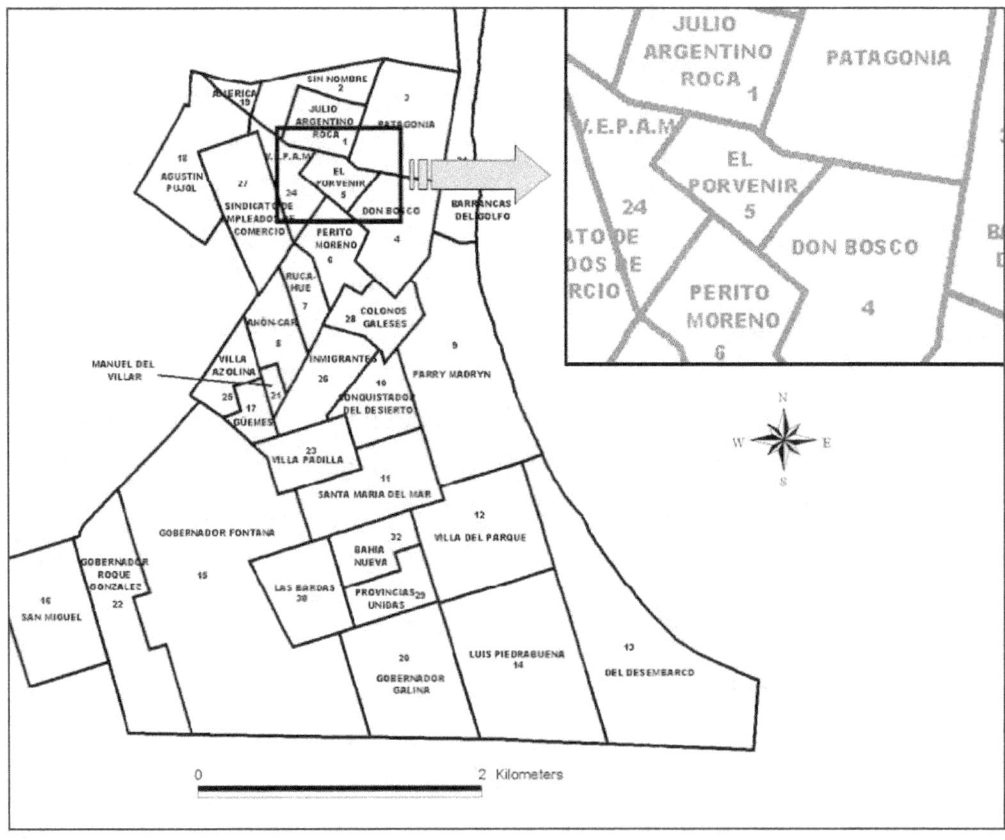

Fuente: Elaboración personal sobre la base de información de la Dirección General de Estadística y Censos, Ministerio de Coordinación de Gabinete, Gobierno del Chubut.

"El Porvenir": el barrio boliviano de Puerto Madryn

El barrio "El Porvenir" de Puerto Madryn surge en la década del ochenta con la gran expansión de la ciudad, originada a partir del nacimiento de la actividad industrial en la ciudad. El barrio está localizado en el sector noroeste de la ciudad (Figura 1). Éste es un barrio de migrantes bolivianos en el que se observan marcas culturales propias de esta colectividad. La concentración de migrantes en un barrio es producto de las redes sociales y la necesidad de construir sus lugares (Sassone, 2002; Sassone y Mera, 2007).

Los primeros bolivianos propietarios de viviendas en el barrio provenían del asentamiento precario, formado en el sitio Loma Blanca, próximo a la actual terminal de ómnibus de la ciudad. Al igual que en el barrio Charrúa de Buenos Aires, la construcción se sigue extendiendo "hacia arriba" por la escasa superficie de los lotes[6] (Sassone, 2002; Bertone de Daguerre, 2003 y 2005). A escala del barrio, la disposición de las manzanas se asemeja a las del Barrio Charrúa: se trata de manzanas rectangulares con pasajes angostos como calles. El barrio se organiza en torno a dos ejes: la calle Roberto Gómez que nace en el frente marítimo y en el barrio se convierte en el eje principal de referencia para los habitantes, mientras que la Avenida Juan XXXIII separa más que une a los habitantes del barrio por ser una avenida de tránsito frecuente. Es un barrio residencial con una fisonomía disonante con los barrios colindantes y solo se encuentran comercios de proximidad, en su mayoría, a cargo de propietarios bolivianos. Son comercios de bolivianos para bolivianos y sobre todo se advierte cuando en la cartelería predominan nombres y topónimos de Bolivia (Kantuta: flor nacional de Bolivia; Copacabana; Urkupiña, etc.). El aumento de migración boliviana ha fomentado concentraciones étnicas de ese origen en otros barrios periféricos como el Pujol II, V.E.P.A.M, CO.DE.PRO. y 21 de enero (ex Pujol I).

Como dice Carballo (2007:16), la religión asume el papel de ordenadora, integradora o no de los espacios urbanos. En esa línea se reconoce la vida cotidiana de este barrio. Durante la primera quincena del mes de agosto, "El Porvenir" se convierte en el lugar de referencia para la colectividad boliviana pues se llevan en el mismo y en forma secuencial, las cerebraciones de Nuestra Señora de Copacabana y la de Nuestra Señora de Urkupiña. Ambas cele-

---

[6] Se observan construcciones hasta de cuatro pisos en la calle Roberto Gómez casi esquina Juan XXIII.

braciones trascienden el espacio del barrio El Porvenir ya que los ensayos involucran a miembros de la comunidad que viven en otros barrios. Durante las semanas previas los integrantes de las fraternidades realizan los ensayos en la calle o en las juntas vecinales o en domicilios particulares de otros barrios (por ejemplo, Pujol II). Asimismo, las fiestas convocan a migrantes bolivianos asentados en las localidades cercanas de Trelew, Gaiman y productores hortícolas del Valle Inferior del río Chubut. También hay participación de grupos de danza y música de Comodoro Rivadavia, Caleta Olivia (provincia de Santa Cruz) y Sierra Grande (provincia de Río Negro).

En el barrio El Porvenir se visualiza el uso étnico del espacio público. En las ciudades, las plazas y las calles son los espacios públicos donde se pone en acto el principio de vecindad; es el medio físico que permite poner en relación a los diferentes espacios privados. Es el espacio que está entre los espacios individuales de las viviendas y edificaciones privadas, el espacio físico entre las casas particulares, donde se encuentran los servicios y vialidades disponibles para todos los habitantes. Es un espacio material, definido en términos relacionales (Duhau y Giglia, 2004: 171). Algunos autores que han trabajado sobre el concepto de espacio público usan este término como sinónimo de un tipo de relaciones y de experiencia urbana, de una forma de urbanidad asociada históricamente con la ciudad moderna. Según esta visión, se da por supuesto que los barrios marginados o las periferias populares no hacen posible ese "aprendizaje del otro y de lo que no es uno" que "proviene esencialmente de la potencia del anonimato que pueden ofrecer los espacios públicos" (Ghorra, 2003: 13 *apud* Duhau y Giglia: 2004). Los espacios aludidos serían lugares donde prevalecen situaciones de homogeneidad social y, por lo tanto, donde no hay realmente "otros" que permitan hacer la experiencia del encuentro con extraños diferentes. Es diferente cuando se trabaja para un barrio de migrantes donde la alteridad emerge y se presentan a los otros, a los de la sociedad mayor (y no hablamos de minorías).

Devociones y las prácticas religiosas

La celebración de Nuestra Señora de Copacabana, patrona de Bolivia, se realiza en Puerto Madryn desde el año 1975 en el barrio El Porvenir y el Centro de Residentes Bolivianos de Puerto Madryn está ligado a su organización.

En aquella primera oportunidad se celebró la misa en la Parroquia Cristo Resucitado[7]. Las fases de la festividad guardan relación con la secuencia de las celebraciones realizadas en Bolivia como las prácticas trasladadas a la Argentina (Sassone, 2007); en igual sentido, en Puerto Madryn se replican los rituales de las devociones marianas bolivianas. También, en el barrio El Porvenir, a través de estas prácticas religiosas, los migrantes bolivianos construyen su lugar en la ciudad y son reconocidos como colectividad ante la sociedad local.

En aquella primera celebración se comenzó con la representación de una obra de teatro en un escenario ubicado sobre la calle Roberto Gómez y Pasaje Güiraldes; acompañaron músicos bolivianos con quenas, guitarras y bombos. Luego se continuó en los domicilios particulares con baile y comidas típicas[8]. Ya en 1985 los migrantes bolivianos del barrio lograron organizarse y trajeron una réplica de Nuestra Señora de Copacabana[9] desde Bolivia. La misa se ha realizado, desde entonces, en la misma parroquia, mientras que los espacios para los bailes y comidas típicas han cambiado en varias oportunidades. Esos espacios fueron: el gimnasio municipal N° 2 "Daniel Gallo", ubicado en las calles Berwyn y pasaje Evita, y el predio ubicado sobre la avenida Juan XXIII y José Menéndez (ambos localizados en el Barrio "Perito Moreno", contiguo al barrio El Porvenir). En los últimos años la procesión concluye en el salón en construcción que la colectividad boliviana[10] posee en el terreno ubicado sobre la calle Polonia y Pasaje América (Barrio V.E.P.A.M, lindante al barrio El Porvenir) (Figura 2). Allí se levanta el altar para entronizar a la Virgen y en la calle misma se despliegan las danzas y los puestos de comidas de la cocina boliviana. Esta celebración se realiza el sábado y domingo del primer fin de semana de agosto y permite a los migrantes bolivianos reconocerse hermanos devotos de Nuestra Señora de Copacabana. Esa celebración coincide con la semana de festejos la Independencia de Bolivia, 6 de agosto. Cada año esta es una manifestación de su identidad étnica en el espacio público de Puerto Madryn.

---

[7] Parroquia de la Iglesia Católica ubicada sobre la avenida Pedro Derbes en el barrio "El Porvenir" en donde se ha obtenido un espacio para el resguardo de la Virgen durante el año.

[8] Entrevista a D. V. G., 2008

[9] La réplica de la Virgen de Copacabana es traída a Puerto Madryn por la señora Laura de Vedia que junto a Daisy González de Vargas son las promotoras de la devoción.

[10] Hay un acuerdo entre la Municipalidad y el Centro de Residentes Bolivianos de Puerto Madryn.

Por su parte, la celebración de Nuestra Señora de Urkupiña, que se realiza entre el 14 y 16 de agosto en la provincia Quillacollo, departamento de Cochabamba (Bolivia), en Puerto Madryn se efectúa el sábado y domingo del segundo fin de semana de agosto. Esta celebración fue implantada por una familia de migrantes, provenientes del departamento de Cochabamba que también trajo la imagen desde Bolivia; ellos son los custodios[11]. Durante la primera celebración, los gastos de organización fueron solventados por esta familia devota; sin embargo, con los años se han incorporado pasantes, bajo el sistema de compadrazgo; así se extienden las redes sociales y forjan comunidad en el nuevo lugar. El altar para la Virgen de Urkupiña es preparado en el garaje de la vivienda de la familia poseedora de la imagen, que reside sobre la avenida Juan XXIII. La procesión y fiesta que consiste en bailes, música, comidas y bebidas se desarrolla en el *boulevard* de la misma avenida, frente a la casa de los custodios (Figura 2).

Figura 2. Festividades religiosas de la colectividad boliviana en el Barrio El Porvenir (Puerto Madryn): recorridos y puntos de concentración.

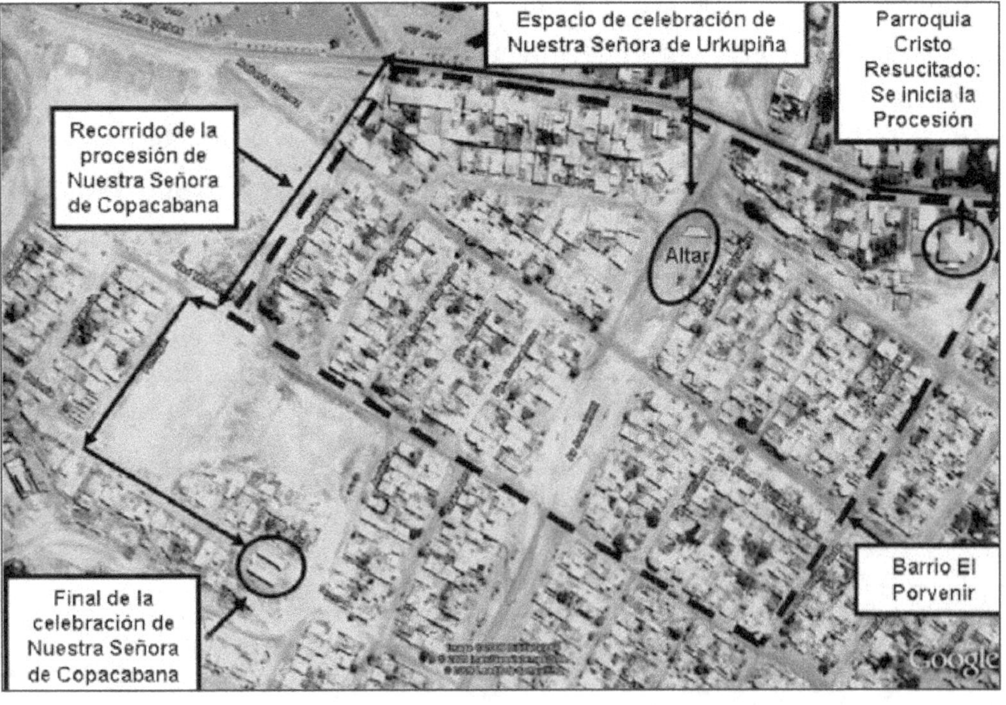

---

[11] El custodio o dueño de la imagen (Sassone, 2007:74).

a. Organización y actores

En ambas celebraciones, la organización sigue las mismas pautas. Todo comienza al finalizar la fiesta de cada año (Sassone 2007:73), instancia en la que se designa el pasante principal y los pasantes secundarios de la del próximo año. Así se amplia la comunidad, pues cada pasante se convierte en compadre del anterior pasante. La elección es motivo de orgullo para los elegidos pues, por devoción, con su contribución esperan recibir las bendiciones de María Virgen. El pasante principal, acompañado por su familia, es el encargado de proveer el nuevo ropaje, de portar la imagen en toda la celebración. La imagen permanece en su casa y recibe en su domicilio a todos los vecinos, sobre todo, durante la *novena*[12], los nueves días previos a la celebración. Se les suma el sacerdote que acompaña a la comunidad en su devoción.

El pasante principal es el encargado de resguardar la imagen de María Virgen durante la celebración y custodiar las ofrendas (en general, dinero) que los devotos colocan junto al manto. Los pasantes secundarios son matrimonios que asumen alguna actividad específica para el desarrollo de la fiesta. Por ejemplo, los "pasantes de arco" son responsables de construir y adornar los arcos por los que debe pasar la imagen; el "pasante de conjunto" o "de baile", encargado de financiar los trajes de los bailarines, de organizar y enseñar la danza. Dado que toda la celebración transcurre en el espacio público ha surgido la necesidad de incorporar elementos y personas que se ocupen de ello como, por ejemplo, el "pasante de sanitarios" encargado de contratar los baños químicos. Hay también "pasante de custodia policial", encargado de abonar a los agentes de seguridad que aseguran el orden.

Los bolivianos que migran a Puerto Madryn no rompen su relación con su lugar de origen. El pasante principal es el encargado de adquirir el nuevo ropaje para la imagen y para ello realiza un viaje a Bolivia o envía un conocido con el dinero para adquirir el nuevo manto. El cambio del manto es una práctica privativa de las mujeres y se realiza el octavo día de la *novena*. El manto, que es retirado para colocar el nuevo, es utilizado para cubrir a las personas enfermas, a quienes estén por contraer matrimonio, como también quienes vivan situaciones de conflicto en sus uniones. El padrino de religión de la pa-

---

[12] Reunión de rezo comunitario durante nueve noches y nueve misas consecutivas (Sassone, 2007: 76; Entrevista a D.G.V. 2008)

reja tiene la función de velar por la buena relación matrimonial y es el encargado de llevar adelante esta ceremonia de envolver a la pareja con el manto de María Virgen para recibir sus bendiciones[13]. Por su parte, la vestimenta de los bailarines también es confeccionada en Bolivia y el costo lo asume el pasante de cada grupo de danza o fraternidad.

En la colectividad boliviana de Puerto Madryn como en otras ciudades del país, se mantiene la práctica andina de reciprocidad o retribución, el *ayni* (Vargas, 2005:1) cuyo significado es: "hoy por ti, mañana por mí". Implica ayudar voluntariamente al prójimo porque será retribuida la ayuda en otro momento que se requiera (Sassone, 2007: 73). También, en estas celebraciones, se pone en práctica el *ayni* para sus distintos momentos, esto es, para la novena, la misa, la procesión, los trajes de bailarines, etc.

La presencia de una colectividad boliviana tan numerosa en la ciudad de Puerto Madryn cuenta con el apoyo de la Pastoral Migratoria, a nivel de la diócesis de Comodoro Rivadavia, perteneciente a la Comisión Pastoral de Migraciones y Turismo de la Conferencia Episcopal Argentina. El sacerdote, párroco de la Parroquia Sagrada Familia, ubicada en el barrio Del Desembarco, fue designado por el obispo para trabajar con la colectividad boliviana. El sacerdote acompaña y colabora con los migrantes para sostener la tradición del pueblo andino en las nueve noches previas a las dos celebraciones mencionadas en este trabajo. La colectividad también tiene una estrecha relación con la Parroquia Cristo Resucitado, ubicada en el límite del barrio El Porvenir, ya que allí se realiza la misa de Nuestra Señora de Copacabana y es el lugar de resguardo para la imagen.

En ambas celebraciones durante la *novena,* el sacerdote catequiza a los fieles sobre temas diversos como el de los rituales del fallecimiento, el papel de las madres, los problemas de los jóvenes. Asimismo, la asistencia sacerdotal es permanente, el sacerdote visita los hogares de los migrantes durante el año, actitud muy valorada por los bolivianos. En la figura del sacerdote, encuentran un reconocimiento social muy fuerte que se contraponen al que percibe en la sociedad local.

---

[13] Entrevista L. V., 2007.

b. Celebración litúrgica y rituales en espacio público

El día nueve culminan los festejos devocionales con la misa, luego la procesión, los bailes de grupos y el ágape. La misa en homenaje a Nuestra Señora de Copacabana se celebra en la Parroquia Sagrado Corazón, situada sobre la avenida Pedro Derbes. Comienza pasado el mediodía y en el interior de la parroquia se ubican los estandartes de las fraternidades de baile uno al lado del otro, en el ala izquierda del templo. Finalizada la misa, son las mujeres las que cargan sobre sus hombros la imagen de la Virgen María para iniciar la procesión, mientras otras mujeres se incorporan a la fila con dos o tres imágenes propias, de menor tamaño, que exhiben cintas con los colores de las banderas argentina y boliviana. Desde allí comienza la procesión hacia el predio ubicado sobre la calle Polonia al 900 (Figura 3).

Durante la primera parte del trayecto la procesión avanza, con cánticos religiosos, por la avenida Pedro Derbes (arteria muy transitada y de doble circulación). Algunos miembros de la colectividad se van sumando a la procesión hasta llegar al predio arriba citado. Por su parte, la misa por la devoción a Nuestra Señora de Urkupiña se lleva a cabo en el domicilio del custodio ubicado en Avenida Juan XXIII entre las calles Calderón y Roberto Gómez (Figura 4). La procesión se limita a un pequeño recorrido frente al domicilio del custodio y luego se entroniza la imagen en el altar preparado en el garage de la misma vivienda.

Al igual que los mexicanos que migran a Nueva York (Estados Unidos) y celebran la fiesta del Padre Jesús, con una procesión y obsequios al santo (Odgers-Ortiz, 2003:9), los bolivianos que migran a la Patagonia, se hacen visibles en la comunidad de destino portando la imagen de la Virgen María y reivindican con orgullo su identidad en el espacio público de Puerto Madryn. Se apropian del espacio barrial. En las celebraciones en esta ciudad, preside la procesión un grupo de jóvenes mujeres que llevan ofrendas florales, acompañadas por las autoridades del Centro de Residentes Bolivianos más los grupos migrantes bolivianos con sus estandartes[14].

---

[14] Los estandartes son las banderas, por ejemplo, de grupos de baile, de pueblos de origen, de pasantes, entre otros. Tienen el valor simbólico de mostrar identidades diferenciadas y de presencia activa.

Al finalizar la procesión de la festividad de Nuestra Señora de Copacabana, comienzan la sucesión de grupos de baile[15] que mediante la danza hacen su ofrecimiento a la Virgen María (Figuras 5 y 6). En Bolivia existe una larga lista de danzas autóctonas y los migrantes reproducen en Puerto Madryn algunas de ellas. Cada danza responde a la propuesta del pasante, por lo general representativa de su lugar de origen, lo que explica el sello étnico en sus expresiones. Los grupos de baile son integrados por migrantes bolivianos y sus jóvenes hijos argentinos y participan en las dos celebraciones de Puerto Madryn. En los dos años (2007-2008) que se hicieron los seguimientos de estas prácticas religiosas, estuvieron presentes los siguientes grupos: *Morenada, Caporales, Negritos, Tinku, Sangre de mi Tierra, Intiwayras* y *Diablada*. Cada grupo es identificado por la vestimenta colorida de los bailarines y los sombreros de las bailarinas que conforman parte de la fachada étnica (Rivero Sierra, 2008:108) de la festividad. En general, el pasante principal convoca a los integrantes, o el grupo propone sumarse a la celebración sin un pasante que solvente los gastos[16]. No todos los grupos logran tener continuidad y participación todos los años en las fiestas; problemas personales del pasante o retornos a Bolivia puede generar la ausencia de una danza en años siguientes[17]. Tanto en la celebración de Nuestra Señora de Copacabana como Nuestra Señora de Urkupiña, las danzas se bailan en la calle (de tierra y sin veredas), al compás de la música transmitida por altoparlantes. Son invitados a realizar la "entrada" por el locutor de la fiesta e ingresan al espacio destinado para el baile los pasantes transportando el estandarte y le siguen los bailarines. Luego de una breve demostración, se dirigen hasta el altar para depositar el estandarte junto a la Virgen. Regresan a la calle para realizar la danza devocional.

---

[15] Se conforman fraternidades de danza y música que toman a su cargo la enseñanza de las prácticas folklóricas.

[16] Grupo Caporales de la ciudad de Comodoro Rivadavia denominado "Vientos del sur", integrado por seis varones y cinco mujeres jóvenes estuvieron en la celebración de la Virgen de Urkupiña 2008. Un dato anecdótico es que el locutor animó a los presentes a ser pasantes del grupo.

[17] En años anteriores a 2008 y para la devoción a Nuestra Señora de Urkupiña, se han presentado también otros grupos de danzas: *Pujllay, Tobas, Llamerada* y *Ovejitas*. Este último grupo se desintegró el último año porque algunos integrantes residen en Caleta Olivia, provincia de Santa Cruz (Argentina) y otros pasaron a integrar otros grupos (Entrevista a D. G. V., 2008).

Figura 3. Nuestra Señora de Copacabana: Final de la procesión hasta el altar levantado en la calle Polonia. Puerto Madryn, 2007

Fuente: © Judith Corinne Hughes

Figura 4. Nuestra Señora de Urkupiña: Concentración en el espacio público en la avenida Juan XXIII entre las calles Calderón y Roberto Gómez. Puerto Madryn, 2008

Fuente: © Judith Corinne Hughes

Figura 5. Nuestra Señora de Copacabana: Grupo de danza Tinku frente al altar en la calle Polonia. Puerto Madryn, 2007

Fuente: © Judith Corinne Hughes

Figura 6. Nuestra Señora de Urkupiña: Grupo de danza "Las ovejitas" en la avenida Juan XXIII entre las calles Calderón y Roberto Gómez. Puerto Madryn, 2007

Fuente: © Judith Corinne Hughes

Los fieles bolivianos llevan ofrendas (viviendas en miniatura o vehículos, entre los más representativos) y las hacen bendecir con la esperanza cierta de recibir los pedidos realizados desde sus promesas devocionales.[18] También en la culminación de la fiesta que sigue a la celebración litúrgica, aparecen en el espacio público numerosos puestos de venta de comidas a cargo de las mujeres: roscas dulces, salteñas (empanadas de carne), papas en sus diversas variedades, anticucho, entre otros. Los varones observan las danzas, beben cerveza y conversan. Todos beben chicha (bebida alcohólica elaborada con granos de maíz) y *ch'allan* a la Pachamama (la madre tierra).

En la sucesión de rituales, no todos se reproducen al igual que, por ejemplo, en las celebraciones realizadas en Buenos Aires (Sassone, 2007), a saber: a- los arcos se colocan junto altar (no son parte de la procesión); b) no hay cargamentos (los hubo en algún año); c) las mujeres solas caminan en la procesión, acompañadas por algunos jóvenes; d) no hay "descansos", pequeños altares donde la procesión detiene su marcha para orar (Sassone, 2007: 77); y e) no hay bandas (se recurre a grabaciones). Estos hechos listados demostrarían una pérdida de los rituales de la tradición boliviana.

Fortalecimiento identitario y tensiones en competencia

¿Cómo abordar el análisis del juego de negociaciones y tensiones entramadas en las relaciones sociales del grupo migrantes y los modos de territorialización de la comunidad a partir de las prácticas religiosas? Este objetivo secundario permite avanzar en una explicación de segunda generación.

En la ciudad de Puerto Madryn se ha abordado el análisis de dos celebraciones religiosas, de origen diferente (una proveniente de La Paz y la otra llegada desde Cochabamba), que conviven en el espacio y en el tiempo pero difieren en la convocatoria, pues quienes la implantaron son grupos de distintas regiones y migrantes de distinta antigüedad. Es importante saber en el estudio de las devociones bolivianas, que cada departamento, cada ciudad, cada pueblo tiene una devoción. La centralidad de Nuestra Señora de Copacabana le viene otorgada por su carácter de patrona de Bolivia, aunque las devociones locales o regionales, por lo general superan en la fe a la advocación

---

[18] Entrevista D. G. V., 2008.

de alcance nacional. Con la mirada puesta en Puerto Madryn, también se encuentran diferencias: Nuestra Señora de Copacabana fue una devoción implantada en los años setenta mientras que la de Nuestra Señora de Urkupiña comenzó en 2000. Este hecho demuestra que la migración boliviana se reactiva y llegan nuevos migrantes a la ciudad en cuantías considerables.

El espacio y tiempo coinciden para ambas devociones: el Barrio El Porvenir y el mes de agosto. Además, se han tratado en los parágrafos anteriores las fases y rituales comunes a ambas celebraciones, habida cuenta de las tensiones que trae consigo la implantación de una devoción de migrantes en los lugares de destino. Es momento de marcar las diferencias y para ello se proponen los siguientes aspectos:

a- *Origen de la devoción*: Nuestra Señora de Copacabana es la patrona de Bolivia y se venera en la localidad de Copacabana, a orillas del Lago Titicaca y próxima a la ciudad de La Paz. Nuestra Señora de Urkupiña es una devoción que tiene su epicentro en la provincia de Quillacollo, departamento de Cochabamba (Bolivia).

b- *Mediadores de la implantación en el destino*: Nuestra Señora de Copacabana nació de la iniciativa de un grupo de migrantes. Nuestra Señora de Urkupiña fue traída por una familia boliviana.

c- *Organización anual*: Nuestra Señora de Copacabana es organizada por familias migrantes relacionadas con el Centro de Residentes Bolivianos de Puerto Madryn. Nuestra Señora de Urkupiña es organizada por la familia de origen cochabambino, custodios de la imagen.

d- *Roles de género*: las mujeres toman un rol protagónico en la procesión, misa, organización general de la fiesta. En ambas festividades las mujeres acompañan al marido a trasladar el estandarte que identifica a la pareja como pasantes de la fraternidad.

Como hecho colectivo, la celebración de las devociones católicas genera encuentro pero también tensiones, dentro del grupo y del grupo hacia el resto de la sociedad. Con respecto a las tensiones intraétnicas, se observó que en la devoción de Nuestra Señora de Copacabana, hay desavenencias entre los mismos bolivianos. En torno a esas tensiones, debe indicarse que las diversas comisiones directivas del Centro de Residentes Bolivianos de Puerto Madryn no lograron solucionar el destino del predio de la calle Polonia al 900 (donde concluye la procesión de esta festividad). Entre los migrantes bolivianos, unos deseaban construir un templo y otros, una sede social para la colectividad.

En cuanto a las tensiones extraétnicas, aparece una competencia espacial y religiosa. Cada año al final de la fiesta de Nuestra Señora de Urkupiña, siempre en días domingos, aumenta el número y movimiento de personas y coincide o se superpone con la actividad de una iglesia evangélica a la que también asisten miembros de la comunidad. Tensiones menores pero tensiones al fin se generan por la ocupación del estacionamiento de ese templo. Asimismo, queda comprometida la seguridad pública por los excesos de bebidas, peleas y desorden y de allí la presencia de los agentes de la policía provincial.

Las prácticas religiosas de los migrantes, cuando son transplantadas al espacio público, se convierten en hechos colectivos. Los migrantes buscan lugares específicos (calles del barrio, parques o plazas) y se respeta la temporalidad propia de cada tipo de prácticas (deportivas, culturales, devocionales, entre otras). "Este conjunto de situaciones puntuales en el tiempo define una suerte de calendario (parcialmente flexible) de la vida pública colectiva, que se encuentra muy lejos de ser un fenómeno residual (a punto de desaparecer) o marginal" (Duhau y Giglia, 2004:182). En particular, las prácticas religiosas pueden asumir el punto culminante del fervor étnico, haciendo girar la vida comunitaria de un año para el otro. Olga Odgers-Ortiz, cuando analiza la festividad de los mexicanos en Nueva York, sostiene que la participación de los migrantes en la organización de las fiestas es quizás la expresión más clara de la asociación entre la devoción (al santo) y el sentimiento de identidad local-transnacional (Odgers-Ortiz; 2003:9).

A modo de cierre

Los estudios migratorios en esta era de la globalización tienen final abierto por la contingencia de las acciones humanas y por ese rasgo efímero de las sociedades posmodernas. Por su parte, los estudios sobre las prácticas religiosas de los migrantes vienen demostrando, en los tratamientos empíricos, que la circulación es un componente esencial de estos trasvases poblacionales. Las devociones marchan con los migrantes y se multiplican donde ellos están: son parte de una diáspora global.

En la escala local de esa diáspora global, la ciudad de Puerto Madryn es un caso representativo de los procesos identitarios de las nuevas dinámicas mundiales. La colectividad boliviana ha implantado sus prácticas sociales de religiosidad popular en uno de los primeros barrios populares de la ciudad. El Barrio El Porvenir es reconocido como un "lugar" boliviano. (Cf. Sassone, 2002), no solamente por la mayor presencia de ese origen desde su misma formación, sino también por la visibilidad que adquiere la colectividad cuando utiliza el espacio público del barrio cada año a partir de las expresiones de religiosidad popular. Estaríamos en presencia de una estructura socio-religiosa, cuyo estudio "permite comprender la organización, caracterización y diferenciación de los lugares, entendidos como espacios vivenciales colmados de sentido y significación" (Campos y Santarelli, 2007:134)

Las prácticas religiosas de la migración boliviana en la ciudad de Puerto Madryn se caracterizan por la celebración conjunta y secuencial de las dos devociones más importantes de Bolivia en un mismo barrio y con participación en ambas de la población boliviana local y aledaña. El espacio público barrial es ocupado por los rituales de las devociones católicas bolivianas, propias de las expresiones de la religiosidad popular. Estas prácticas sociales demuestran que existe una comunidad migratoria transnacional y entre sus miembros, ser partícipe activo de la devoción supone prestigio y ascenso social ante sus pares y a partir de estas acciones colectivas. Y esto ocurre en la otra Madryn, en la "Madryn popular", en una ciudad que es modelo de ciudad fragmentada, como otras ciudades de la Patagonia (San Carlos de Bariloche o Comodoro Rivadavia), donde el componente migratorio, como vector de la diversidad cultural, es eje explicativo también de la fragmentación espacial.

Bibliografía

BERTONE DE DAGUERRE, C. V., " Migración boliviana, identidad y territorio: el Barrio Charrúa de villa miseria a barrio étnico », en: *Contribuciones científicas. Congreso Nacional de Geografía. 63° Semana de la Geografía*. Bahía Blanca, GAEA Sociedad Argentina de Estudios Geográficos, 2003, pp. 71-80.

BERTONE DE DAGUERRE, C. V., *Migración boliviana, identidad y territorio. Barrio Charrúa, de "villa miseria" a "barrio étnico"*. Buenos Aires, Universidad Católica de Santiago del Estero, 2005, Tesis de Licenciatura (inédito).

CARBALLO, C. "Más allá de las creencias… hacia una interpretación espacial de la distribución y diversidad de cultos en la Argentina», en: Carballo, C. (comp.), *Diversidad cultural, creencias y espacio. Referencias empíricas*. Serie Publicaciones del PROEG N° 3, Luján, Universidad Nacional de Luján, Departamento de Ciencias Sociales. Programa de Estudios Geográficos (PROEG), 2007, pp. 13-34.

CORONATO, F., " Punta Cuevas. Inicio de la colonización », *II Jornadas Regionales de Historia y Arqueología del siglo XIX*, Guaminí, 10-12 de setiembre de 1999. En línea: http://members.tripod.com/guamini/ponencias/1.html, acceso: 3 de febrero de 2009.

DUHAU, E.; GIGLIA, A. "Espacio público y nuevas centralidades. Dimensión local y urbanidad en las colonias populares de la Ciudad de México», *Papeles de POBLACIÓN*, CIEAP/UAEM, No. 41, julio/septiembre 2004, pp. 167-195.

MEISEN, J., *El Madryn olvidado*. Puerto Madryn, Ed. Golfo Nuevo, 1983, 77 p.

ODGERS-ORTIZ, O. " Migración, identidad y religión: aproximaciones al estudio del papel de la práctica religiosa en la redefinición identitaria de los migrantes mexicanos », en: *Amérique Latine. Histoire et Mémoire. Les Cahiers ALHIM*, 7, 2003. En línea: http://alhim.revues.org/index447.html, acceso: 26 de febrero de 2009.

OWEN, O. M. y HUGHES, J. C., " Dos décadas de inmigración boliviana en el Valle Inferior del Río Chubut », en: *Contribuciones científicas. Congreso Nacional de Geografía. 63° Semana de la Geografía*. Puerto Madryn – Trelew, GAEA Sociedad Argentina de Estudios Geográficos, 2001, pp. 15-166.

RIVERO SIERRA, F. A. *Los bolivianos en Tucumán. Migración, cultura e identidad*. San Miguel de Tucumán, Consejo de Investigaciones - Universidad Nacional de Tucumán, 2008.

SÁNCHEZ, D. C.; CARBAJAL, D.; JIMENEZ, L.; ACOSTA, M., "Crecimiento turístico y deterioro ambiental: el caso de Puerto Madryn», *Breves Contribuciones del Instituto de Estudios Geográficos*, San Miguel de Tucumán, Universidad Nacional de Tucumán – Facultad de Filosofía y Letras, N° 17, 2005, pp. 79 - 122.

SANABRA, C., " Desarrollo urbano de Puerto Madryn. Desde sus orígenes hasta 1970 », *Cuadernos de Historia Patagónica,* Puerto Madryn, Centro de Estudios Históricos y Sociales. Centro de Estudios Históricos y Sociales, N° 1, 2003, pp. 117-128

CAMPOS, M., SANTARELLI, S., " Estructuras socio-religiosas, fronteras culturales y paisaje. Los menonitas en Guatrache, La Pampa », en: Carballo, C. (comp.), *Diversidad cultural, creencias y espacio. Referencias empíricas.* Serie Publicaciones del PROEG N° 3, Luján, Universidad Nacional de Luján, Departamento de Ciencias Sociales. Programa de Estudios Geográficos (PROEG), 2007, pp. 133-154.

SASSONE, S. M., *Geografías de la Exclusión. La inmigración limítrofe indocumentada en la Argentina. Del Sistema-Mundo al Lugar*, Buenos Aires, Universidad Nacional de Cuyo-Facultad de Filosofía y Letras, 2002, 745 p., Tesis Doctoral en Geografía.

SASSONE, S. M., " Migración, religiosidad popular y cohesión social: Bolivianos en el Área Metropolitana de Buenos Aires», en: Carballo, C. (comp.) *Diversidad cultural, creencias y espacio. Referencias empíricas.* Serie Publicaciones del PROEG N° 3, Luján, Universidad Nacional de Luján, Departamento de Ciencias Sociales. Programa de Estudios Geográficos (PROEG), 2007, pp. 57-108.

SASSONE, S. M., " Breve geografía histórica de la migración boliviana en la Argentina », en *Buenos Aires Boliviana*, Colección Temas de Patrimonio Cultural N° 24, ed. C. P. P. H. C., Ministerio de Cultura GCABA, Buenos Aires 2009 (en prensa).

SASSONE, S. M.; MERA, C., "Barrios de migrantes en Buenos Aires: Identidad, cultura y cohesión socioterritorial", *Preactas V Congreso Europeo CEISAL de Latinoamericanistas - Las relaciones triangulares entre Europa y las Américas en el siglo XXI: expectativas y desafíos*, Bruselas, Abril 11-14, 2007, http://www.reseau-amerique-latine.fr/ceisal-bruxelles/MS-MIG/MS-MIG-1-Sassone_Mera.pdf

VARGAS, J., "Ritual andino en el Cementerio de Flores", *Revista Renacer,* Año VII N° 103. Nov. 2005. www.renacerbol.com.ar

CAPÍTULO VIII

Terreiros de Candomblé[1]: Territorios semiografiados[2] a través de la materialidad y de la inmaterialidad de la práctica cultural afro-brasileña

Aureanice de Mello Corrêa

Introducción

A pesar de que Bastide (2001) reconociera en sus estudios una "geograficidad" presente en los rituales efectuados para la sacralización del espacio del Candomblé, la Geografía se resistió a tomar en cuenta en sus análisis, sobre el espacio socialmente construido, esta posibilidad de comprensión de un movimiento de afirmación étnica que se presenta desde el siglo XIX y que se renueva en la profusión de acciones de afirmación en las últimas décadas del siglo XX. Estas acciones, al institucionalizarse, llevan al Estado Brasileño a incorporar en su agenda de efemérides el Día Nacional de la Conciencia Negra;

---

[1] Los *terreiros* son comunidades de vida en las que la cosmovisión africana se mantiene presente y viva, en las que la reconstrucción familiar como clanes sigue subsistiendo y en las que la vida diaria revela los rasgos culturales de los africanos. En estas comunidades se practica el *Candomblé*, entendiendo como tal al conjunto del culto afro-brasileño. Los *terreiros* contemplan una cierta autonomía, aunque haya relación entre ellos. La autonomía es fuente de prestigio y a veces también de conflictos y tensiones. Cada *terreiro* tiene sus Jefes que son quienes presiden las ceremonias religiosas, reciben a los invitados, supervisan los ritos e indican a los nuevos iniciados. Fue especialmente en los *terreiros* donde se mantuvieron vivos los sistemas culturales heredados.

[2] Se utiliza "*territorios semiografiados*" para indicar los espacios marcados, "*grafiados*", por todo aquello que le da un sentido particular al territorio. En este caso, nos referimos a los símbolos y signos inherentes a la cultura y al culto de raíz afro-brasileña. Es decir, se utiliza el término "semiografiados" para dar cuenta de los territorios semióticamente marcados o demarcados por significantes culturales y religiosos.

a establecer en los albores del siglo XXI la ley federal de inclusión obligatoria de la temática de la cultura afro-brasileña en el programa oficial de la enseñanza pública y privada (Ley N° 10639 del 9 de enero del 2003), así como también instaurar el sistema de reserva de vacantes como garantía de acceso a las universidades públicas de aquel que se autodenominase Negro, generando con esta última actitud un debate en la sociedad brasileña en el que fue preciso reconocer las dificultades de uso del término "negro" como paralelismo entre color e identidad, considerando que tal afirmación conlleva estigmas que sufren alteraciones según la circunstancia y la coyuntura.

Frente a este movimiento de afirmación de identidades étnicas, se hizo necesario rehacer el discurso tradicional de la esclavitud brasileña en el cual el negro era representado como víctima, pasivo, sumiso y cautivo de la historia, es decir, apartado del papel de actor en el proceso histórico, avanzando de esta forma para la presentación de un perfil del negro más acorde con la idea de resistente, guerrero y emprendedor. Surgen así como símbolos de esta imagen y personajes de la historiografía brasileña Zumbi de los Palmares —negro, guerrero africano que se rebela contra la esclavitud— y el Quilombo[3], espacio construido por los esclavos fugitivos como referencia materializada de actitud ante la realidad vivida. De acuerdo con Abdias do Nascimento[4], esta transformación del discurso tradicional se insertaba en un proyecto colectivo que vino a denominarse *Quilombolismo*[5]. En esta línea, otros personajes fueron rescatados para reparar la participación del negro en la formación socio-espacial brasileña y así rehacer un pasado en el cual, imágenes pertinentes de la lucha de los afro-brasileños efectuada bajo una dinámica de confrontación y cooperación son invocadas, destacándose en este universo de guerreros, también personajes femeninos como Chica da Silva de la ciudad

---

[3] Se trataba de cabañas en los matorrales donde los negros fugitivos se juntaban. Es ésta también la base de la acepción rioplatense del término.

[4] Senador en los años 90, actor, artista plástico y fundador del Teatro Experimental del Negro (TEN) en 1934 y que tenía el objetivo de eliminar el prejuicio por el color, combatir el racismo y promover la educación de los afro-brasileños por medio de políticas públicas.

[5] Movimiento que al apropiarse del pasado histórico, pasó a revisarlo a través del campo de la ciencia y por los movimientos sociales que determinaron su carácter de "tradición de un pueblo". Una tradición que al ser recreada pasó a funcionar como elemento aglutinador de personas que se identificaban con los perfiles formulados, aunque no atendió plenamente el deseo de un nuevo orden, teniendo en cuenta que todavía subsisten acciones de prejuicio racial que refuerzan la situación de excluidos socialmente de una parte importante de la población brasilera conformada por negros, como así también de aquellos que apoyan la práctica cultural afro-brasileña.

de Diamantina en Minas Gerais, la esclava que conquistó al noble portugués adquiriendo para sí riqueza y poder; Na Agontimé, la reina de la nación Gege, madre del rey Guezo, vendida como esclava por Adanzan y que, según los relatos recogidos por Verger (1992) con antiguas *Iyalorixás*[6], fundó el primer *Terreiro de Candomblé* en Maranhão en 1820; Iyá Nassô quien tradicionalmente es señalada como la fundadora del primer *terreiro de candomblé* en la ciudad de Salvador, Bahía, en 1835; Tia Ciata, personaje destacado en la pequeña África, la Praça Onze en Rio de Janeiro en los comienzos del siglo XX y Luisa Mahin, guerrera en la Rebelión de 1826 en el centro bahiano, en la cual se imaginaba la creación de un reino africano del cual ella sería reina.

Los personajes femeninos no son elegidos por azar. Poseen el sentido de la lucha y de la resistencia y también la expresión del poder del conocimiento del espacio de la ciudad, pues las mujeres negras poseían el dominio de las calles, del laberinto urbano donde ejercían como vendedoras ambulantes de dulces, de frutas, de utensilios, de tejidos[7]; tornándose fugitivas en potencia, debido a su conocimiento de la ciudad colonial, además de colaborar en las fugas de otros esclavos. Estas mujeres servían de apoyo a las redes de fugas engendradas en la vida cotidiana, en las casas denominadas *Zungus*, donde habitaban los esclavos de ventas, que no vivían con su propietario y en las cuales se servía el "angu", plato tradicional de harina de maíz. Los *Zungus* actuaban como espacios de reinvención de prácticas culturales de matriz africana en las ciudades coloniales, puesto que las mismas estaban prohibidas en las calles, sólo en forma clandestina en los baldíos y a la luz de la luna.

En las ciudades coloniales brasileñas, especialmente Salvador en el Estado de Bahía, y Río de Janeiro, en el Estado de Río de Janeiro, mientras por un lado los *Zungus* actuaban como espacios de encuentro donde hacer amigos, cantar, bailar y rememorar sus dioses, y fomentaban el deseo de trazar estrategias de conquista de la libertad, por otro, en las sacristías de las iglesias católicas, mediante las Hermandades de negros, se instituía la artimaña articulada mediante la circulación cultural, de adorar sus dioses y también los

---

[6] Nombre dado a la persona que concentra la autoridad espiritual y moral, llamados también "pais" o "mães –de-santo" o "babalorixás". En sus manos está la segunda educación de los seguidores por ser personas significativas en sus vidas.

[7] *Escravas de ganho*, en el original, para referirse a algo así como "esclavas de ventas", serían esclavas que vendían mercaderías en las calles y con la ganancia ("ganho" en portugués) debían sustentarse a sí mismas y también llevar ganancia a sus patrones.

santos católicos, rezos y hechizos, propiciando territorialidades que en su semiografía delimitaría un territorio en el cual se recompusieran elementos de las Áfricas perdidos con la esclavitud.

Esas mujeres negras de distintas etnias, esclavas de ventas, aunque libres en el espacio de la ciudad, detentaban el saber sobre rituales del culto a los *orixás, inquices* y *voduns*[8] transmitidos como herencia cultural por las más viejas. Entre ellas figuraban princesas y sacerdotisas que, de acuerdo con la jerarquía social en los reinos africanos, especialmente de la sociedad ioruba, ocupaban en aquéllos cargos destacados. Por medio del accionar de estas mujeres –Iyá/madre, negra de venta– se efectuó el nexo mediante el cual se tejieron las sociabilidades en la ciudad colonial, imperial y posteriormente en la República, fundando de esta forma el proceso de recomposición étnica, social y religiosa y engendrando la práctica cultural afro-brasileña.

Compartiendo la perspectiva arriba presentada, y bajo la afirmación de Cosgrove (1998: 93) de que *"la geografía está en todas partes"*, proponemos así emprender una investigación sobre el *terreiro del Candomblé* desde 1996 hasta 2004, observándolo como un territorio según la perspectiva de la geografía cultural; y efectuar un análisis del mismo a través de su disposición espacial y el significado atribuido por el grupo social que lo construye bajo una imaginación geográfica[9].

Con la ayuda del geosímbolo, identifico el arreglo espacial engendrado por el africano de distintas etnias, capitaneadas por los iorubas, como un *paisaje* cargado de memoria cultural (Bonnemaison, 2002), pues éste, al estar marcado por signos y sus significados –geosímbolos- pasa a semiografiar en el espacio los límites del territorio, transformándolo en el territorio-*terreiro de Candomblé*, en el cual se opera la concretización del proceso de recomposición étnica, política, social y religiosa, soñada y deseada en los *zungus*, en las sacristías de las iglesias por sus hermandades católicas, y también en las calles y callejuelas de las ciudades por medio de la materialidad y la inmaterialidad de las acciones culturales.

---

[8] Denominación de las divinidades africanas según la etnia, así, los *orixás* son divinidades de la etnia *Iorubana, inquices* de la etnia *Banto* y *voduns* de la etnia *Gege*

[9] Corrêa, A.M. (2004) al señalar la polisemia del concepto de "territorio", afirma que las significaciones actuales del mismo son el producto de una imaginación geográfica asociada a una imaginación creativa (Debarbieux, 1995) y que esta asociación consiste en la facultad de reunir imágenes espaciales de acuerdo con principios que no reflejan necesariamente la realidad.

Elementos para la comprensión del espacio en la ciudad-reino africana del pasado y del territorio-*terreiro de Candomblé*, en la ciudad contemporánea

La producción humana en el mundo es destacada a través de las prácticas culturales, como fruto de esta producción y como la totalidad de la producción humana, ya sea en su materialidad –ejemplificada en instrumentos de toda especie, que permiten al hombre modificar su ambiente- como también en su inmaterialidad, y mostrada en la producción simbólica que traspasa y produce sentidos en todos los aspectos de su vida cotidiana. La práctica cultural surge como un puente que viabiliza la relación individual y de conjunto de la sociedad con el espacio. Esta relación se presenta como dos caras de una misma realidad, donde la función social y la función simbólica engendran la distinción y la correlación entre el espacio social –espacio producido y concebido en términos de organización y producción– y el espacio cultural, que emerge en el tronco de esta articulación –de la práctica material e inmaterial de la cultura– como el *espacio vivenciado y concebido en términos de significación y relación simbólica* (Bonnemaison, 2002:.86-104). Espacio éste que, apropiado por el individuo o grupo por medio de las acciones señaladas arriba, engendra territorios, fijos, móviles, efímeros en su espacio-temporalidad.

En este sentido, el concepto de *movable territory*[10] (Maier, 1975) respaldado por la teoría de Jung sobre el inconciente colectivo –las leyes profundas del inconciente en la producción de símbolos son universales para la experiencia humana– nos provee la base explicativa para la comprensión de la condición de transferencia o de transporte del territorio. Así, el territorio móvil o que es transpuesto, se realiza en la producción de estos símbolos que son portadores de la vida en sí mismos y que, al señalar el desarrollo del comportamiento territorial humano, puede considerarse como una forma de control sobre el ambiente a través de la acción de los hombres. Acciones éstas significadas en el trabajo material e inmaterial del hombre que Sack (1986) denomina *human territoriality*, definida por este autor como una acción individual o de un grupo de influencia sobre personas, relaciones y fenómenos

---

[10] Territorio transferible, transportable, que expresa la idea de poder ser transportado de un lugar a otro.

para constituir el control sobre un área geográfica, semiografiando así el territorio (Corrêa, A.M., 2004).

Para Bonnemaison (2002; p.109), las territorialidades –bajo una óptica semejante a Sack citado más arriba– asumen la condición de eslabón entre lo que denomina *fijación y movilidad*, o sea, de los lugares e itinerarios emprendidos por los seres humanos representados por geosímbolos marcados por las características propias de cada etnia, actúan como una verificación terrestre de los mitos que son al mismo tiempo para el autor en cuestión "…fuente de poderes cósmicos y los fundamentos de la organización social". Siguiendo esta línea podemos señalar que estas significaciones culturales espacio-temporales diseñan a través de las territorialidades engendradas bajo procesos identificadores, la demarcación de territorios que puede ser efectuada bajo distintas formas y condiciones. Es decir, los geosímbolos pueden ser un lugar, un itinerario, que por acción religiosa, política o de una práctica cultural, son investidos de una dimensión simbólica que a su vez propicia el fortalecimiento de este proceso identificador. Así, los geosímbolos, a través de puntos fijos[11], delinean una cartografía en la cual las figuras y sistemas espaciales representan la concepción que los seres humanos producen del mundo y de su destino en éste.

Siguiendo en esta dirección, la representación simbólica viabiliza el descubrimiento de las relaciones entre sujeto, sociedad y el medio y las calificaciones sociales colectivas, así como también el descubrimiento de mitos espaciales (Bailly, 1995:.376). Para Di Méo (1991:150), toda relación social incluye una parte ideal que define la atmósfera indispensable a la respiración social, que se efectúa a través de un "sistema de representaciones (imágenes, mitos, ideas o conceptos) dotados de una existencia y de un papel histórico en el seno de una sociedad dada". Un sistema de representaciones efectuado por el africano esclavizado destituido de su territorio de origen que proporcionó a éste la posibilidad de reconstruir mediante el geosímbolo, un paisaje connivente que pasa a identificar su territorio en tierra extranjera, en el cual éste es configurado por territorialidades que lo protegen, lo controlan y lo mantienen.

---

[11] Ejemplificando con más detalle: el geosímbolo como punto fijo se presenta en peñascos, árboles, construcciones, ríos, desniveles e itinerarios reconocidos, siempre que estén significados según los valores legados socialmente por los significantes.

El *terreiro de Candomblé* como territorio transpuesto de las Áfricas perdidas y la emergencia del proceso de identificación afro-brasileño bajo la recomposición de identidades amordazadas

El poder del signo y del significado en el paisaje connivente reside en la constitución, el dominio y el mantenimiento del territorio-terreiro. Esta perspectiva de observar el *terreiro de Candomblé* como una re-territorialización social, política y religiosa del africano de distintas etnias en el Brasil del siglo XIX (operada ésta por la recomposición de estas acciones), viene siendo trabajada por nosotros en los últimos años en diversos textos (Corrêa, 1999; 2000; 2001; 2004), buscando comprenderla como parte fundamental del proceso de constitución de la identidad afro-brasileña y la materialización del Movimiento de Territorialización del territorio móvil (la re-territorialización del *África Ioruba*).

Tal perspectiva nos permitió considerar en nuestra discusión el terreiro como un modelo geosimbólico de la práctica cultural afro-brasileña, teniendo en cuenta que un paisaje connivente, un paisaje que fue engendrado a través de los significados que se le atribuyeron mediante la recomposición de distintas etnias –*Keto*, *Gege* y *Banto*– termina por instaurar un patrón de arreglo espacial que será adoptado por los demás territorios-*terreiros de Candomblé* efectuando así una estrategia de actualización de la memoria de matriz africana, marcándola en el espacio de las ciudades brasileñas.

Según el geógrafo Bonnemaison (2002; p.106): "El espacio de los hombres parece ser de naturaleza territorial: cambia, muere y renace según la vida y el destino de los grupos culturales que lo componen." Siguiendo con este lineamiento, partimos del punto de vista de que el *terreiro de Candomblé Ilê Axé Iyá Nassô* –el primero en la ciudad de Salvador, Bahía– emerge como un modelo geosimbólico para la práctica cultural afro-brasileña, pues fue del *terreiro Ilê Axé Iyá Nassô* la responsabilidad de iniciar la recomposición social, religiosa y política. En este sentido, su paisaje, en calidad de mediador entre lo real y lo imaginado se presenta como paisaje connivente, social y culturalmente construido[12], es decir, un paisaje que posee la visibilidad y al mismo tiempo

---

[12] Idea desarrollada por Sautter y apropiada por Bonnemaison (2002:106-107).

trae consigo invisibilidades vinculadas al mundo subyacente de la afectividad, de las actitudes mentales y de las representaciones culturales. Un paisaje en el cual está marcado el sentido histórico del territorio, calificándolo al mismo tiempo como raíz y cultura, vinculando el hombre a la tierra.

De esta forma, los siguientes territorios-*terreiros* que existieron en Salvador y en cualquier localidad brasileña –respetando la nación a la que pertenecen- seguirán los mismos procesos rituales fundadores que, considerados según nuestro punto de vista como territorialidades, se extienden a su arreglo espacial, presentándolo a través de una geosimbología con un rigor paisajístico que, operados por la memoria colectiva significan al territorio transpuesto, reterritorializado en el prototerritorio, como afro-brasileño.

Un paisaje que en su visibilidad aparente presenta un arreglo arquitectónico compuesto por una casa principal y de varias otras casas menores, rodeadas por arbustos, flores y árboles, generalmente próximas a un tanque o fuente de agua. Posee una decoración del ambiente donde piezas de cerámica, rocas y artefactos de hierro están dispuestas en los rincones de las casas, en los arbustos o cerca de las raíces de los árboles.

Mientras tanto, en la semiografía de este paisaje, lo que es invisible, subyace en lo que significa históricamente como prototerritorio; es decir, para "verlo" realmente, hay que decodificar, tener el dominio del significado de las cosas y objetos.

Entender los significados del paisaje connivente del territorio-*terreiro de Candomblé*

Los artefactos decorativos, así calificados por el observador que ignora el sentido de las palabras y de las cosas, son, para el grupo que constituye, mantiene y domina el territorio mediante las territorialidades, observados como los *pejis*: representaciones sacralizadas de los orixás por medio de las ofrendas propiciatorias de sus hijos. Las casas o cuartos más próximos a la casa principal –que se denomina *barracão*- en cuya sala y centro de la misma está *plantado* en el suelo el *Axé*[13], significando la fuerza mágica del poder de la vida, son

---

[13] Según Elbein (1975) son tres los colores del *Axé*; el blanco, el negro y el rojo. También son tres las características de la naturaleza del *Axé*: se encuentra en el reino animal, en el vegetal y en el mineral.

considerados como las casas de los orixás, que a su vez representan por medio de la significación de este arreglo espacial, el paisaje, la organización socio-espacial de las ciudades-reinos africanos (especialmente de los Iorubas).

El *Axé* plantado en el suelo del *Barracão* –que representa el palacio del Rey en el arreglo espacial de la ciudad-reino– es marcado por una cerámica o ladrillo y siguiendo la misma localización, aunque en alto, próximo al techo –lugar reconocido como caballete del tejado– es instalada una vasija llamada *quartinha,* indicando de esta forma los dos puntos de mayor sacralidad del aposento y la creencia heredada de los *iorubas* en la interconexión entre el *Ayiê* y el *Orum*[14].

De acuerdo con las observaciones de Bastide (2001) sobre el *candomblé* de la nación Keto, en Bahia, el *barracão* es descripto de forma distinta de lo que presentamos más arriba en un punto: según este autor, habría en el centro del mismo un poste, llamado *poste central*, a diferencia del ladrillo o cerámica. A pesar de la forma distinta de marcar la presencia del *Axé*, este punto sagrado es considerado por dicho autor, con quien concordamos, como el símbolo más importante del terreiro, ya que es a su alrededor donde bailan los orixás en los cuerpos de sus hijos, representando con el movimiento de su danza la creación del mundo, conjugando así acciones materiales e inmateriales de la práctica cultural afro-brasileña, es decir, marcar en el suelo geosimbólicamente el fundamento de un mundo de matriz africana y, al mismo tiempo, brasileño.

Pero el símbolo más importante continúa siendo el poste central de la sala de danza. (…) Cuando en ella danzan los orixás, a través de los cuerpos de las hijas-de-santo[15] *poseídas, el aposento se torna la propia imagen del mundo. El suelo es la tierra, el techo es el cielo.* (Bastide, 2001:88)

Como ejemplo tenemos: la sangre de los animales sacrificados en las ofrendas, significa el *Axé* de color rojo del reino animal. La savia roja de algunos árboles representa el *Axé* del reino vegetal y las rocas o piedras de color rojizo, el *Axé* del reino mineral. Pero estos elementos, por ser simbólicos, sólo adquieren la Fuerza de la Vida a través del poder de las palabras y del respeto a los preceptos rituales de la creencia del Candomblé, heredada de la tradición *Ioruba*, estableciendo así, el *religare*, los lazos místicos entre el hombre, la naturaleza y el Creador.

[14] *Tierra y Cielo* respectivamente, o mejor, mundo de los hombres y mundo de los orixás, pues la concepción de cielo según la perspectiva judeo-cristiana es completamente distinta de la yoruba.

[15] En el original "filhas-de-santo", se trata de las hijas del "povo-de-santo" que así se denomina colectivamente a los seguidores del *candomblé*.

Entre el cielo y la tierra, entre el *orum* y el *ayiê* las naciones africanas, a través de la danza ritual en el aposento principal del *barracão*, sea en torno del poste central o de la cerámica, indicando que allí está plantado el *axé* y que *las 'manifestaciones' de abajo no son más que el reflejo de las 'manifestaciones' de lo alto* (Bastide, 2001: 88), muestran un mundo que no se destruye en su materialidad ni en su inmaterialidad pues, recordado a través de los gestos de los *orixás* en sus danzas, es permanentemente actualizado en la dramatización de la manifestación de los elementos de la naturaleza y de las acciones humanas en la Tierra.

En este sentido, la creación del *paisaje connivente* del territorio-*terreiro* es articulada en su *invisibilidad*, en la disposición de artefactos y en el significado que estos poseen, como también operada en los gestos significantes de los *orixás* efectuados por el cuerpo que danza del hijo-de-santo, en la orientación de éste y de los demás iniciados en los misterios del *candomblé*, en el *socius* y en el ambiente de lo sagrado.

Siendo así, vemos en el *orixá Iansã* y en sus gestos fuertes e impetuosos la representación de los vientos que anteceden tempestades; en *Xangô*, el rey del Oyó y su realeza en la postura altiva de su cuerpo y en el *zigzag* de su danza, el rayo que prepara la naturaleza para el estruendo del trueno; en *Iemanjá*, en el balanceo de sus manos extendidas, las olas por momentos turbulentas, por momentos mansas del océano; en *Oxum*, mediante el sonido suave que emite y de su danza graciosa, el murmullo de las cascadas; en *Ogum*, el hierro, su elemento, trabajado por el hombre y transformado en herramienta, la espada del guerrero; en *Oxossi*, con su arco y flecha, el cazador que trae los animales necesarios para la supervivencia humana y de los *orixás*, por medio de las ofrendas; en *Obaluaiê*, con su paso decidido y cubierto de paja, las epidemias y las curas de éstas y en *Nanã*, la madre ancestral que con su danza recuerda a sus hijos el principio femenino.

Un microcosmos mítico real[16] que marca la importancia de este aposento en el *Ilê-Orixá*, la sala del *barracão*, pues allí la creación del mundo es revivida desde el momento del ritual de sacralización del ambiente por los sacerdotes, en los cuatro rincones de la sala —en alusión a los cuatro puntos cardinales,

---

[16] En la creación del prototerritorio, muchos orixás fueron abandonados, en el sentido de que no atendían la realidad del africano esclavizado, siendo apenas recuperados aquellos que significaban una orientación concreta en la realidad de la vida en tierra brasileña (Fonseca, 1995; Verger, 1997; Bastide, 2001).

que rememoran en su significado los caminos, los *odus*[17] designados por *Olo-dumaré*, así como los cuatro elementos fundamentales en la creación del *Aiyê*[18], el agua, el fuego, el aire y la tierra.

En este ritual de sacralización, en la ofrenda para el *orixá Exu*, también son presentados los colores de la creación del mundo, este *orixá* en su representación es identificado por los colores azul, blanco y rojo. *Exú* actúa con esta primacía, se trata del primer *orixá* reverenciado, pues es identificado como el regulador del espacio consagrado preparándolo así para la danza de los demás *orixás* en torno del *Axé* en el sentido del amanecer al anochecer.

Al revivir en el prototerritorio a través del paisaje connivente, la localización del *Exu* en la entrada de éste, asentado en su *peji* y, de la particularidad de esta divinidad de iniciar los rituales, los seguidores, el pueblo-de-santo, está recuperando el sentido de la supremacía que *Exu* poseía en todas las ciudades africanas de raíz cultural *ioruba*, pues, independientemente del *orixá* que aquéllas cultivaran, *Exu* era reverenciado localizándose también en la entrada de las ciudades.

De esta forma, una *geografía religiosa*, como la denomina Bastide (2001:89) es ejercida a través de la acción de geo-simbolizar en la constitución del territorio-*terreiro* cada objeto, los árboles, una canilla, una fuente, los gestos, los trajes y adornos, la forma de comunicación; cada detalle de la vida de este territorio-terreiro recuerda a África.

---

[17] Los cuatro principales *odus* (destinos, caminos a ser recorridos por el ser humano en su existencia terrena) relacionados a los puntos cardinales son: *Obgê-meji*, el este, donde vive *Exu*; al norte, *Odi-meji*, donde se localiza *Ogum*; al oeste, *Oyeku-meji*, donde está *Xangô*, y al sur, *Iwori-meji*, donde habita *Oxalá* (OXala, 1998; Bastide, 2001).

[18] En el *Itan* sobre la creación del *Aiyê*, recuperado por Oxalá, A. (1998, p.44), los cuatro elementos son activados por la acción de cuatro animales oriundos de polvos mágicos, de colores negro, blanco, rojo y azul, contenidos en vasijas de esos respectivos colores. Estas vasijas son legado de *Olodumaré* a *Oduduwá* para la creación del mundo. Así, de la vasija blanca conteniendo el polvo blanco surge un ave blanca, la paloma, que con el batir de sus alas crea el elemento aire; de la vasija azul con el respectivo polvo azul, surge el caracol marino, el *igbim*, que al verter agua crea los océanos, cuyas aguas son agitadas por el viento; de la vasija negra, la gallina d'Angola [gallina negra, introducida al Brasil por los colonizadores portugueses que la trajeron del África Occidental; que al picotear desparrama el polvo negro y éste por su parte, en contacto con el agua, genera el barro y, de la vasija roja, emerge el camaleón, lanzando llamaradas por la boca y propagando el fuego por el barro, que evapora el agua, transformándose en nubes cargadas de electricidad. Esta concepción del mundo traspasa todas las prácticas culturales heredadas de los *iorubas* por los afro-brasileños. Desde la semana de cuatro días que, adaptada al tiempo semanal occidental, en los cuales son reverenciados los *orixás*, hasta en la dramatización gestual de sus hijos en el momento del *Xirê*.

Por este camino, efectuando una lectura complementaria de la que presentamos hasta el momento, Elbein (1973), al decodificar el paisaje del *terreiro de candomblé*, expone que el *barracão*[19] y su entorno con las *casas de los orixás*[20], circundados por una vegetación, son divididos –según la autora en cuestión- como el espacio urbano y el espacio verde. En esta división, el espacio verde[21] y el espacio urbano, constituido respectivamente por árboles, hierbas, fuentes y el conjunto arquitectónico, poseen valores sagrados porque recrean mediante lo que estamos considerando como geosímbolos, un mundo que encuentra en una realidad distinta, una similitud, una correspondencia con los valores míticos y místicos de la organización territorial africana, marcando en este sentido que el prototerritorio[22] se torna también un territorio-santuario, ya que éste al agregar un conjunto de signos y valores, asume la función de realizar la conservación cultural.

En la dirección de nuestra discusión del proceso de recomposición social, política y religiosa de distintas etnias en el territorio-*terreiro del candomblé*, a través de las territorialidades y, cómo éstas fueron articuladas bajo una dinámica circular cultural entre ellas a fin de realizar la re-territorialización, cabe recordar que esta cuestión de la división espacio verde/espacio urbano, también es abordada por Gromiko (1987) al estudiar la organización socio-espacial africana, como una de las dicotomías centrales en cuya base se estructura el espacio africano –aún dividido en territorios étnicos y presentando prácticas culturales distintas- pues son categorías cosmológicas que atraviesan las distintas concepciones del mundo engendradas por estas etnias.

---

[19] Según Corrêa (2004), de una forma general (variando apenas en tamaño), los *terreiros*, según la imaginación geográfica, son constituidos por: casa principal -el *barracão*- que desarrolla funciones sagradas: en la sala principal tenemos la realización de los cultos, donde encontramos el punto fijo de mayor sacralidad, el *Axé*; la preparación, rituales de los iniciados, los "hijos e hijas-de-santo"; como tamb ém, los "cuartos-de-santo" - cuando no es posible por lo exiguo del terreno construir "casas" para las divinidades en las cercanías del *barracão*- donde están los "asentamientos", los *pejis* de los *orixás*.

[20] De acuerdo con Corrêa (2004), cuando el área del territorio-terreiro es pequeña debido al encarecimiento de los terrenos por la especulación inmobiliaria, estas casas de orixá son representadas por aposentos menores, próximos a la sala principal y se los denomina *cuartos-de-santo*. Este tipo de arreglo espacial en el interior del territorio-terreiro fue verificado en trabajos de campo, en los años 1996 a 1999, en *terreiros* de la ciudad de Rio de Janeiro, R.J. y también en Salvador y Cachoeira, en Bahia.

[21] Más literalmente, 'espacio del matorral', pero los 'signos' que menciona la autora (…árboles, fuentes…) nos dan la idea de lo que en castellano podemos denominar como matorral.

[22] Basándonos en el sesgo analítico del concepto de territorio propuesto por Bonnemaison (2002:111)

Como ejemplo, el autor observa que entre los Komos (Uganda), "vegetación" tiene un doble sentido: por un lado se asocia en un aspecto positivo con los ancestros divinizados, pero por otro, con los espíritus malos, el mundo de los muertos, hostiles en general al mundo de los vivos, según esta etnia.

Los Tongas, los Tswanas y los Zulus, pueblos del África Austral, además de establecer esta división vegetación / ciudad, con significado análogo al anterior –el de los Komos– también identifican una zona intermedia que incluye los terrenos destinados a la agricultura. Al introducir una división más, establecen una significación que será operada entre la ciudad, la zona intermedia de la agricultura y, lo verde, el mato/la mata. El espacio de la ciudad es visto por estos pueblos como el espacio de las actividades sociales y del orden público; es decir, como el espacio del orden, mientras que el de lo verde, es visto como el mundo del caos. El espacio de la agricultura actúa como mediador entre estas dos fuerzas de poder, el orden y el caos.

Estas significaciones son analizadas por el autor en cuestión a través de los rituales celebrados con ocasión de la muerte del jefe del clan. Según el autor, muerto el patriarca, *los hombres abandonan la aldea y van a habitar nuevas regiones pues, según las creencias, con el fallecimiento del patriarca, "muere" todo el pueblo* (Gromiko, 1987: 78).

El espacio verde ante esta contingencia de la Muerte –bajo nuestro punto de vista, concordando con la óptica de Durkheim de ruptura y reconstrucción social– pasa a abrigar a los miembros del grupo, en una situación de caos primitivo donde no existe más el orden de la ciudad y sí la vida salvaje, donde lo que era prohibido pasa a ser permitido, como un tiempo-espacio de prueba para el pasaje a la nueva vida, marcada por la reterritorialización de la nueva ciudad bajo el poder de un nuevo jefe.

Gromiko (1987:79), apropiándose de la etnografía realizada por Junot especialmente sobre este ritual de los pueblos del África Austral, relata: *la aldea fue destruida en pedazos y con su fin dejaron de existir normas y leyes sociales. Los insultos que normalmente eran prohibidos, se tornaron permitidos.* Prosiguiendo con el ritual, efectuaron la re-territorialización de la aldea en otro espacio y en este –según el autor- construyen un cerco y un portón, bajo el cual los sacerdotes depositan hierbas sagradas para impedir la entrada de los malos espíritus. Una práctica ritual que será observada en el prototerritorio con el mismo propósito: la colocación del *Axé* en la sala principal del *barracão*, en la portería del *terreiro* junto con *Exu* y, en el tejado, estableciendo el vínculo entre el *Ayê* y *Orum*.

En este sentido, en este arreglo espacial interno del territorio-*terreiro de candomblé*, la división entre *espacio urbano* y *espacio verde* propuesta por Elbein (1975) y el significado de ambos espacios, según Gromiko (1987) marca la estrategia de recomposición articulada por la recreación simbólica de su espacio de origen, partiendo de la lógica de considerar en una primera instancia, lo que les era común. Siguiendo esta dirección, observamos que *Exu* en la puerta del terreiro es la representación de su localización en la entrada de las ciudades iorubas donde *Exu orixá* era reverenciado en todos los reinos de esta sociedad, y que la división entre espacio urbano y espacio verde, y el significado otorgado a este último, expresa una síntesis del arreglo espacial de los distintos reinos africanos a través de la imaginación geográfica asociada a una imaginación creativa, consistiendo en esta asociación la facultad de reunir imágenes espacial de acuerdo con principios que no reflejan necesariamente la realidad.

De esta forma, en el acto de significar –como *urbano* una casa común a los ojos del no-iniciado en los fundamentos del *candomblé*, y, en especial, como *verde*, algunos árboles, arbustos y canteros de hierbas constituyentes del arreglo espacial del territorio-terreiro– reside la capacidad imaginativa del negro de recrear en el ambiente de la ciudad colonial, la vigencia del pasado en el presente, tiempo y espacios superpuestos, marca y matriz de la sociedad que los constituyó y que por fin los constituye en tierra extranjera.

Tanto en las ciudades-reinos y las aldeas que forman el arreglo espacial africano significadas como el espacio del orden, de la vida en sociedad; como en el ambiente natural de la vegetación, donde sus divinidades se presentaban y eran simbolizadas en la naturaleza –viviendo en los ríos, en las rocas, en las hierbas, en los árboles– lo que significa también el espacio del caos original –se expresa el interludio entre la ruptura y la reconstrucción experimentados en los lugares de reunión de los negros esclavos, en las calles, en los *quilombos* y *Zungus* de las ciudades brasileñas, lo que fortalecía las estrategias propiciadoras de su recomposición social, política y religiosa y construía el significado de su re-territorialización así como también el proceso de identificación de reconocerse afro-brasileño.

Para concluir

Podemos afirmar, bajo la perspectiva que esta capacidad imaginativa de
la cultura afro-brasileña de re-territorialización, que opera a través de lo sagrado, su mundo de origen; al ser realizada en el transporte simbólico del territorio móvil y significada por geosímbolos, aunque estos bienes simbólicos
propios del espacio verde como una vegetación exuberante no esté presente;
en el área interna del prototerritorio pasa a ser construido materialmente por
la acción del hombre. Por ejemplo, un río o un lago con atributos sagrados en
África, un geosímbolo de la cultura *Ioruba* marcado en el paisaje connivente
original, es recuperado en el prototerritorio con toda su fuerza simbólica al
ser "recordado" y significado en una fuente artificial, un pequeño estanque,
hasta una llave de paso, surtidor o canilla, sacralizadas por rituales, pasan a
tener el mismo valor simbólico, generando una correspondencia del antiguo
territorio con el mundo vivido en la realidad del territorio-terreiro.

Siguiendo con esta perspectiva, al generar nuevas formas geosimbólicas en
el territorio-*terreiro*, éstas conservan el mismo sentido del pasado, legado por
principios de distintas etnias, capitaneadas por la etnia *Keto*; aunque reactua-
lizados en la tradición afro-brasileña, pues al re-territorializarse, de acuerdo
con nuestro análisis, el territorio puede recrearse completamente o engendrar
el nuevo que conservará características y atributos del antiguo territorio. Por lo
tanto, lo verde y lo urbano del territorio-*terreiro*, como conceptuamos conjugando con el territorio-santuario, se transforma en geosímbolos y, al mismo
tiempo, en territorialidades, marcando de esta forma los valores éticos-cultu-
rales de los africanos en Brasil. Valores preservados en sus significados, en el
culto, en los rituales, en las vestimentas, adornos y lenguajes para la formación
del prototerritorio, actúan también como una protección del mismo ante quienes no pertenecen al mundo del *candomblé* o no fueron iniciados en sus secre-
tos. En esta idea reside la justificación de vetar a extraños y a miembros no
participantes del culto religioso, tanto las actividades como las relaciones jerár-
quicas de este territorio-terreiro-santuario. Siendo así, las prácticas rituales son
secretas y algunas de ellas permitidas sólo a los miembros del terreiro que po-
sean más tiempo en la dedicación a los orixás —el grado de señorío o de edad so-
cial- identificadas en nuestro análisis de acuerdo con la dinámica de la
territorialidad, es decir, una estrategia desarrollada por el grupo religioso como
forma de protección del "secreto" en el territorio-*terreiro*.

De esta forma señalamos que el prototerritorio, bajo la óptica que lo considera como sistema y símbolo, se desarrolló y sedimentó a través de la estrategia de defensa, por el secreto y por lo sagrado, gracias a la creación de códigos específicos originarios de las distintas etnias que se recomponen y se reestructuran en el mismo. En este sentido podemos afirmar que el espacio que es territorializado, mediante delimitaciones de lugares e indicación de valores; los *terreiros* son espacios que permiten la fijación y realizan la circulación; son fronteras de cambio, materiales y simbólicos, pues se reflejan sobre esa organización , significados y jerarquías; en la creación del territorio, dependiendo de la forma de apropiación ya sea por el individuo o el grupo, este es significado de forma afectiva y política, y precisa ser constantemente mantenido a través de estrategias de dominación y manutención. Estas estrategias que consideramos como territorialidades pasan así a establecer la variación entre permisividad o prohibición al territorio, que será determinada en mayor o menor grado de acuerdo con la subjetividad de la madre o padre-de-santo, responsables por la conducción de la vida diaria del territorio-*terreiro*.

Raffestein (1995) afirma que la territorialidad es el reflejo de una *multidimensionalidad*[23] de lo "vivido" como territorial por los miembros de una colectividad. Siendo así podemos señalar que los rituales sagrados, el secreto del territorio-*terreiro*, el vivir lo santo en lo cotidiano, son reactualizadores de la fuerza y el poder del mismo y, son permanentemente los que revitalizan el territorio transpuesto, re-territorializado como afro-brasileño. De esta forma, el *egbé* (la ciudad-reino africana) simbólico, en su representación territorial, como *terreiro*, a través del proceso de recordar / significar / realizar, permite que el pasado sea recreado señalando el límite entre la imaginación y la realidad de los registros y de la convivencia cotidiana de una cultura. Para Castro (1997:156) *el dominio de lo simbólico posee un innegable valor explicativo*. Siguiendo esta idea, señalamos que, considerar la fuerza de los símbolos y de las imágenes como parte integrante del campo de saber geográfico constituye la base de las representaciones que orientan las direcciones de las acciones de los hombres sobre el espacio, territorializándolo.

Lo simbólico, en nuestro análisis, emerge de esta forma, como uno de los conceptos que permiten profundizar la comprensión, desde la perspectiva

---

[23] Es decir, que la territorialidad es el reflejo de una dimensionalidad múltiple de lo 'vivido' como territorial.

geográfica, de cómo la reconstrucción de la identidad de un pueblo que en el pasado fue desprovisto de su posibilidad de existencia debido a la esclavitud en Brasil, renace en la fuerza del *Axé*, territorializándose en el prototerritorio y con esta acción lega a sus descendientes, armas, estrategias de protección, para una lucha donde la desigualdad todavía se hace presente.

Inspirándonos en Maffesoli (1987), afirmamos que fueron historias vividas en lo cotidiano de los lugares de encuentro de los esclavos, especialmente en las calles de la ciudad, situaciones imperceptibles que, tejiendo relaciones de convivencia y aprehensión de un territorio compartido, fundamentan el prototerritorio y estructuran la memoria colectiva del pueblo-de-santo, el pueblo del *Candomblé*.

De esta forma, la perspectiva de análisis desarrollada por nosotros en nuestras investigaciones y presentada en este texto ha sido aprovechada en los últimos años como una de las posibilidades de acción de fortalecimiento de la comprensión del proceso de constitución de la práctica cultural afro-brasileña, en debates –como uno de múltiples ejemplos- sobre la cuestión ambiental ante la necesidad de la frecuencia de los seguidores de religiones de matriz africana de profesar algunos de sus rituales en el área de la conservación ambiental teniendo en cuenta que *orixá* es una fuerza de la naturaleza, colaborando así para la discusión de los conflictos a través del abordaje conceptual del geosímbolo, paisaje connivente y territorio-*terreiro*-santuario. De esta forma contribuimos para un cambio de mentalidad en Brasil hacia la des-construcción del prejuicio racial y religioso, a pesar de que la idea del *racismo cordial* esté vigente en Brasil hace tres siglos, como señaló Milton Santos en la entrevista concedida en 1995 al diario *Folha de São Paulo*. Para el respetado geógrafo -según expresara en esta entrevista- estamos en el momento de actuar al respecto del racismo y del prejuicio, y completo lo dicho, destacando que precisamos actuar contra el prejuicio sobre prácticas culturales que no sean las hegemónicas. Prácticas impuestas colectivamente que actúan en la construcción del espacio geográfico a través de sus signos, significados, significantes, expresando, y también engendrando, los conflictos, fronteras, territorialidades, territorios, paisajes y, pienso, afirmo y compruebo que la geografía no puede quedar afuera de este llamado.

Bibliografía

BAILLY, A; DEBARBIEUX, B., « Géographie et représentations spatiales » In: Bailly et al. (coord.) *Les concepts de la Géographie Humaine*. Paris: Masson, 1995.

BASTIDE, R. *Candomblé da Bahia: rito nagô*. 1° reimpressão; São Paulo: Cia. Das Letras, 2001.

BERGER, P. *O dossel sagrado: Elementos para uma teoria sociológica da religião*. São Paulo: Paulus, 1985.

BONNEMAISON, J. "Viagem em torno do território". In: Corrêa; Rosendahl (coord.) *Geografia Cultura: um século (3)*, Rio de Janeiro: Eduerj, 2002.

CASTRO, I. "Imaginário político e território: natureza, regionalismo e representação". In: Castro; Gomes, Corrêa (coord.) *Explorações Geográficas*, Rio de Janeiro: Bertrand Brasil, 1997.

CORRA, M. A. *Irmandade da Boa Morte como manifestação cultural afro-brasileira: de cultura alternativa à inserção global*. Tesis de Doctorado. Rio de Janeiro: CCMN / PPGG/UFRJ, 2004.

_______________ "Terreiros de candomblé: a criação do território através da cultura e do signo". In: Lemos; Bahia; Dembicz (coord.) *Brasil: espaço, memória, identidade*. Varsóvia: CESLA, 2001.

COSGROVE, D. "A geografia está em toda a parte: cultura e simbolismo nas paisagens humanas". In: Corrêa; Rosendahl (coord.) *Paisagem, Tempo e Cultura*. Rio de Janeiro: EdUerj, 1998.

DEBARBIEUX, B. « Imagination et Imaginaire geographiques ». In: Bailly at al. (coord.) *Encyclopédie de Géographie*. Paris: Econômica,1995.

DI MÉO. *L'Homme, la Société, l'Espace*. Paris: ed. Econômica, col. Anthropos, 1991.

ELBEIN, J., *Os Nagô e a Morte*. Petrópolis:Vozes, 1975.

FONSECA jr, E., *Dicionário Antológico da Cultura Afro-brasileira*. Florianópolis: Maltese, 1995.

GROMIKO, A. A. *As religiões da África*. Moscou: Edições Progresso, 1987.

MAFFESOLI, M. *O tempo das tribos*.Rio de Janeiro: Forense Universitária, 1987.

MAIER, E., "Torah as movable territory". In: *Annal of the Association of American Geographers*. USA: Vol. 65, n° 1, 1975.

OXALÁ, A. *Igbadu: a Cabaça da Existência – mitos Nagôs revelados*. Rio de Janeiro: Pallas, 1998.

RAFFESTIN, C. *Por Uma Geografia do Poder*. São Paulo: Ática, 1995.

SACK, R. *Human Territoriality: its theory and history.* London: Cambridge University Press, 1986.

VERGER, P., *Orixás.* Salvador: Corrupio, 1997.

CAPÍTULO IX

Religión y dinámica espacial.
Del espacio y de los lugares sagrados al territorio religioso

Maria da Graça Mouga Poças Santos

Palabras introductorias

Las prácticas religiosas son portadoras de una densidad espacial que puede traducirse en campos tan variados como los trayectos o itinerarios (entre los que abundan las peregrinaciones) recorridos desde y hacia los lugares sagrados, los edificios o monumentos de carácter religioso, algunas formas de la naturaleza a las que se les atribuye carácter simbólico o sagrado, la toponimia de inspiración religiosa, la difusión en el espacio de las formas litúrgicas o rituales o también los objetos móviles de uso o significado religioso (estatuas, reliquias, etc.).

Debido a esto, nos gustaría tejer algunas consideraciones sobre la estructuración del territorio con base en las motivaciones religiosas que conducen a la definición de un espacio sagrado. Estas motivaciones justifican la organización religiosa del espacio y, por lo tanto, la aparición del territorio de tipo religioso. Antes de examinar algunos de los principales elementos que conducen a un enlace de lo sagrado con la realidad territorial, hay que mencionar la posición del lugar sagrado como "punto del territorio que él estructura simbólicamente colocando este último en relación con mundos distintos" (Debarbieux, 1995: 103): el invisible y el visible, el sagrado y el profano, el mítico y el geográfico.

Este capítulo tratará, en un primer punto, de la discusión sobre lo que es el espacio sagrado y, a continuación, se tejerán algunas reflexiones sobre las relaciones entre espacio vivido y experiencia religiosa.

El espacio sagrado

La dualidad sagrado/profano, introducida por Mircea Eliade (*s.d.*[1]), a pesar de no ser geógrafo, tuvo una gran repercusión en los estudios geográficos sobre religión en los que era frecuente mencionar esta clásica dicotomía conceptual (de Sopher, 1967 a Rosendahl, 1994 y 1995, o a Kong, 2001a).

Este autor rumano designa al acontecimiento que marca la transformación del espacio común en lugar sagrado, *hierofanía*[2]. Ésta será el motor de la creación de un espacio *aparte*[3], demarcado del entorno que lo envuelve, y del cual irradia una fuerza que atrae un sentido de plenitud que lo hace extraordinario y único, así como una cierta reordenación del espacio, no sólo en función de la sacralidad que se le reconoce, sino también, como contraste del espacio profano que lo envuelve.

Para esta concepción, el lugar sagrado no resultará de una elección deliberada del hombre, sino de un descubrimiento del hombre de ese espacio considerado *especial*. Esta revelación de lo sagrado ante el ser humano resulta de un estado de conciencia –y a la vez consciente–, propicio a dicho reconocimiento, razón por la que el propio individuo, en diferentes circunstancias de su vida pueda estar (o no) en condiciones de descubrir la sacralidad de un lugar.

Algunos geógrafos, pertenecientes al pensamiento cercano a las corrientes postmodernas, niegan el carácter absoluto con el que Eliade demarca el espacio sagrado de lo profano, considerando que algunas formas contemporáneas de religiosidad difícilmente se reconducen a esa visión dicotómica, ya que, como afirma Cooper, son:

---

[1] 1º edición original en francés (1957).

[2] En la concepción de Eliade (*s.d.*: 36), "cuando lo sagrado se manifiesta a través de cualquier hierofanía, no sólo hay ruptura en la homogeneidad de espacio, sino que también se revela una realidad absoluta que se opone a la no realidad de la inmensa extensión que la envuelve", por lo que el acontecimiento hierofánico surge como revelador de un *centro*, entendido como un *punto fijo*, a partir del cual se estructura y ordena el mundo.

[3] Con esto queremos decir igualmente que, "lo sagrado, como elemento de caracterización y diferenciación de los lugares, atribuye un significado que los desvincula de la esfera económica, llevándolos a la esfera de lo simbólico" (Rosendahl, 1996: 12).

"resonancias de lo sagrado, tal cual como las experiencias individuales de una iglesia, que están profundamente implicadas en un contexto más amplio de preocupaciones y dilemas cotidianos de carácter secular. Lo sagrado y lo secular están, por tanto, más relacionados de lo que Eliade sugiere. Sencillamente, las manifestaciones de lo sagrado y de lo secular pueden comprenderse a través de referencias culturales, experiencias y narrativas. Las interpretaciones de lo sagrado nunca pueden separarse completamente de los distintos modos adquiridos de responder y expresar la sacralidad" Cooper (1995: 356).

Con una posición semejante, pero refiriéndose específicamente a la naturaleza del espacio sagrado y de su calificación como tal, Kong (2001b), como otros autores que cita, también ve en ese espacio la traducción de relaciones sociales de poder donde afloran las contradicciones de una sociedad (dominación/subordinación, inclusión/exclusión, apropiación/desposesión), dándole una perspectiva a la definición de la sacralidad del espacio a partir de relaciones de poder y no de un evento hierofánico, consubstanciado en misteriosas explosiones de lo espiritual, como Eliade proponía.

Comprendemos las objeciones de estos autores, cuya escala de investigación se sitúa en el ámbito del individuo o del grupo, y que tienen el mérito de llamar la atención sobre la complejidad de determinadas situaciones, de lectura menos evidente en términos de un análisis clásico de lo sagrado *versus* lo profano. Hay que decir, sin embargo, que el esquema *eliadiano* tiene la virtualidad de permitir comprender dichas realidades, como la que hemos estudiado, en las que la demarcación es relativamente clara, determinando generalmente comportamientos también diferenciados.

En este contexto, como afirma Dupront (1987), lo sagrado se alimenta del espacio y éste es una condición indispensable o incluso el fundamento de la propia idea de sacralidad, que lo inviste con un significado nuevo y trascendente. Lo sagrado, a su vez, nutre las peregrinaciones a los espacios que singulariza.

El espacio sagrado (nos referiremos a espacio sagrado en el sentido de "espiritualmente atractivo") es el resultado inevitable que tiene el hombre religioso al poseer lugares con una atmósfera propia donde están patentes elementos de espiritualidad, siendo igualmente resultado de la necesidad de seguridad que éstos ofrecen por ser lugares donde, por ejemplo para los cristianos a través de los ritos, proporcionan al creyente comodidad, equilibrio y sentido al espacio.

La calificación de un lugar como sagrado, que aparece en el ámbito de la mayoría de los sistemas de creencia, "frecuentemente anima a los creyentes a visitar esos lugares en peregrinación" (Park, 1994: 245). El lugar sagrado, es en definitiva un reconocimiento de su carácter diferenciado a partir del respeto y devoción que se les debe, en un proceso de construcción de esos lugares en los que se asiste a una creciente insinuación del respectivo significado religioso. En consecuencia, se manifiesta, a menudo, un cuidado especial sobre quién los gestiona en la preservación de la respectiva sacralidad, lo que ha llevado, en algunos casos, a restricciones para franquear y frecuentar dichos lugares, sobre todo en sus puntos de mayor intensidad de lo sagrado.

La clasificación de sagrado puede conferirse en función de si esos lugares están asociados, de alguna manera, a personas consideradas santas, debido a acontecimientos de su vida o por encontrarse en el lugar sus restos mortales o reliquias, o incluso por estar asociados a leyendas o mitos ancestrales, aunque se les conceda un renovado significado religioso que los *recicla* en el ámbito del establecimiento de una nueva creencia.

Tal y como define Rosendahl (1996):

"el espacio sagrado es un campo de fuerzas y de valores que eleva al hombre religioso más allá de sí mismo, que lo transporta a un medio distinto de aquel en el que transcurre su existencia. A través de los símbolos, los mitos y los ritos, lo sagrado ejerce su función de mediación entre el hombre y la divinidad " (p. 30).

Precisamente porque lo sagrado se presume intemporal, la consagración del espacio como tal no debe ejercerse en cada una de las sucesivas generaciones que lo frecuentan. Sin perjuicio de eventuales transformaciones que puedan incluso implicar la decadencia del lugar, la sacralidad puede heredarse como testigo de generaciones anteriores.

También pueden converger en la calificación de un lugar como sagrado elementos muy diversos que van desde la apropiación del mismo por una institución religiosa a su composición espacial (patrimonio natural o cultural), a la historia más o menos antigua de su origen y consolidación o, sobre todo, a la conciencia religiosa o mítica de su consagración (Dupront, 1987).

En otra perspectiva (Kong, 1992), en la que resuena la categorización clásica propuesta por Eliade entre lugares religiosos hierofánicos y construidos, puede distinguirse entre *sacralidad intrínseca*, con respecto a la calificación de un lugar como sagrado en virtud de allí haber tenido lugar un evento hierofánico, y *sacralidad extrínseca*, que resulta no de características inherentes al lugar, sino de la circunstancia de haber estado sujeto a actos ceremoniales de consagración o por allí haber tenido lugar, de forma más o menos duradera, prácticas religiosas[4].

Sin embargo, para determinadas religiones, la sacralización del espacio no se reduce a lugares específicos, como ocurre en el islamismo[5] en el que se asiste a la sustitución, en este dominio, de la topografía por la simple orientación sagrada en dirección a la Meca. De hecho:

"cada musulmán traslada su alfombra de oración y, a la hora adecuada, lo extiende en cualquier lado, constituyendo así una zona personal de sacralización temporal (...) independiente de todo el "arraigamiento": deja de existir un lugar sagrado para dar paso a direcciones de lo sagrado" (Moles y Rohmer, 1982: 41).

Los fenómenos religiosos, como hechos culturales y sociales, presentan considerables implicaciones en términos de espacio, especialmente visibles cuando se trata de grandes sistemas religiosos, generalmente muy asociados al espacio, sin duda porque proponen a los respectivos creyentes una explicación del orden del universo (cosmogonía), muchas veces también presente, en términos simbólicos, en la forma en cómo modelan sus espacios, particularmente en lo que se refiere a sus formas arquitectónicas. A semejanza de lo que, más genéricamente, puede afirmarse para la cultura, la religión es una forma de pensar el espacio y, a partir de esta relación, en algunos casos, puede incluso identificarse regiones culturales cuya marca distintiva fundamental la da el elemento religioso.

Las propias religiones, al arraigarse en el espacio, inducen a estas importantes transformaciones, tanto en lugares de revelación, aparición o milagro

---

[4] Por ejemplo, una iglesia parroquial, en donde no se ha relatado ningún hecho extraordinario, su respectiva comunidad puede considerarla un lugar sagrado debido a los actos rituales que allí tienen lugar, e incluso por las experiencias religiosas personales vividas en ese espacio. Sin embargo, para determinadas confesiones religiosas (*v.g.*, determinadas denominaciones cristianas protestantes) la iglesia-edificio solamente es el lugar donde se reúne la congregación y no se le atribuye un carácter sagrado, sino un carácter meramente funcional.

[5] Siendo una religión asociada al desierto, se ha desarrollado una cultura de lo *trasladable* que señala las propias prácticas religiosas.

(transfigurados, por fuerza de éstas, en ciudades santas y otros lugares sagrados que arrastran hacia ellos masas de fieles), como en otros lugares de culto permanente o temporal (iglesias, mezquitas, templos o sinagogas) que dejan marcas más o menos profundas en el espacio, consideradas tanto individualmente como desde un punto de vista de las relaciones que, formal o informalmente, se establecen entre esos lugares.

De hecho, la jerarquización también es una de las notas distintivas cuando se trata del espacio de las religiones más difundidas, estructuradas institucional y territorialmente, para enmarcar las comunidades de creyentes[6]. Además, como acabamos de ver, esta dimensión algo estática de la organización espacio-religiosa se rige por la llamada a la movilidad y a la superación de los lugares de lo cotidiano, traduciéndose en las prácticas de peregrinación.

Desde luego, debe reconocerse que la relación entre el hombre y el espacio implica necesariamente que éste se halle impregnado de sentido, de ahí que ningún espacio sea un espacio rigurosamente neutro en el que se desarrollen y evolucionen comportamientos humanos individuales y colectivos. Al contrario, el espacio y la percepción del mismo dan origen a determinadas prácticas y conductas, de las cuales resulta, a su vez, un espacio calificado (*v.g.*, el espacio sagrado). Según Bealet (1997), tanto puede revestirse de una *forma inducida* de percepción, más difícil en términos de marcadores simbólicos, ya que las autoridades religiosas no pueden reconocerla oficialmente y porque sólo subsiste en la memoria y en la tradición locales; como asumir la naturaleza más formal de una *sacralidad consagrada* por la jerarquía eclesiástica y por la práctica de ritos religiosos más o menos solemnes.

La sacralidad del espacio es una realidad transversal a los diferentes sistemas de creencia, apareciendo en cada uno de ellos bajo diferentes designaciones, pero teniendo en común una emergente "topología de lo sagrado, una valorización del espacio que no está vinculada únicamente a las funciones de los objetos que lo rellenan. Existe un imaginario del espacio de carácter sagrado" (Moles y Romher, 1982: 26) que le atribuye significados, de ahí que las religiones acaben por servir "menos para fabricar lo sagrado, porque éste existe como materia prima, que para estructurarlo" (*idem*, p. 27).

---

[6] A su vez, las creencias religiosas, si son minoritarias o marginales en un determinado contexto, también tienden a dar cuerpo a formas espaciales particulares, coercitivamente impuestas (ghetos) o voluntariamente asumidas (aislamiento al que se entregan determinadas sectas).

Cuando las diversas religiones se vuelven más complejas, el espacio empieza a reflejar, a medida que van surgiendo, una estructura organizacional cada vez más sofisticada, dándose inicio a una división de los diferentes lugares y originando una jerarquía de los lugares de santidad (ya que existe tanto al interior de los mismos como en diferente escala de éstos). Esta jerarquía de los lugares sagrados se traduce en su clasificación como puntos de referencia o puntos secundarios en el sistema religioso, desempeñando cada uno un papel distinto en la estructuración del espacio.

Efectivamente, si el espacio surge en el intento del objeto de la ciencia geográfica, utilizando conceptos como localización, circulación o red, a través de la idea de lugar y de territorio, el ser humano se sitúa espacialmente, atribuyendo los significados que les confiere, como ocurre con la calificación de lo sagrado. El lugar es esencial para que su relación con el espacio no se limite a una simple abstracción y, con relación a ese lugar, desarrollarán sentimientos de pertenencia, ya que:

> "las personas no se localizan simplemente a ellas propias, sino que se autodefinen a través de un sentido de lugar, [además de que este lugar] proporciona un ancla de experiencias compartidas entre las personas y la continuidad a través del tiempo" (Crang, 1998: 102-103).

De esta forma, encontramos en el lugar sagrado, por un lado, como generalmente ocurre en los lugares de culto, el marco espacial donde se desarrollan formas particularmente intensas de sociabilidad. Por otro lado, el concepto de lugar sagrado presupone la existencia de una realidad diferente, de orden trascendente, a la par del mundo en que vivimos, de un *más allá* que no se confunde con éste, pero que va a su encuentro puntual y episódicamente. Por tanto, lugar sagrado es, en nuestra opinión, aquel punto de la superficie terrestre en donde (bajo modalidades y variables en función de religiones, pueblos y épocas históricas) se tocan o tocaron lo divino y lo humano o lo divino y la naturaleza, pasando a encararse ese lugar como especial y, en muchos casos, único, resultando así en su sacralización[7].

---

[7] El acto de sacralización no se confunde con el acto de culto, ya que "el culto es, con efecto, práctica, repetición o rítmica según un orden establecido de los tiempos; la sacralización, acto único en este doble sentido que se produce sólo una vez y que de cada vez es nuevo: [como es] propio de una dinámica de fuerza que no se reduce al poder" (Dupront, 1987: 30).

Con relación a esta cuestión, Stoddard (1979/1980) presentó una tipología cuatripartita de los lugares sagrados, donde apunta las siguientes situaciones típicas de sacralización de lugares:

• Lugares santos como resultado de decisiones no religiosas que, en ese sentido, se tomaron para la respectiva localización (ej.: cementerios musulmanes o cristianos);
• lugares de manifestaciones vistas como sobrenaturales o relacionadas con acontecimientos importantes en la historia de determinada religión;
• lugares cuya sacralidad adviene, en el marco de determinadas creencias, de la especificidad de características topográficas particulares tales como cumbres montañosas, confluencia de ríos, etc.;
• lugares cuya localización se cree que corresponde a un ordenamiento cosmológico, lo que implica una organización espacial en armonía con determinadas concepciones del universo.

A veces también se utiliza la expresión *centro religioso*, en sinonimia con la de lugar sagrado. Sin embargo, y a pesar de que en la mayoría de los casos los lugares sagrados sean también centros religiosos, las dos expresiones no son sinónimas, ya que pueden existir lugares que, por el simple hecho de considerarse sagrados sólo para formas de religiosidad informal, no reciben el estatuto de centro religioso, asociándose éste normalmente a sistemas religiosos más estructurados y complejos.

Al revés, muchos centros religiosos no poseen la naturaleza de un lugar sagrado, como es el caso de sedes o capitales de organizaciones religiosas. Por ejemplo, Fátima (que pertenece a la Diócesis de Leiria/Fátima - Portugal), es un lugar sagrado y un centro religioso, pero Leiria, a pesar de ser la sede episcopal, es un mero centro religioso diocesano. Mientras que los lugares sagrados pueden estar o no asociados a ciudades o a otros centros urbanos, los llamados centros religiosos siempre se sitúan en éstos, y la función religiosa es una entre las demás funciones urbanas, con peso relativo variable en este contexto.

Determinadas calidades genéricas parecen favorecer, según algunos autores, la percepción de santidad que está en el origen de un lugar sagrado, habiéndose apuntado el carácter remoto de algunos lugares sagrados como contribuyendo a una cierta aura de misterio y a un determinado sentido de lo maravilloso que muchas veces los rodea. También la paz interior e incluso la fascinación provocada por la especial belleza paisajística o por la magnificencia del local puede invitar a la oración y a la meditación (Bhardwaj, 1973).

En el lugar sagrado se asume en plenitud la definición de lugar propuesta por Tuan (1974) en que el lugar sagrado se entiende como:

"una entidad singular, un 'conjunto especial', con una historia y un sentido. El lugar encarna las experiencias y aspiraciones de un pueblo. El lugar no sólo es un hecho que se explica en el marco más amplio del espacio, sino también una realidad que debe aclararse y comprenderse desde la perspectiva de las personas que le han dado un significado" (p. 213).

Más sintéticamente, el mismo autor presentará posteriormente (1975: 152) otra definición de lugar, también particularmente adecuada para recibir la adjetivación adicional de sagrado que los lugares que estudiamos contienen: "lugar es un centro de significado construido por la experiencia". Para Tuan los lugares se presentan como *nudos funcionales en el espacio*, anclados en el pasado y proyectándose al futuro. De su singularidad y complejidad resulta la respectiva naturaleza de símbolo, con la que muchas veces se revisten, para los grupos humanos que los cargan sentidamente y que los toman por referencia vital, lo que nos permite hablar, en este ámbito, de *espíritu del lugar*.

El territorio, estructurado con base en los *nodos* espaciales, que son los lugares que lo componen, y animado por el simbolismo de éstos, resulta de factores tan diversos como los procesos de carácter histórico (testigo de múltiples influencias) o las manifestaciones psicológicas, sociales y culturales originadas por los cuadros humanos (memoria visible e invisible de la conquista del lugar por el hombre). Por otro lado, lo simbólico se jerarquiza en el espacio y en el tiempo, en la medida en que es de la matriz cultural de las representaciones espaciales que el ser humano, interviniendo en el espacio, crea y recrea los bienes materiales del lugar sagrado, dando así origen al territorio.

También debe tenerse en cuenta que en determinadas religiones como las tribales, el territorio religioso está indisociablemente vinculado a una etnia determinada o a otro grupo humano más o menos restringido. Al contrario, en los sistemas religiosos de vocación universalista, por su propia naturaleza espacialmente ilimitada (por vía de la cual, en último análisis, su territorio global es la totalidad de la superficie de la Tierra), determinados lugares específicos (los *lugares ejemplares* de los que habla Debarbieux, 1995) son investidos con la función de territorios religiosos, como resultado de la sacralidad que les confiere la presencia o memoria de personas, objetos o acontecimientos considerados santos o divinos.

En este último caso, al contrario del "carácter inmanente propio de la sacralidad de los lugares simbólicos que relevan de los animismos, el sagrado trascendente se inscribe en el territorio coyunturalmente" (Dory, 1995: 374), es decir, como manifestación, en sí no duradera, pero cuyos efectos (ésos sí) pueden perdurar en las marcas permanentes que de él persistan.

Espacio vivido y experiencia religiosa

La calificación de sagrado de ciertos lugares se inserta en el campo más amplio de los lazos afectivos que entre éstos y los hombres se establecen, aquello que Tuan (1980) designa *topofilia*[8]. En este concepto algo difuso se integran las experiencias personales, las percepciones, las actitudes, los valores y las cosmovisiones que impregnan esa relación de los individuos con determinadas parcelas del espacio geográfico.

Cuando se trata de lugares con especial significado religioso, la idea de topofilia surge con particular intensidad, en la medida en que el sentimiento de lo sagrado es uno de los más fuertes en la escala de las emociones humanas, por lo que, en estos casos, "la topofilia se enriquece a través de la realidad del medio ambiente cuando éste se combina con el amor religioso" (*op. cit.*, p. 143).

La percepción de la sacralidad se manifiesta concretamente y se evidencia ante el observador a través de los comportamientos de los individuos en los lugares religiosos, respecto de los cuales se puede decir que existen ciertos códigos de comportamiento que generalmente se cumplen, tanto de naturaleza explícita (por ejemplo, a través de avisos escritos prohibiendo vestuario considerado inadecuado o imponiendo silencio), como implícita (consensualmente aceptados y culturalmente transmitidos, por ejemplo reír o silbar).

---

[8] La relación de los seres humanos con los lugares no está siempre marcada por la afectividad; como el propio Tuan (1998) también refiere, a veces el lugar suscita en las personas miedo. Si éste es el caso, estaremos ante una situación de *topofobia*.

El no cumplimiento de estas normas, como puede ocurrir en aquellas situaciones en las que un lugar religioso también es un destino del turismo de masas, llevará, desde el punto de vista de los creyentes, a una eventual disminución de la sacralidad del lugar por la falta de respeto que se le debe. La aceptación generalizada de estos preceptos de conducta, al contrario, reforzará la percepción del carácter sagrado del lugar. De hecho, "lo que hace que un lugar sea (más) atractivo para los turistas y demás visitantes es la singularidad que manifiesta" (Santos, 2008: 13).

En general, la religión es, a la vez que la historia, la cultura, la lengua, etc., uno de los elementos a tener en cuenta al estudiar el modo en que se conforma el espacio vivido, ya que allí confluyen los conceptos de identidad y de patrimonio que encontramos muchas veces asociados a los fenómenos religiosos, favoreciendo el desarrollo de sentimientos de pertenencia. Autores como Bailly y Scariati (1999: 7) afirman incluso que "cada persona teje lazos con uno o varios lugares con los cuales desarrolla relaciones de empatía", lo que es particularmente evidente en los lugares con una marca religiosa.

En esas relaciones persona-lugar, parece haber una búsqueda del *orden* (y consecuente rechazo del *caos*) ayudando, sobre todo, a construir la concepción de lo sagrado (de lo sobrenatural) que refleje lo imaginario y lo simbólico, correspondientes a un determinado mapa mental y a una determinada relación afectiva.

En tales lugares sagrados, se asiste a una sucesión, muchas veces duradera, de *inversiones* humanas de gran complejidad, que implican la afectación de recursos materiales y físicos, pero también espirituales, emocionales y sociales, en una intricada tapicería de experiencias humanas.

Los significados conferidos a los espacios religiosos se evalúan a partir de las experiencias individuales metodológicamente recogidas a través de cuestionarios y de entrevistas profundas. La complejidad de los lugares sagrados, desde este punto de vista, reside en la existencia de *múltiples capas de significados*, lo que conlleva la posibilidad, como algo inevitable, de que el mismo lugar tenga, para distintas personas, sentidos también distintos (Kong, 1992). Lo mismo ocurre en el plano de cada individuo, donde la percepción de lo sagrado puede variar a lo largo de la vida, en función de alteraciones culturales y sociales.

La estratificación de los significados de los lugares sagrados puede analizarse, de acuerdo con la autora referida, según tres niveles: el de los significados religiosos y sagrados conferidos a los edificios de naturaleza religiosa, el de los lazos de carácter profano que unen seres humanos concretos a dichos lugares, y el de los significados socialmente relevantes en conexión con ellos.

Con relación al primer nivel puede analizarse, por ejemplo, la concepción de *sagrado* y *lugar sagrado* por los individuos, así como sus experiencias religiosas o incluso el papel que el marco físico tiene en el desarrollo de la experiencia personal de lo sagrado. Es interesante observar igualmente el cumplimiento de determinados códigos de comportamiento de las personas en esos lugares especiales.

En lo que se refiere a la segunda situación, se intenta tener en cuenta los vínculos personales que unen a los individuos con determinados edificios religiosos, es decir, con relación a los cuales se detectan *lazos topofílicos* o un cierto *sentido de los lugares*, usando las expresiones propuestas por Tuan. En este caso, los eslabones personales, familiares o incluso étnicos que unen a un ser humano con una iglesia, templo o mezquita (*v.g.*, el lugar donde se casaron, donde rezaban cuando eran pequeños, en el cual asistieron a las exequias de sus seres queridos), refuerzan la percepción de su carácter sagrado e integran esos lugares religiosos en el contexto de su *territorio emocional* que sienten que forma parte de sus raíces.

Por último, el significado de los lugares afectos a las actividades de una religión no se agota en la esfera individual, pues ellos son simultáneamente centros de encuentro para los grupos religiosos respectivos y, en esa medida, se les confiere un significado socialmente relevante.

En este ámbito podemos concebir una geografía del espacio sagrado intrínsecamente vinculada a las percepciones que individuos y grupos manifiestan sobre determinadas porciones del espacio asociadas a fenómenos que, según las creencias de dichas personas, les confieren una naturaleza sagrada. Por eso, "el estudio de lugares sagrados incluye necesariamente la consideración de las imágenes mentales sobre esos lugares" (Stoddard, 1979/1980: 100) como forma específica de investigación en el campo geográfico de la percepción.

De las necesidades de carácter religioso, o de las que radican en otras formas de espiritualidad, surgen espacios dedicados específicamente a la relación con lo trascendente, normalmente asociados a la oración y a la meditación. Dichos espacios pueden ir desde lugares no poblados o desiertos, que favorecen el aislamiento y la recogida, hasta a aquellos donde se desarrollan celebraciones comunitarias en las cuales participan multitudes de fieles, unos y otros implican una ruptura con lo cotidiano y con el respetivo marco espacial y temporal.

De esta forma, en determinadas circunstancias, puede atribuirse un carácter sagrado a determinados espacios de durabilidad variable, indiferenciados o afectos a usos funcionales profanos por el hecho de realizarse en ellos determinadas festividades o grandes celebraciones religiosas más o menos masificadas. Ejemplos de estas situaciones pueden encontrarse en el contexto de las grandes ciudades, en las que se intenta conjugar la idea de acto litúrgico y la de espectáculo[9], como ocurre con nuevos padrones de consumo religioso, característicamente urbanos, muy alejados de los modelos tradicionales.

En estos últimos, la presencia en el lugar sagrado es un tiempo en que el creyente se siente más cerca de lo trascendente, aunque sepa que se mantienen inexorablemente las coordenadas del lugar geográfico donde se encuentra. La calificación de sagrado imputada a determinado lugar, como genéricamente a un determinado espacio, es válida no en términos absolutos, sino en función de un determinado grupo social, ya que ahí convergen memorias, afectividades y significados que valorizan subjetivamente esos lugares, los cuales se verán particularmente reforzados si la consagración de esa santidad consta de libros o textos sagrados.

A pesar de la diversidad de esos lugares (que se perciben como dando sentido a la vida de las personas), la cual deriva también de las múltiples formas de espiritualidad escogidas por cada uno, todos ellos tienen en común el hecho de nacer "de comportamientos de cara al espacio de que ningún análisis funcional puede hacer" (Claval, 1995: 123), por lo menos en una visión clásica de la afectación de los lugares a las funciones y usos humanos.

De esta forma, los lugares aceptados para actos de devoción religiosa y sus respectivas prácticas rituales no corresponden a una elección desinteresada, sino que más aún presuponen, en muchas situaciones, el acceso a un lugar sagrado cuyas características favorezcan la oración, la reflexión y/o el sentimiento de pertenencia a una comunidad.

---

[9] No son pocos los casos de celebraciones en que grandes recintos, como estadios de fútbol, se transforman en espacios religiosos efímeros.

Uno de los medios de estimular ese sentimiento consiste en la repetición de rituales, algunos de los cuales se hacen a través de un itinerario preestablecido, como el que recorren las procesiones, un modo particular de caminata o ritual que generalmente en marcha lenta recorre una determinada extensión de espacio.

Una situación así tiene lugar en el Santuario de Fátima y las procesiones que habitualmente allí se efectúan (*v.g.*, procesión de las velas), demostrándose por este medio la voluntad de reafirmación territorial y reiterándose el carácter sagrado del lugar. Siendo la imagen que circula en el recinto una representación materializada de la aparición que dio origen al Santuario, se reaviva así la memoria de los creyentes con relación a ese primer momento. En Fátima, como en otros lugares similares, tocados por lo sobrenatural, "la estructura del espacio sagrado implica también la idea de la repetición de la hierofanía primordial que consagra el espacio" (Rosendahl, 1994: 42), lo que, de esta forma, permanece transfigurado, singularizado y aislado del espacio profano.

Algunas conclusiones

Si es verdad que las expresiones de lo religioso en el espacio no siempre han merecido la atención debida por parte de geógrafos, desde hace algunos años esa laguna la van llenando estudios que responden al "interrogante sobre los vínculos existentes entre geografía y religión" (Rieucau, 1998: 610).

De cualquier forma, y concentrándonos en el caso de los sistemas religiosos, los lugares tocados por lo divino, lo sobrenatural o lo espiritual, en general, son, para el grupo religioso respectivo, lugares singulares y centros de territorios religiosos. Como tal, se convierten en objeto de apropiación por parte de esas comunidades y factor de identificación y agregación, en que la memoria de los hechos religiosos ocurridos[10] evidencia los vínculos a un espacio concreto dotado de sentido.

La utilización de la *llave* territorial también permite comparaciones del lugar estudiado con otros de naturaleza semejante en el ámbito de la organización del territorio de la religión en causa, lo que hace posible, a su vez, la respec-

---

[10] También aquí un estudio del territorio "se hará a través de la religión, que por definición es portadora de memoria" (Bealet, 1997:317).

tiva jerarquización o el estudio (si es el caso) del funcionamiento en red de los mismos, en el marco de la utilización que de ellos hagan los miembros del grupo social que integra el respectivo sistema religioso. Estas virtualidades son las que aconsejan la preferencia por el territorio como concepto operativo, siendo cierto que los "hechos de estructuración de los territorios religiosos conciernen incontestablemente al análisis geográfico" (Dory, 1993: 153).

Para los miembros de un determinado credo, el territorio religioso (vivido o soñado[11]), los vínculos a una porción de tierra cargada de significados y de representaciones tiene un carácter emblemático que transciende en gran parte la simple posesión material de la misma, traduciéndose antes en una apropiación multiforme en la que sobresalen los aspectos simbólicos.

Como consecuencia de esa comunión relativa de los símbolos y el lugar, el territorio religioso se presenta como aglutinador de creencias, a la vez que congrega a la comunidad de los creyentes. Territorio que se transforma en el punto de unión y de reunión para encuentros y celebraciones de rituales y/o veneraciones. Al territorio religioso o sagrado se confiere una posición esencial en términos de la comunicación simbólica que se establece entre todos los que le reconocen una posición central en la estructuración del respectivo sistema de creencia. Los territorios sagrados son un ancla geográfica, pues en él están implantadas las diferentes formas en que se materializa tal creencia.

La fuerza de dichos territorios reside en la circunstancia de potenciar la solidaridad y la cohesión del grupo, independientemente de los lugares más o menos distantes en que se encuentren sus miembros. Se añade también su importante papel en la formación de la identidad del grupo, ya que un territorio valorizado por su espiritualidad, tiene la virtud de promover y favorecer sentimientos y relaciones de pertenencia, delineándose una circunstancia espacial que provee, de algún modo, a los individuos y a su grupo, el soporte geográfico para los actos religiosos con mayor proyección exterior.

En suma, la relevancia espacial de los hechos religiosos, el dinamismo territorial de éstos y la potencialidad de generar lugares que lo sagrado ofrece, representan otros tantos argumentos a favor de una *geograficidad* de lo espiritual.

---

[11] Para un musulmán, la peregrinación a la Meca (*hajj*), deber religioso a cumplir al menos una vez en la vida, puede nunca llegar a concretarse, sin que aquel centro religioso deje de ser un territorio de referencia. Lo mismo puede decirse a propósito del importante papel identificador de la *tierra prometida* en la historia del pueblo hebreo, antes incluso de la efectiva ocupación de la misma o de la recordación ritual de Jerusalén para los judíos de la diáspora.

Bibliografía

BAILLY, Antoine; SCARIATI, Renato *Voyage en Géographie. Une géographie pour le monde. Une géographie pour tout le monde*. Paris: Anthropos, 1999, 104 p.

BHARDWAJ, Surinder M. *Hindu Places of Pilgrimage in India: A Study in Cultural Geography*. Berkeley: University of California Press, 1973.

BEALET, Marc "Religion et région mémoire: esquisse d'une territorialité par le biais de la Géographie de la mémoire". *Norois*, 1997, t. 44, n.°174: 317-329.

DEBARBIEUX, Bernard "Le lieu, le territoire et trois figures de rhétorique". *L'Espace Géographique*, 1995, n.°2: 97-112.

CLAVAL, Paul *La Géographie Culturelle*. Paris: Nathan, 1995.

COOPER, Adrian "Adolescent dilemmas of landscape, place, and religious experience in a Suffolk Parish". *Environment and Planning D: Society and Space*, vol. 13: 349-363, 1995.

CRANG, Mike *Cultural Geography*. London: Routledge, 1998

DORY, Daniel "La géographie des religions – contexte et perspectives". *Social Compass*, 40, 1993 (2): 147-159.

__________ "Religions et territoires, éléments de théorie et propositions de recherche", *in* VINCENT, J.-F.; DORY, D.; VERDIER, R. (dir.), *La Construction Religieuse du Territoire*. Paris: Éditions L'Harmattan, 1995, pp. 367-375.

DUPRONT, Alphonse *Du sacré: croisades et pèlerinages*. Paris: Gallimard, 1987.

ELIADE, Mircea (s.d.) *O Sagrado e o Profano – A essência das religiões*. Lisboa: Ed. Livros do Brasil, Col. Vida e Cultura, [1957].

KONG, Lily "The Sacred and The Secular: Exploring Contemporary Meanings and Values for Religious Buildings in Singapore". *Southeast Asian Journal of Social Science*, 1992, vol. 20(1): 18-42.

__________ "Mapping 'new' geographies of religion: politics and poetics in modernity". *Progress in Human Geography*, London, 2001a, vol. 25(2): 211-233.

__________ "Religion and technology: refiguring place, space, identity and community". *Area*, 2001b, 33(4): 404-413.

MOLES, Abraham; ROHMER, Elisabeth, *Labyrinthes du Vécu. L'Espace: matière d'actions*. Paris: Librairie des Méridiens, 1982.

PARK, Chris C. *Sacred Worlds. An Introduction to Geography and Religion*. London: Routledge, 1994.

RIEUCAU, Jean "Sociétés et identification territoriale. Permanence des lieux, territorialités religieuses et festives sur le littoral du golfe du Lion". *Annales de Géographie*, 1998, n.º 604: 610-636.

ROSENDAHL, Zeny, *Porto das Caixas. Espaço Sagrado da Baixada Fluminense*. Tese de doutoramento inédita. São Paulo: Departamento de Geografia, USP., 1994.

____________ "Geografia e Religião: uma proposta". *Espaço e Cultura*. Núcleo de Estudos e Pesquisas sobre Espaço e Cultura da Universidade do Estado do Rio de Janeiro, Ano 1, 1995, n.º 1: 45-74.

____________ *Espaço e Religião: uma abordagem geográfica*. Rio de Janeiro: Ed. UERJ, NEPEC, 1996.

SANTOS, Maria da Graça Mouga Poças *Espiritualidade, Turismo e Território: estudo geográfico de Fátima*. Dissertação de Doutoramento, Lisboa: Principia, 2006.

____________ *Estudo sobre o perfil do visitante de Fátima: contributo para uma acção promocional em comum da rede COESIMA*. Porto: Edições Afrontamento, 2008.

SOPHER, David E. *Geography of religions*. Englewood Cliffs, N.J.: Prentice-Hall, 1967.

STODDARD, Robert H. "Perceptions about the Geography of Religious Sites in the Kathmandu Valley". *Contributions to Nepalese Studies*, 1978/1980, vol. 7 (1-2): 97-118.

TUAN, Yi-Fu "Space and Place: humanistic perspective". *Progress in Geography International. Review of Current Research*, n.º 6: 211-252, 1974.

____________ "Place: an experiential perspective". *The Geographical Review*, vol. 65(2): 151-165, 1975.

____________ *Topofilia. Um estudo da Percepção, atitudes e valores do Meio Ambiente*. São Paulo: Difel, 1980. [1974].

____________ "A Life of Learning". *American Council of Learned Societies*, Occasional Paper, 1998, n.º 42. <http://www.acls.org/op42tuan.htm> [consultado el 29.08.2002].

Los autores, por orden alfabético

Jean-René Bertrand es profesor emérito de Geografía en la Université du Maine (France) e investigador en U.M.R. E.S.O. del CNRS (Centro Nacional de Investigación Científica de Francia). Sus investigaciones se inscriben en el marco de la geografía social con una atención particular en los comportamientos y prácticas de la población en los dominios del *habitat*, de la gestión de residuos, de la política eleccionaria, en el comportamiento de la escolarización y en la religión. Sus publicaciones recientes, solo o en colaboración con C. Muller en la temática de las prácticas y pertenencias religiosas de la población son: *La Fin des paroisse; Religion et Territoires, Où sont passés les catholiques?; Le diocèse, France, the growth of religious plurality*, entre otros.

Marta Mabel Campos es licenciada y profesora en Geografía egresada del Departamento de Geografía de la Universidad Nacional del Sur, donde es profesora asociada e investigadora. Su línea de investigación se refiere a metodología de la investigación en Geografía y en el marco de la Geografía Cultural ha centrado el interés en el estudio de la temática del paisaje y la religión. Es coautora de cuatro textos: *Geografía de Bahía Blanca; El espacio geográfico y problemáticas ambientales. Provincia de Buenos Aires; Corrientes epistemológicas, metodología y práctica en Geografía. Propuestas para el estudio del espacio local y Religión, migraciones y paisaje: los Menonitas en Guatraché. Una visión desde la Geografía* y publicado diversos artículos en revistas nacionales e internacionales.

Cristina Teresa Carballo, es egresada de la Facultad de Filosofía y Letras de la Universidad de Buenos Aires, y *Magíster* en Políticas Ambientales y Territoriales de la misma institución, y obtuvo el doctorado en Geografía Social, Université Du Maine (Francia). Es docente e investigadora en la División Geografía de la Universidad Nacional de Luján, y desde el 2006 es Coordinadora de la carrera de Información Ambiental. Desde el año 2000 es profesora invitada en la Universidad Du Maine. Cuenta con publicaciones como compiladora, autora y coautora, entre ellas: *Diversidad cultural, creencias y espacio. Referencias empíricas, Crecimiento y desigualdad urbana; Estudiar la ciudad, Introducción a la Geografía*, además de publicar artículos en revistas nacionales e internacionales. Coordina la Red *Cultura, Territorios y Prácticas Religiosas*, Secretaría de Políticas Universitarias, Ministerio de Educación.

Aureanice de Mello Corrêa es profesora del Departamento de Geografía de la Universidad del Estado de Río de Janeiro (UERJ). Obtuvo su doctorado en Geografía en la Universidad Federal de Río de Janeiro (UFRJ/2004) y es *Magíster* en Geografía por la misma institución (UFRJ/1990). Actualmente, es Directora del Centro Cultural de la UERJ. Ha sido coordinadora del Programa de Estudios e Investigaciones de las Religiones (PROEPER) de la Universidad del Estado de Río de Janeiro (1996-2000). Y hasta el 2007, ha sido jefa del Departamento de Geografía de la UERJ, y miembro directivo de la Asociación Nacional de Programas de Posgrados e Investigación en Geografía (ANPEGE). Posee experiencia en el área de Geografía Cultural y Geografía Urbana, actuando principalmente en los siguientes temas: cultura, cultura afrobrasileña, simbolismo, territorio, paisaje y ciudad.

Fabián Claudio Flores es licenciado en Geografía y *Magíster* en Ciencias Sociales con Mención en Historia de la Universidad Nacional de Luján, donde actualmente cursa el doctorado y se desempeña como docente del Departamento de Ciencias Sociales. Es investigador del Sistema Científico Nacional. Miembro del Grupo de trabajo Sociedad y Religión del Instituto de Historia E. Ravignani (UBA), del *Proyecto de trabajo Historia, religiosidad popular y patrimonio cultural. Luján, entre lo local y lo nacional* y *de la Asociación de Cientistas Sociales de la Religión del MERCOSUR*. Sus líneas de investigación se refieren a la Geografía Cultural y el estudio de espacios religiosos, y el turismo religioso. Cuenta con publicaciones de artículos en revistas nacionales e internacionales, muchas de ellas especializadas en el tema de religión y territorio.

Judith Corinne Hughes es licenciada y profesora en Geografía por la Universidad Nacional de la Patagonia San Juan Bosco. Es Especialista en Docencia Universitaria por la Universidad Nacional de la Patagonia San Juan Bosco. En la actualidad se desempeña como docente investigadora en la Facultad de

Humanidades, Sede Trelew, de la Universidad Nacional de la Patagonia San Juan Bosco. Es miembro activo del Instituto Geográfico de la Patagonia (IGE-OPAT) e Investigadora adscripta *ad-honorem* en el Instituto Multidisciplinario de Historia y Ciencias Humanas (IMHICIHU-CONICET). Su línea de investigación se encuadra en la Geografía Cultural, en referencia a la geografía de las migraciones. Se especializa en el estudio de la migración boliviana en las ciudades intermedias de Trelew y Puerto Madryn como en áreas hortícolas del Valle Inferior del Río Chubut. Cuenta con publicaciones en revistas científicas nacionales e internacionales.

Clara Penelas: es estudiante de la carrera de Ciencias Antropológicas en la Facultad de Filosofía y Letras de la Universidad de Buenos Aires. Sus primeros trabajos de investigación se desarrollaron en torno al campo de la religiosidad popular; actualmente indaga problemáticas relacionadas con las formas de devoción en torno a la tragedia de Cromañón.

Silvia Alicia Santarelli es licenciada y profesora en Geografía egresada del Departamento de Geografía de la Universidad Nacional del Sur y obtuvo el doctorado en Geografía en la Universidad Nacional de Cuyo. Su línea de investigación se refiere a metodología de la investigación en Geografía, Sistemas de Información Geográfica y en la actualidad la Geografía Cultural es otro de los temas de su interés. Es profesora titular e investigadora en el Departamento de Geografía y Turismo de la UNS. Es coautora de tres libros: *Cuentapropismo, acuerdos y selectividad espacial. Un análisis del sistema de transporte automotor de cargas granarias en el centro-sur de la provincia de Buenos Aires; Corrientes epistemológicas, metodología y práctica en Geografía. Propuestas para el estudio del espacio local* y *Religión, migraciones y paisaje: los Menonitas en Guatraché. Una visión desde la Geografía* y ha publicado diversos artículos en revistas nacionales e internacionales.

Susana María Sassone es doctora en Geografía por la Universidad Nacional de Cuyo y profesora y licenciada en Geografía por la Universidad del Salvador. Investigadora Independiente del Consejo Nacional de Investigaciones Científicas y Técnicas (IMHICIHU-Departamento de Investigaciones Geográficas). Es directora editorial de la Revista *Geodemos*. Sus líneas de investigación están referidas a la geografía de la población de la Argentina y las migraciones internacionales, Geografía Urbana y Cultural en las metrópolis y las dinámicas transfronterizas. Es profesora de carreras de grado y de posgrado. Es autora o coautora de libros como *Azul-Olavarria-Tandil. Un sistema urbano*, *Ciudades Intermedias*, *Geografía de la Argentina*, *Geografía de América*, *Geografía General*, *Extranjeros en la Argentina: Pasado, Presente y Futuro*, entre otros. Ha participado y participa en eventos nacionales e internacionales e integra redes europeas de latinoamericanistas.

Brisa Varela es profesora y licenciada en Historia por la Universidad Nacional de Luján. Además, es *Magíster* en Políticas Ambientales y Territoriales por la Facultad de Filosofía y Letras de la Universidad de Buenos Aires y doctora en Ciencias Sociales por FLACSO, Argentina. En la actualidad se desempeña como docente e investigadora en la Universidad Nacional de Luján, la Universidad de Buenos Aires y en la Universidad Nacional de San Martín. Ha dirigido y dirige grupos de investigaciones como tesis de grado y posgrado. Es autora de numerosas publicaciones sobre la geografía de los desplazamientos y lugares de la memoria. Entre sus diversos libros pueden citarse *Las migraciones armenias en Argentina la ruptura del mito del retorno*; *La trama de la identidad*; *De la producción de saberes a la transposición didáctica*. Y ha publicado numerosos artículos científicos en revistas nacionales e internacionales.

Zeny Rosendahl es profesora del Departamento de Geografía de la Universidade do Estado do Rio de Janeiro - UERJ- desde 1980, donde coordina el *Núcleo de Estudos e Pesquisas sobre Espaço e Cultura* – NEPEC y publica la revista *Espaço e Cultura*. Licenciada en Geografía ha alcanzado los grados de Master (UERJ), Doctor (USP) y Post doctorado en Paris IV – Sorbonne (France) entre 1997-1998. Su línea de investigación ha sido continua en el área de Geografía de la Religión. Cuenta con numerosas publicaciones en esta área, destacándose la dirección de la colección *Geografía Cultural/EdUERJ*, la que lleva ya publicado 16 volúmenes a la fecha.

Maria da Graça Mouga Poças Santos es doctora en Geografía por la Facultad de Letras de la Universidad de Coimbra (Portugal), Profesora Adjunta del Departamento de Ciencias Sociales de la *Escola Superior de Educação e Ciências Sociais* – *Instituto Politécnico de Leiria*, investigadora del CIID (Centro de Investigação Identidades & Diversidades – www.ciid.ipleiria.pt) y Coordinadora del Curso de Turismo y Patrimonio. Además de publicar artículos en revistas nacionales e internacionales es autora, entre otros de los siguientes libros: *Espiritualidade, Turismo e Território: estudo geográfico de Fátima* y, *Estudo sobre o perfil do visitante de Fátima: contributo para uma acção promocional em comum da rede COESIMA*.